U0457718

XINSHIDAI DAXUESHENG

新时代大学生
劳动教育理论研究与路径探索

戴朝护◎著

中国政法大学出版社

2023·北京

声　　明　　1. 版权所有，侵权必究。

2. 如有缺页、倒装问题，由出版社负责退换。

图书在版编目（ＣＩＰ）数据

新时代大学生劳动教育理论研究与路径探索/戴朝护著. —北京：中国政法大学出版社，2023.11

ISBN 978-7-5764-1249-9

Ⅰ.①新… Ⅱ.①戴… Ⅲ.①大学生－劳动教育－研究 Ⅳ.①G40-015

中国国家版本馆 CIP 数据核字(2024)第 002823 号

出 版 者	中国政法大学出版社
地　　址	北京市海淀区西土城路 25 号
邮寄地址	北京 100088 信箱 8034 分箱　邮编 100088
网　　址	http://www.cuplpress.com (网络实名：中国政法大学出版社)
电　　话	010-58908586(编辑部) 58908334(邮购部)
编辑邮箱	zhengfadch@126.com
承　　印	固安华明印业有限公司
开　　本	720mm×960mm　　1/16
印　　张	15.5
字　　数	260 千字
版　　次	2023 年 11 月第 1 版
印　　次	2023 年 11 月第 1 次印刷
定　　价	69.00 元

本著作获得赣南科技学院资助出版

前　言

　　时代在不断发展，社会在不断变革，这对大学生劳动教育提出了新的要求和挑战。在当前的新时代背景下，大学生劳动教育不仅仅是为了培养学生的专业能力，更重要的是培养学生的全面素养和实践能力，使他们成为具有社会责任感和创新能力的时代新人。

　　本书旨在通过对新时代大学生劳动教育的理论研究与路径探索，提供一种新的视角和方法，以满足新时代大学生劳动教育的需求。本书将从多个维度对大学生劳动教育进行深入分析，包括劳动教育的概述，我国大学生劳动教育的发展历程，新时代大学生劳动教育的理论基础，劳动教育与学生全面发展的关系，新时代大学生劳动教育课程体系构建、实践推进、保障体系健全以及创新探索等。

　　在研究过程中，深入挖掘了劳动教育的内涵和意义，回顾了我国大学生劳动教育的发展历程，并总结出宝贵的经验和启示。同时，关注新时代大学生劳动教育的理论基础，以马克思主义劳动观和新时代社会主义劳动价值观为指导，探讨了新时代背景下大学生劳动教育的精神引领和理论支撑。

　　在劳动教育与学生全面发展的关系方面，阐述了劳动教育对学生智力、审美素养、品德、心理和体魄等方面的积极影响，提出了劳动教育在促进学生全面发展中的重要作用。

　　在课程体系构建、实践推进和保障体系健全方面，提出了相关的思考和建议，旨在为大学生劳动教育的改革与创新提供理论支持和实践指导。强调了劳动教育的实践重要性，探讨了在生活技能实践、学校劳动实践、社会服务实践和志愿活动实践等方面推进大学生劳动教育的方法和途径。

　　最后，提出了新时代大学生劳动教育的创新探索。在新时代背景下，大学生劳动教育应与创新创业相结合，培养学生的创新思维和实践能力；同时，劳动教育应与学生核心素养培育相融合，促进学生的综合素质提升；还应积极推动产教融合，通过与企业和社会资源的合作，为大学生提供更广阔的劳动教育机会和实践平台。

本书在撰写过程中，秉承着扎实的理论研究和实践经验的结合，力求为读者提供一本既有理论深度又有实践指导意义的专著。希望通过本书的出版，能够为广大教育从业者、学生和研究者提供对大学生劳动教育的全面理解与认知，启发他们在实践中探索和创新劳动教育的方法和策略。

为了确保研究内容的丰富性和多样性，作者在写作过程中参考了大量理论与研究文献，在此向涉及的专家学者表示衷心的感谢。同时，由于作者水平尚有不足之处，加之时间仓促，故本书难免会存在一些疏漏，在此恳请读者朋友批评指正！

目　录

第一章　劳动教育概述

　　劳动教育，一种具有深远意义的教育形式，是每个学生全面发展、理论与实践并重的必修课程。劳动教育可以促进学生对社会、生活的深入理解，并加深对自我与他人的认知。同时，它也是传递尊重劳动、热爱劳动的精神财富的有效途径。

第一节　劳动与劳动教育

一、劳动的认识

（一）劳动的概念

　　劳动是指人类为满足自身的物质和精神需求，有目的地运用智慧和力量，通过与自然界和社会的互动，创造性地调整和控制人与自然、人与人之间的关系的一种社会实践活动。简言之，劳动就是人类通过自身的努力，创造物质财富和精神财富以满足生活需求和推动社会发展的过程。

　　劳动是人类社会的基石，既是人类的生存手段，也是推动社会发展和进步的根本动力。在人类历史的漫长过程中，劳动始终发挥着至关重要的作用，为人类创造了丰富的物质和精神财富。本书将深入论述劳动的概念，以期为理解劳动的内涵和外延提供一种全面而细致的视角。

　　1. 从根本性的角度分析

　　从根本性的角度来看，劳动是人类特有的一种社会实践活动。正是通过劳动，人类才能够改造自然、满足生存需求并推动社会进步。在劳动过程中，人们运用自身的智慧和力量，创造性地调整和控制与自然的关系，从而使自然资源转化为人们生活所需的各种物品和服务。与此同时，劳动过程还涉及人与人之间的合作和互动，使得人类社会得以形成、巩固和发展。

2. 从动态和静态的角度分析

从动态和静态的角度来看，劳动既包括生产性劳动，也包括非生产性劳动。生产性劳动主要指直接创造物质财富的劳动活动，如农业、工业、建筑业等。非生产性劳动则主要指间接为生产性劳动服务，以维持社会正常运行的各种劳动活动，如政府管理、文化教育、公共卫生等。在现代社会，随着科技的进步和产业结构的调整，非生产性劳动所占比重逐渐上升，成为劳动结构的重要组成部分。然而，不论是生产性劳动还是非生产性劳动，其在本质上都是为了满足人类的物质和精神需求，推动社会进步与发展。

3. 从劳动过程的角度分析

从劳动过程的角度来看，劳动可以划分为直接劳动与间接劳动。直接劳动是指劳动者直接参与生产活动，与生产对象紧密结合的劳动过程。间接劳动则是指那些在生产活动中虽然不直接参与生产，但对生产活动具有支持、协调和保障作用的劳动。例如，在生产过程中，技术员、研究人员和管理人员等的工作属于间接劳动，他们的劳动虽然不直接产生物质财富，但对整个生产过程具有重要的支持和推动作用。

4. 从劳动形态的角度分析

从劳动形态的角度来看，劳动可以分为体力劳动和脑力劳动。体力劳动是以肌肉力量为主要劳动手段，主要依靠人的生理机能进行的劳动。脑力劳动则是以智力为主要劳动手段，主要依靠人的思维能力和创造力进行的劳动。在现代社会，随着科技的发展，体力劳动与脑力劳动之间的界限变得越来越模糊，两者之间的互动与融合日益加强。

（二）劳动的特征

劳动不仅是人们生存的基础，更是人们发展、创新和提升社会生活质量的重要工具。然而，劳动并非一成不变，它在各种形式和环境中都有所表现。这就引出了接下来要讨论的主题——劳动的五个特征。这些特征使劳动成为一个独特的人类活动，对人们理解人类社会及其发展有着深远的影响，如图1-1。

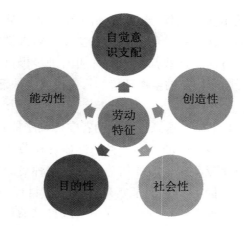

图 1-1　劳动的五个特征

1. 自觉意识支配

尽管表面上看起来，劳动作为一种活动，似乎与自然界中动物的活动没有太大区别，然而，与动物的本能活动相比，人类劳动具有自觉意识，这使得劳动成为人类专有的活动。人类的劳动具有自觉性，即劳动者在劳动过程中能够根据自己的意愿和需求，有目的地进行有计划的劳动。这种自觉性体现在人类对劳动目标的明确设定、对劳动过程的合理安排和对劳动方法的不断优化上。在这个过程中，劳动者通过自己的主观能动性，不断地改进劳动方法、提高劳动效率，并在实践中积累经验、丰富知识。这种自觉性使得人类能够充分发挥自己的潜能，创造出丰富多样的文明成果，推动社会不断发展。与人类的自觉性劳动相比，动物的活动往往受到本能的驱使。动物通常根据固有的生存需求来执行特定的行为，这些行为往往是对环境刺激的直接反应，缺乏明确的目标和计划。动物在执行这些行为时，无法根据自己的意识来改变或调整行为方式，因此它们的行为模式相对固定，缺乏创新和变革的能力。这使得动物在面对环境变化时，很难主动适应，容易受到生存压力的影响。

2. 能动性

能动性是人类劳动的显著特点之一，表现为劳动者在劳动过程中具有创造性和主动性。人类能够根据实际需要和环境变化，不断地改进劳动方法、提高劳动效率，创造出丰富多样的劳动成果。这种能动性使人类能够适应各种环境变化，不断地拓展劳动领域，开发新的生产力，从而推动社会的进步和发展。此外，人类劳动的能动性还体现在主动探索未知领域、挑战传统思维和突破技术瓶颈等方面，这些都为人类文明的进步提供了强大的动力，而动物的活动则通常受限于固定的生态环境和行为模式，缺乏创新能力。

3. 目的性

人类的劳动具有目的性，这意味着劳动者在劳动中能够设定明确的目标，并根据目标有意识地调整自己的行为。目的性体现在劳动者对劳动任务的选择、劳动过程的组织和劳动成果的评估等方面。这种目的性使得人类的劳动成果具有更高的价值，因为其是为了实现某种预期目标而有意识地进行的。同时，目的性也使劳动者能够在劳动过程中实现自己的价值，提升个人能力和素质，为社会作出贡献。与之相对，动物的活动往往仅限于满足基本生存需求，没有明确的目的和追求。动物的行为通常是出于本能，主要是为了满足食物、安全和繁殖等基本需求。虽然动物也会在一定程度上调整行为以适应环境变化，但它们的行为调整往往受限于遗传基因和环境条件，缺乏像人类那样的自觉意识和能动性。因此，动物的活动在目的性方面与人类的劳动存在显著差异。

4. 社会性

人类的劳动具有社会性，这表现为劳动者在劳动过程中需要与他人互动、协作，形成社会分工和合作关系。社会性劳动是人类社会发展的基础，使得人类能够发挥集体力量，共同创造更大的劳动成果。这种社会性体现在人类在劳动中建立起复杂的组织结构、分工协作的模式，以及不断拓展的交流渠道等方面。通过社会性劳动，人类能够整合各种资源、知识和技能，以提高劳动效率，满足日益增长的物质和精神需求。与人类劳动的社会性相比，动物的活动在一定程度上也存在互助和合作，但这些合作行为通常受限于动物种群的生态环境和生存需求。动物的合作行为往往基于本能，如觅食、繁殖和保护领地等方面的集体行动。然而，动物的合作行为与人类的社会性劳动相比，仍显得较为有限。动物之间的互动和协作很难达到人类那样的组织程度和合作精神，缺乏长期、稳定的合作关系和明确的分工。

5. 创造性

人类的劳动具有创造性，这是指劳动者在劳动过程中能够通过自己的智慧和技能，创造出新的物质财富和文化成果。这种创造性体现在各个领域，如科学技术、文化艺术、经济建设等。在这些领域里，人们不断地创新思维、拓展知识边界，从而推动了社会的发展和进步。创造性是人类劳动最本质的特征之一，使得人类能够在不断劳动中实现自身价值和推动社会进步。这种创造性使人类不断地在生产力、生产关系和文化方面取得新的突破和发展。人类的创造性劳动不仅改变了自然界，为人们创造出了越来越丰富的物质生活，而且为人类社会积累了深厚的文化底蕴，提升了人类的精神境界。人类在劳动中所展现出的创造性，使得人类能够超越自然规律的束缚，实现对自然界的认识、改造和利用，进而促进人类文明的发展。

（三）劳动的社会职能

在详细探讨劳动的特征后，现在转向另一个关键主题——劳动的社会职能。这些职能涵盖了劳动在社会经济生活中的重要角色，揭示了劳动为何对社会的繁荣和进步至关重要。劳动不仅是创造物质财富的过程，也是人类满足各种需求、推动社会前进的重要方式。深入探讨劳动的三个主要社会职能，以进一步理解其在社会发展中的核心作用，如图1-2。

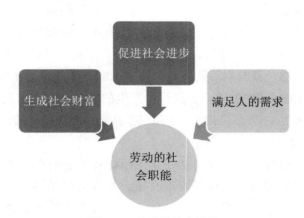

图1-2　劳动的社会职能

1. 生成社会财富

自然界为人类的生存提供了丰富的物质基础，然而人类对自然资源的利用并非直接进行，而是通过劳动这一媒介实现。对于人类生存和发展来说，直接提供客观物质条件的便是社会物质财富，而这些社会物质财富正是人类劳动的结晶。尽管社会物质财富最初源于自然界，但在经过人类的劳动加工或改良之后，它们已经发生了形态的转变，成了社会产出，而不再仅仅是自然界的产物。社会物质财富的生成需自然资源与人类劳动双重条件的共同作用，人类劳动的核心职能便是运用各种生产工具，对作为劳动对象的自然物进行加工或改善，将其转化为社会物质财富，以满足人类生存和发展的需求。除物质财富之外，社会财富还涵盖了精神财富这一形态。社会精神财富亦是在物质生产劳动的基础上，在精神生产劳动过程中逐渐形成的。这种财富不仅包括人类在物质生产劳动过程中创造出的知识、技能、艺术和文化，还包括人类在精神层面上追求的价值观、道德观、审美观等。

2. 促进社会进步

社会文明的根基在于物质生产的不断发展，这与人类采取的劳动方式息息相关，即克服自然、获取生活必需品的途径。在《古代社会》一书中，人类学家摩尔根根据人们征服自然、获取生活资源的方式之差异，将人类社会从初级到高级、从不完整到相对完善的演变过程划分为三个阶段：蒙昧时代、野蛮时代和文明时代。恩格斯认同这种分类方法，并对其进行了深入的解析，指出："蒙昧时代是以获取现成的天然产物为主的时期……野蛮时代是学会畜牧和农耕的时期。文明时代是学会对天然产物进一步加工的时期，是真正的工业和艺术的时期。"[1]自进入文明时代以来，社会的发展与进步归根结底取决于人们征服自然、获取生活资料的劳动方式的发展进步。正如马克思所言："手推磨产生的是封建主的社会，蒸汽磨产生的是工业资本家的社会。"[2]由此可见，正是人类的劳动不断地革新和完善社会，推动社会的发展与进步。

3. 满足人的需要

人作为一种动物，与其他动物一样，都具有天生的需求。然而，动物的需求主要局限于维持生命，这种需求在很大程度上保持恒定。与之不同，人类的需求不断发展，内容更加丰富多样，这正是人类区别于动物的一个显著特征。在人类生活中，劳动不仅创造了满足各种需求的社会财富，还塑造了人类需求本身和满足这些需求的途径。正如马克思所指出的"用刀叉吃熟肉来解除的饥饿不同于用手、指甲和牙齿啃生肉来解除的饥饿"[3]这说明，需

[1]《马克思恩格斯选集》（第4卷），人民出版社1972年版，第35页。
[2]《马克思恩格斯选集》（第1卷），人民出版社1972年版，第222页。
[3]《马克思恩格斯选集》（第2卷），人民出版社1972年版，第692页。

求的满足不仅涉及消费品本身，还关系到消费方式。这种方式受到生产方式的影响，而生产方式则取决于人类的劳动。可以说，劳动既创造了人类，又不断改变并完善人类。劳动满足了人类的基本生存需求，同时也促使人类的需求不断发展。人类历史实际上就是一个通过劳动来实现自我完善和发展的过程。劳动在人类社会中具有举足轻重的地位，不仅改变着自然环境，还在改造人类自身及其所生活的社会。劳动是人类各种活动中最为重要的一种，影响着人类的思维方式、行为习惯和价值观。正因为如此，劳动在满足人类需求、推动人类发展和完善人类自身方面发挥着至关重要的作用。

二、劳动教育的概念及特征

（一）劳动教育的概念

习近平总书记在 2018 年全国教育大会上强调了劳动教育的重要性，提出了弘扬劳动精神、崇尚劳动、尊重劳动的教育理念。这体现了劳动教育在中国教育中的重要性，同时也反映出人们对于劳动教育的认识和关注。劳动教育的概念可以被理解为一种教育方法，通过让学生实际动手操作和体验，来培养学生的实践能力和综合素质。劳动教育并不是简单地传授知识，更加重视学生通过实际动手操作来获得技能和知识，锻炼意志，养成创新意识和实践能力。劳动教育不仅能够提高学生的能力和素质，还能够培养学生的社会责任感和社会参与意识，从而推动社会进步和发展。

本书认为劳动教育是一种以提升学生劳动素养为核心，促进学生全面发展的教育活动。其主要目标是培养学生树立正确的劳动观念、积极的劳动态度，并使他们热爱劳动和劳动人民。同时，劳动教育还致力于让学生掌握一定的劳动知识与技能，养成良好的劳动习惯，发掘和培养他们的创造性劳动潜能。

在劳动价值观方面，劳动教育着重引导学生确立正确的劳动观点，以实现个人价值、提升社会福祉为目标。这意味着劳动教育应倡导通过诚实劳动创造美好生活，实现人生梦想，反对一切不劳而获、崇尚暴富、贪图享乐的错误劳动价值观。此外，劳动教育还要培养学生尊重、热爱劳动过程、劳动成果和劳动人民的价值态度，从而培育积极的劳动精神。

在劳动素养方面，劳动教育关注学生的实际操作能力和创造性思维。其一，劳动教育要促使学生具备一定的劳动知识与技能，使他们能够适应不同领域的工作需求，成为全面发展的人。这需要提升学生的动手能力和技能水平，让他们在实际操作中体验劳动的意义和价值。其二，劳动教育要发展学生创造性劳动的潜质，使他们具备创新精神和创新能力，成为新时代所需要的创造性劳动者。这需要教育者引导学生敢于尝试，勇于挑战，培养他们的创新意识和实践能力。其三，劳动教育要让学生养成良好的劳动习惯，使他们成为有尊严、有教养的现代公民。这需要引导学生树立良好的时间观念、团队意识和责任感，培养他们的自律和自主精神。

（二）劳动教育的特征

劳动教育的特征不仅彰显了劳动教育的核心价值，也为人们理解其在社会和个人发展中的角色提供了新的视角。劳动教育的三大特征：鲜明的思想性、突出的社会性和显著的实践性，如图1-3。

图1-3　劳动教育的特征

1. 鲜明的思想性

劳动教育在培养学生劳动素养的过程中，始终坚持以马克思主义劳动观为指导思想，倡导诚实劳动创造美好生活，并反对不劳而获、崇尚暴富、贪图享乐的错误劳动价值观。这种鲜明的思想性特征不仅是劳动教育的重要组成部分，更是劳动教育的核心和灵魂。首先，马克思主义劳动观是劳动教育的理论基础。劳动是一切财富、价值的源泉，劳动者是国家的主人，一切劳动和劳动者都应该得到鼓励和尊重。这种劳动观指导着劳动教育的实践，使劳动教育具有鲜明的理论价值和实践意义。其次，倡导诚实劳动创造美好生活，反对不劳而获、崇尚暴富、贪图享乐的错误劳动价值观，是劳动教育中鲜明的思想性特征。这种思想性特征体现了劳动教育的价值追求和社会责任，使学生在实践中培养正确的劳动态度和价值观，养成良好的劳动习惯和道德观念，促进学生身心健康和全面发展。最后，鲜明的思想性特征对于劳动教育的实践具有重要意义。它不仅为劳动教育的目标和任务提供了指导，更激励和引导学生在实践中追求真理、发挥创造性、承担社会责任，促进学生的全面发展和社会进步。

2. 突出的社会性

劳动教育的突出社会性特征在于其要求学生走向社会。在劳动教育的实践中，学生需要通过与社会接触和互动，了解社会的现状和需求，增强对社会的认知和感知，积极参与社会实践，发挥个人能力和作用。这种社会性要求劳动教育必须贴近社会、贴近实际，注重培养学生的社会意识和社会责任感，使学生能够真正成为社会的一员，为社会的发展和进步作出贡献。

劳动教育突出的社会性特征在于要求学生认识社会。劳动教育的目的不仅仅在于培养学生的劳动技能和实践能力，更重要的是要求学生从社会的角度去认识和理解劳动的本质和价值，从而明确自己的责任和使命，为社会作出贡献。在这一过程中，学生需要认识到社会主义社会的特点和要求，理解新型劳动关系的内涵和意义，以此引导学生形成正确的劳动态度和价值观，提高个人素质和社会责任感。

劳动教育的突出社会性特征在于要求学生体会社会主义社会平等、和谐的新型劳动关系。在劳动教育中，学生需要体会到社会主义社会平等、和谐的新型劳动关系的内涵和意义，了解并积极参与到实践中，以此提高对劳动的认识和理解，增强对社会的责任感和使命感。通过这种实践，学生能够真正体会到劳动的重要性和价值，从而成为具有高度责任感和奉献精神的优秀劳动者和公民。

3. 显著的实践性

劳动教育显著的实践性特征体现在以动手实践为主要方式，引导学生在认识世界的基础上，学会建设世界，塑造自己，实现树德、增智、强体、育美的目的。这种实践性特征不仅体现了劳动教育的本质和特点，也是劳动教育能够发挥作用的重要保障。

显著的实践性特征在于以动手实践为主要方式。在劳动教育中，学生需要通过实际动手操作，认识和了解劳动的本质和价值，培养创新思维和动手能力，增强劳动实践的技能和经验。这种实践性不仅让学生感受到了劳动的实际过程，更重要的是让学生从实践中获得成就感和自信心，从而激发其学习的兴趣和动力。

显著的实践性特征在于引导学生在认识世界的基础上，学会建设世界，塑造自己。劳动教育的目的不仅在于提高学生的实践能力和技能，更重要的是要求学生通过实践来认识和改变世界，以此实现自我价值和发展。在劳动教育的实践中，学生需要逐渐建立自我认知和自我约束的机制，提高自我管理和自我调适的能力，使自己成为具有奉献精神和社会责任感的人。

显著的实践性特征在于实现树德、增智、强体、育美的目的。在劳动教育中，学生不仅要学会动手实践，更要体现出对道德的树立、对智力的增长、对体质的强健、对美的感知和追求。劳动教育的实践过程中，学生能够发挥自身潜力，获得技能和知识的提高，同时也能够锻炼体魄，培养审美能力。

三、劳动教育的价值及内容

（一）劳动教育的价值

1. 劳动教育促进学生的身心解放

劳动教育作为一种教育方式，旨在引导学生实现身心的自由与解放。在新时代背景下，人工智能逐渐取代了许多传统的劳动方式，使人们逐渐远离自然，尤其是学生更容易陷入技术便捷所带来的安逸生活。劳动教育为学生提供了与自然重新建立联系的平台，有助于学生脱离过度依赖现代科技的局限，实现身心的解放。

通过劳动教育，学生可以深刻地体验生产劳动的过程，从而增强体质，提高自身精神境界。在劳动实践中，学生不仅能锻炼身体，还可以培养独立意识和自我价值。劳动教育有助于学生认识自身的潜力，从而使他们成长为具有独立意识和完整人格的人。

劳动教育可以帮助学生摆脱被动接受知识的习惯，主动发掘和运用自身的潜能。通过动手实践，学生可以更深入地理解学到的知识，形成全面且均衡的知识结构。劳动教育不仅培养学生的动手能力，更重要的是培养他们的创新精神和批判意识，使他们在实践中不断突破自我，成为有思想、有能力的新时代人才。

2. 劳动教育培养学生的完满德性

完满德性是人作为完满生物的标志，包括认知之真、伦理之善和人性之美的能力。劳动教育在培养学生德性方面具有重要价值。

（1）劳动教育能够帮助学生认识和理解人与自然、人与世界之间的真实关系。通过劳动实践，学生可以将个人的实践转化为新的知识与技能，同时通过对新知识和技能的反思和强化，反哺新的实践过程，使理论与实践相互验证。这一过程有助于培养学生追求真理，形成健全的认知体系。

（2）劳动教育有助于培养学生的伦理道德。在劳动过程中，学生需要关心他人、团结合作、承担责任等。劳动教育通过提供真实的劳动场景，让学生在与他人的交往中学会处理矛盾、承担行为后果。在这个过程中，学生能够逐渐培养出对善良和正义的敏感度，形成良好的道德品质。

（3）劳动教育有助于塑造学生的人性之美。在具体而真切的劳动过程中，学生通过劳动成果实现自我价值，获得他人认可。这一过程有助于个体自我意识的形成，使他们在创造性劳动中凸显个性和意识。通过劳动教育，学生能够学会遵守道德准则，捍卫道德尊严，形成完满德性。

3. 劳动教育塑造学生的工匠精神

工匠精神是新时代的财富象征，体现在一丝不苟的认真态度、精益求精的质量意识和追求卓越的创新精神之中。劳动教育为培养具有工匠精神的人才提供了有力保障。

（1）劳动教育有助于培养学生一丝不苟的认真态度。通过具体的劳动实践，学生可以学会认真观察、仔细分辨，培养其谨慎行动、严谨求证的能力。这种认真负责、务实求真的态度是工匠精神的基础。

（2）劳动教育有助于培养学生精益求精的质量意识。在劳动教育过程中，学生在认真负责的基础上，努力追求出色和完美的工作成果，将事物做到极致。这种对质量的追求有助于形成工匠精神的关键品质。

（3）劳动教育有助于培养学生追求卓越的创新精神。在劳动实践中，学生可以思考劳动工具的改进和劳动方式的创新，从事物的本质出发，深入探讨问题。这种思维碰撞有助于培养创新意识，即工匠精神的核心品质。

劳动教育使学生克服浮躁和功利情绪，摒弃好逸恶劳的思想，避免道德滑坡。它教导学生脚踏实地、精益求精、开拓进取，形成大国工匠精神，努力成为新时代社会结构中不可或缺的知识型、技能型、创造型人才。

（二）劳动教育的内容

劳动教育是一种教育方法，旨在培养人们的劳动技能和劳动态度，从而帮助人们在社会和个人生活中取得成功。笔者将从日常生活劳动教育、生产劳动教育、服务性劳动教育和劳动技能教育四个方面对劳动教育内容的分析，如图1-4。

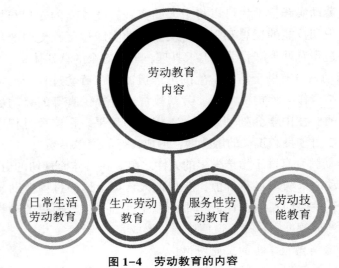

图 1-4　劳动教育的内容

1. 日常生活劳动教育

（1）培养生活自理能力。日常生活劳动教育关注学生在个人生活中的自理能力，通过参与日常生活的各项事务，学生可以学会独立解决问题，形成良好的生活习惯。这种自理能力对学生的健康成长和适应社会生活具有重要意义。

（2）培养卫生意识。日常生活劳动教育鼓励学生关注个人卫生，养成良好的卫生习惯。学生可以通过参与校园卫生保洁活动，了解卫生的重要性，并将这种意识带入日常生活中。

（3）培养环保意识。在日常生活劳动教育中，环保意识的培养同样重要。学生可以通过参与垃圾分类、绿化校园等活动，学会珍惜资源，养成环保的生活习惯。

2. 生产劳动教育

（1）体验劳动价值。生产劳动教育使学生直接参与到工农业生产过程中，体验物质财富的创造过程。通过这种体验，学生可以了解劳动对社会发展的重要性，增强对劳动的尊重。

（2）掌握劳动技能。在生产劳动教育中，学生可以学习和掌握各种劳动技能，如农业种植、养殖、加工等；工业生产中的制造、装配、调试等。这些技能将帮助学生适应未来职业生涯的发展。

（3）培养创新意识。生产劳动教育鼓励学生在劳动过程中发挥创新精神，努力提高劳动效率和产品质量。这种创新意识将对学生未来的职业发展产生积极影响。

3. 服务性劳动教育

（1）培养服务意识。服务性劳动教育旨在培养学生的服务意识，让学生了解为他人提供帮助的重要性。通过在社区、学校或其他公共场所的服务性岗位上实习，学生可以提高自己的服务水平和沟通能力。

（2）培养社会责任感。服务性劳动教育使学生参与公益活动、志愿服务等，从而培养其社会责任感。在这些活动中，学生可以了解自己对社会的责任，为他人提供帮助，实现自我价值。

（3）培养奉献精神。在面对重大疫情、自然灾害等危机时，服务性劳动教育鼓励学生发挥奉献精神，积极参与救援工作。这种奉献精神对于培养学生的团结协作能力和面对困难的勇气具有重要作用。

4. 劳动技能教育

（1）提升实际操作能力。劳动技能教育关注学生在实际操作中的技能掌握，包括各种手工制作、家务劳动、维修保养等。通过这些实践活动，学生可以提高自己的实际操作能力，为未来职业生涯打下坚实基础。

（2）培养创造性思维。劳动技能教育鼓励学生在实践中发挥创造性思维，寻求解决问题的方法和途径。这种创造性思维有助于提高学生的创新能力和适应能力。

（3）培养团队协作精神。在劳动技能教育过程中，学生需要与他人合作完成任务，培养团队协作精神。这种团队协作精神将使学生更好地适应社会生活和职业生涯。

第二节　马克思主义劳动观

一、马克思主义劳动观产生与发展

（一）马克思主义劳动观的萌芽阶段

19 世纪中叶，欧洲正处在工业革命的高潮时期，资本主义生产方式迅速发展。随着机器的广泛应用，生产力得到空前提高，工厂制度逐渐取代家庭手工业，城市化进程加速。在这一过程中，工人阶级逐渐成为社会的重要组成部分。但与此同时，工人阶级在劳动过程中遭受剥削和压迫，社会矛盾日益尖锐。长时间劳动、恶劣的工作环境、低廉的工资和劣质的生活条件使工人阶级状况堪忧，劳动问题引起社会广泛关注。

马克思主义劳动观的萌芽阶段，受到启蒙思想家的影响。英国哲学家洛克认为，劳动是人类创造财富的唯一途径，个人拥有劳动果实的自然权利。另一位英国经济学家亚当·斯密则从经济学角度分析劳动，认为劳动是一切商品的价值之源。这些观点为马克思主义劳动观的产生奠定了基础。

黑格尔的辩证法为马克思主义劳动观提供了哲学基础，即劳动是人的本质活动，劳动者在劳动过程中实现自身价值。黑格尔的辩证法强调劳动把人从自然界中解放出来，通过劳动，人把自己的意志投射到外部世界，实现了自我意识和自我目的。黑格尔的辩证法关注人与自然、主体与客体的相互关系，对劳动过程的分析具有很强的启发性。

在这一阶段，马克思主义劳动观尚处于萌芽状态。一方面，马克思在学习和批判前人的劳动观念时，逐渐形成了自己的劳动观，即劳动不仅是创造物质财富的手段，还是人自我实现、自我完善的过程。劳动把人类从动物状态中解放出来，成为社会存在，形成个性和自我意识。另一方面，马克思对劳动过程进行了深入剖析，揭示了资本主义制度下劳动者的异化现象。他认为，资本主义生产方式使劳动者沦为生产资料的附属品，使劳动者丧失了劳动的自由、创造性和人性。这一观点为后来马克思主义劳动观的形成打下了基础。

这一阶段的马克思主义劳动观尚未完全成熟，但一些重要观念已经初步形成。例如，马克思关注劳动者的地位和权益，认为劳动者应当成为自己劳动的主人，享有劳动果实。他还关注劳动过程的人性化，主张消除异化现象，使劳动者在劳动中实现自我价值。这些观点为后来马克思主义劳动观的发展和完善奠定了基础。

（二）马克思主义劳动观的形成阶段

马克思和恩格斯共同创立了马克思主义。他们深入分析资本主义社会，揭示了劳动者在生产过程中受到剥削的本质原因，为马克思主义劳动观的形成奠定了基础。资本家通过雇佣劳动者进行生产，将劳动者创造的剩余价值据为己有，从而实现资本的增殖。这种剥削关系是资本主义制度的本质特征，也是导致劳动者异化现象的根源。在马克思和恩格斯看来，解决劳动问题的关键在于推翻资本主义制度，建立社会主义制度，消灭剥削，使劳动者成为劳动的主人。

1848 年，马克思和恩格斯共同创作了《共产党宣言》，宣告了无产阶级的独立地位和斗争目标。这一历史性文献奠定了马克思主义劳动观的理论地位。在《共产党宣言》中，马克思和恩格斯明确提出，无产阶级要解放自己，就必须解放全人类。他们主张消灭私有制，实现生产资料公有制，使劳动者摆脱剥削和异化的压迫。《共产党宣言》为马克思主义劳动观的发展指明了方向，展示了社会主义事业的伟大理想。

马克思的《资本论》是马克思主义劳动观的集大成之作。在这部著作中，马克思深入剖析了资本主义生产方式，阐述了劳动价值论、剩余价值论等核心理论，为马克思主义劳动观的形成提供了理论支撑。马克思指出，劳动价值论是解释商品价值形成的基本原理，商品的价值是由社会必要劳动时间决定的。剩余价值论则揭示了资本家剥削劳动者的本质机制，资本家通过延长劳动时间、加快劳动强度等手段，榨取劳动者的剩余劳动，实现剩余价值的增加。这些理论不仅分析了资本主义制度下劳动者的被剥削现象，还为后来的社会主义制度提供了理论依据。在《资本论》中，马克思还详细探讨了劳动过程和劳动条件对劳动者的影响，即在资本主义制度下，劳动者处于一种异化的状态，劳动者的劳动能力和劳动果实被资本家所占有，劳动者成为生产资料的奴隶。马克思主张通过社会主义革命，实现生产资料公有制，消除异化现象，使劳动者在劳动中实现自我价值。

在这一阶段，马克思主义劳动观得到了全面的发展和完善。马克思和恩格斯通过对资本主义社会的深入剖析，揭示了劳动者受剥削的本质原因，为后来的社会主义事业提供了理论指导。他们关注劳动者的权益和地位，主张消灭剥削和异化现象，使劳动者成为劳动的主人。此外，马克思主义劳动观还强调劳动的价值和创造性。劳动不仅是创造物质财富的手段，还是人自我实现、自我完善的过程。在社会主义制度下，劳动者可以充分发挥自己的能力，为社会进步作出贡献，实现个人的全面发展。这些观点为后来的社会主义制度和人类文明的发展提供了重要启示。

（三）马克思主义劳动观的发展阶段

列宁在马克思主义劳动观的基础上，结合帝国主义时代的特点，对劳动观进行了深化和发展。在帝国主义时代，劳动者需要在反对国内资产阶级剥削的同时，抵制帝国主义的压迫。列宁主义强调，劳动者要团结起来，发挥自己的力量，推动社会主义革命和建设事业。列宁主义的出现，使马克思主义劳动观在理论和实践上得到了进一步发展，为后来的社会主义制度提供了有益借鉴。

毛泽东将马克思主义劳动观与中国革命和建设的实际相结合，形成了具有中国特色的毛泽东思想。劳动是创造世界的力量，劳动人民是推动历史发展的主体。毛泽东在农村土地改革、城市劳动改革等方面进行了大量实践，为马克思主义劳动观的发展提供了有益经验。此外，毛泽东还倡导发挥劳动者的主观能动性，通过劳动竞赛等方式，激发劳动者的创造力，提高生产效率。

20世纪，社会主义国家在劳动制度改革、劳动关系调整、劳动保障制度建设等方面积累了丰富的实践经验。例如，苏联、中国等社会主义国家在土地改革、工厂管理制度、劳动保障制度等方面进行了大量探索。这些实践为马克思主义劳动观的发展提供了有益启示。

在这一阶段，马克思主义劳动观得到了深化和拓展。列宁主义、毛泽东思想等理论体系的发展，以及社会主义国家在劳动领域的实践，都为马克思主义劳动观的发展提供了有力支持。这些理论和实践对于解决劳动问题、推动社会主义事业发展具有重要意义。

（四）马克思主义劳动观的完善阶段

在全球化和信息化背景下，当代马克思主义理论家深入研究新型劳动关系、知识劳动、劳动保障等问题，对马克思主义劳动观进行了全面梳理和完善。在新经济形势下，劳动者面临着不同以往的挑战，如非标准劳动、知识劳动者的权益保障、劳动技能的提升等。当代马克思主义理论家针对这些问题，提出了新的观点和解决方案，为马克思主义劳动观的完善提供了理论支持。

发展中国家在劳动观念改革、劳动关系调整、劳动保障制度建设等方面取得了显著成效。这些国家在发展过程中，逐渐认识到劳动者权益保障的重要性，通过改革劳动制度、优化劳动关系、加强劳动保障等措施，推动了劳动者福祉的增进。这些实践为马克思主义劳动观的完善提供了有益借鉴。

国际劳工组织在推动全球劳动标准、劳动权益保障等方面发挥了重要作用。国际劳工组织积极倡导国际社会共同关注劳动问题，制定和完善劳动标准，推动各国政府落实相关政策和措施。通过这些努力，国际劳工组织不仅提高了全球劳动者的权益保障水平，还为马克思主义劳动观的完善提供了理论支持和实践基础。

完善阶段的马克思主义劳动观，强调在全球范围内推动劳动者权益保障和劳动关系和谐。这一方面体现在倡导各国政府制定和实施更加完善的劳动法律法规，确保劳动者的基本权益得到保障；另一方面也体现在推动企业、劳动者和政府三方共同参与劳动关系调整，共同维护劳动市场稳定和劳动关系和谐。同时，这一阶段更加关注劳动者的全面发展和自我实现。这包括为劳动者提供充分的培训和发展机会，帮助他们提高技能和素质，实现个人价值；关注劳动者的心理健康和生活品质，促进劳动者在物质和精神层面的全面发展。

二、马克思主义劳动观的主要观点与内容

（一）马克思主义劳动观的主要观点

1. 劳动本质论

劳动本质论探讨了劳动在人类社会中的重要地位以及劳动与人的关系。

劳动创造了人本身。劳动是人类的本质属性。恩格斯在《劳动在从猿到人转变过程中的作用》中，详细描述了劳动在人类从猿进化为人的过程中的作用。劳动使人学会直立行走，发展了大脑和手的功能，并创造了语言。这些特征将人类与其他生物区分开来。

劳动创造了人类生活。马克思、恩格斯在《德意志意识形态》中指出，"有生命的个人"的存在是人类历史的第一个前提。人类通过劳动创造物质生活资料，满足生存的需要。因此，劳动是人类社会的基础。

劳动是一切价值的创造者。劳动为自然物赋予经济学意义上的价值，使自然物转化为人类社会所需的财富。劳动使人类创造物质和精神财富，推动社会进步。

劳动创造了社会关系。劳动不仅塑造了人与自然的关系，还形成了人与人之间的关系，包括劳动资料的占有和使用关系，劳动的分工和协作关系，劳动产品的交换、分配和消费关系等。这些关系构成人类社会的基本关系，社会是人类劳动的产物。

2. 劳动价值论

劳动价值论是马克思关于劳动创造商品价值及商品生产、交换遵循价值规律的理论。

具体劳动和抽象劳动。生产商品的同一劳动分为具体劳动和抽象劳动。具体劳动创造商品的使用价值，抽象劳动创造商品的价值。具体劳动与抽象劳动是生产商品劳动的两种形态，是同一劳动的两个不同方面。抽象劳动内在的属性是生产商品过程中人类脑力或体力的支出（人类的一般劳动），其外在的属性则是生产商品创造价值的劳动。在所有社会形态下，劳动产品都是使用物品，但只有在历史上特定的发展阶段，即生产使用物品的劳动表现为该物的"客观"的属性，即价值的时候，劳动产品才转化为商品。

价值、交换价值和使用价值。劳动价值论揭示了价值、交换价值和使用价值之间的关系。使用价值是商品的实际效用，源于具体劳动；价值是商品的内在属性，源于抽象劳动；交换价值则是价值在交换过程中的表现形式。这三者之间密切相关，共同构成了商品经济的基本要素。

劳动时间决定价值。商品的价值是由生产该商品所耗费的社会必要劳动时间决定的。社会必要劳动时间是在一定社会条件下生产某种商品所需要的平均劳动时间。这一理论揭示了价值规律对商品经济的调控作用。

3. 劳动解放论

劳动解放论是马克思主义理论体系中的重要内容之一，它从劳动本质和劳动价值两个方面出发，对人类历史的发展和社会进步做出了深刻的分析和论述。

劳动解放是人类智力提高的过程。劳动是人类赖以生存和发展的基础，劳动的发展水平直接关系人类文明的进步。劳动解放是人类智力提高的过程，是劳动工具的改进与经济形态的创新。通过劳动工具的改进，人类可以更加高效地利用自然资源，提高生产力，实现社会财富的快速积累。同时，随着经济形态的创新，劳动的组织和管理方式也不断得到改善，人类可以更加科学地规划和调配劳动力资源，提高劳动生产率和经济效益。

劳动者解放程度是衡量社会文明的尺度和标准。对于劳动与劳动解放程度的促进或者倒退、保护或者破坏等，直接反映出社会的政治体系与制度模式的优劣。在一个高度文明的社会中，劳动者应该享有充分的人权和自由，不受剥削和压迫，能够自主选择自己的职业和生活方式。而在一个落后的社会中，劳动者则可能会受到各种不公平的待遇和压迫，劳动力资源的分配也可能会出现严重失衡，从而导致社会的不稳定和动荡。

实现劳动者的全面解放是人类社会发展的最终目标。在社会主义和共产主义社会中，劳动者解放将达到空前的高度，从而实现人的全面发展和社会的共同富裕。

（二）马克思主义劳动观的基本内容

1. 劳动是自然过程和社会过程的统一

马克思在《资本论》中认为，劳动首先是人和自然之间的过程，是人以自身的活动来中介、调整和控制人和自然之间的物质变换的过程。这个概念深刻地揭示了人的劳动过程是自然过程和社会过程的统一。在这个过程中，人通过自身的活动来改变自然界的物质状态，创造出新的产品和服务，满足人类的需要。在这个过程中，劳动、人与自然三者之间存在着相互依存的关系，而且这个过程是通过人自身的活动实现的，并受到人自身活动的调整和控制。

2. 劳动是人和人类社会存在和发展的基础和动力

马克思在《1844年经济学哲学手稿》中认为，劳动是人类生存和社会发展的基础。通过劳动，人类获取物质和精神上的资料以维持生存，从而开展各种活动。为了能够生存和发展，人们必须从事生产活动来满足自己的物质需求，而这一活动始终是人类历史中不可或缺的部分。随着劳动的不断发展，人类的本质力量和创造力也在逐步增强。人们在改造对象世界的过程中，展现出自己作为类存在物的本质，使得自然界成为他们的作品和现实。此外，劳动还决定和制约着社会结构，劳动的发展和变化必然带来社会的发展与进步。因此，可以说，劳动是人类社会存在和发展的基础和动力。

3. 活劳动是创造价值的唯一源泉

马克思在其劳动价值论中，强调劳动在价值创造和价值形成过程中的决定性作用，这是一个基本的经济学命题。在此基础上，马克思区分了活劳动和物化劳动两个概念，即活劳动是创造价值的唯一源泉，是能够使物化劳动增值的劳动。物化劳动是指劳动的结果，即人的劳动完成以后凝结在产品中的人的劳动，而活劳动则是指在劳动过程中人的体力和脑力的耗费。马克思的这一命题不仅有着重要的经济学意义，而且具有明显的哲学意义。活劳动的概念强调了人作为创造者的主体性和本质，是对人的劳动价值的肯定和尊重。活劳动是人对自然的改造，是人类文明进步的基础，也是人类社会的物质基础。因此，马克思认为在所有的生产要素中，活劳动不但是商品价值创造的源泉，而且是唯一源泉。

4. 资本主义条件下的劳动表现为异化劳动

资本主义社会中的劳动被马克思称为异化劳动，这是因为在这种社会形态下，劳动者的劳动成果不再属于自己，而是被剥夺、占有和支配。这种剥夺不仅体现在劳动者无法拥有生产资料和生产工具，还体现在他们所创造的产品变成了商品，成为资本家获取利润的手段。这种剥夺使得劳动者和他们的劳动成果分离，造成了劳动的异化。

马克思所说的劳动异化具有多方面的含义，其中最为突出的是工人与生产资料和产品的异化。在资本主义条件下，工人的劳动条件、工作内容以及生产目标都是由资本家控制和决定的，而工人自身却没有权利参与到这个过程中。工人的劳动成果，无论是产品还是服务，都被剥夺了其使用权和支配权，这使得工人对于自己的劳动感到陌生、疏离和无趣。除了工人与生产资料的异化，资本主义社会还存在着工人之间的异化。由于竞争和压力等因素，工人之间的相互关系变得冷漠、敌对，这使得工人无法体现出合作和团结的力量，同时也削弱了他们的劳动价值。要消除这种劳动异化的现象，必须消灭私有制并建立社会主义制度，使得生产资料和生产过程真正地属于广大劳动者，并且工人可以自由地参与到生产和决策过程中。只有这样，工人才能真正地认同自己的劳动成果，从而建立工人和生产资料之间的和谐关系，实现社会的共同利益。

5. 共产主义是实现人的自由、全面发展和劳动解放的根本途径

共产主义是马克思主义理论的核心，其目的在于实现人的自由、平等和全面发展。劳动解放是实现这一目的的根本途径。在马克思的理论中，劳动解放涵盖自然和社会两个层面。自然层面的劳动解放意味着提高劳动者的能力，突破自然的限制，以及促进社会生产力的发展。社会层面的劳动解放则意味着消除异化劳动和私有制，实现平等参与生产和分享劳动成果的劳动关系。这样，劳动才能成为人类生活的一种必需而不是单纯的谋生手段。

共产主义是一种没有阶级和阶级对立的社会形态，每个人都能够实现自己的自由发展。在共产主义社会中，所有生产资料都是公共财产，每个人都有平等参与生产和分享劳动成果的权利。这样，每个人的自由发展都是一切

人的自由发展的条件。只有在这种新型的社会中，人们才能真正实现自由、平等和全面发展，进而实现人类的解放。因此，共产主义是实现人的自由、全面发展和劳动解放的根本途径，马克思主义将继续引领人类前进的方向，努力实现人类社会的进步和发展。

三、马克思主义劳动观的当代价值与构成因素

（一）马克思主义劳动观的当代价值

1. 为尊重劳动和劳动光荣的价值理念提供理论基础

第一，马克思主义强调劳动是人和人类社会存在和发展的基础和动力，同时强调创造价值的唯一源泉是活劳动，这突出了劳动在社会发展中的地位。这一观点是对于资本主义剥削劳动的现实情况的批判，也是对于人类历史上对劳动重视和尊重的继承和发展。因此，尊重劳动和劳动者的价值理念是马克思主义劳动观的基础和核心。

第二，马克思主义劳动观强调劳动者是价值创造的主体，即商品价值是凝结在商品中无差别的人类劳动。这一观点突出了劳动者在价值创造中的主体地位，并且强调了劳动者在社会中的平等地位。这对于树立正确的劳动荣辱观和劳动价值观，以及对于推进人类解放和社会主义建设具有重要的现实意义。

第三，马克思主义劳动观强调只有尊重劳动和劳动者的人格，才能尊重劳动者的主人翁地位。这意味着，对于劳动者的尊重应该是基于对劳动者人格的尊重和关注，而不是简单地通过某些形式或口号来体现。在社会主义公有制条件下，劳动力已不是商品，劳动者成为公有制的主人，因此，尊重劳动和劳动者的价值理念是社会主义的价值旨归，也是社会主义制度的重要特征。

2. 为社会主义按劳分配原则提供理论支持

商品价值是由劳动时间决定的，劳动创造价值，是衡量商品价值的基础。这个理论基础为社会主义按劳分配原则提供了支持。按劳分配就是通过衡量劳动者为社会创造的价值来决定他们的收入水平，这种收入分配方式是建立在劳动者劳动创造价值的基础之上的。在社会主义市场经济体制下，收入分配方式采用"按劳分配为主体、多种分配方式并存"的原则。按劳分配是主体，但是同时也与按生产要素分配相结合。这就是说，按劳分配的同时，也

会考虑生产要素的贡献，比如资本、土地等因素。这种分配方式也与马克思的劳动价值观有关，因为资本和土地等生产要素也是通过劳动创造的，他们所产生的价值也应该被考虑在内。按劳分配原则旨在激励劳动者的积极性和创造性，使他们能够更好地发挥自己的潜力，同时也促进了社会公平和正义。在社会主义市场经济体制中，按劳分配原则是一种比较公正和合理的分配方式，可以有效地调动社会资源，提高生产效率和促进经济增长。

3. 有助于构建社会主义和谐劳动关系

在马克思的理论中，劳动是人与自然的物质交换过程，超越了任何社会形式和性质的规定。然而，在现代社会中，劳动不仅仅是物质交换的过程，而且也涉及人与人之间的关系，因为任何一种劳动都是在一定的社会形式下进行的。因此，劳动关系是现代社会最基本的社会关系之一，而劳动关系的和谐是社会和谐的前提和基础。如果劳动关系不和谐，社会就很难实现和谐。

在构建和谐的劳动关系方面，坚持公平正义的价值原则是关键。公平正义是衡量社会文明进步的标尺，只有在公平正义的基础上，才能形成和谐的劳动关系。在马克思的理论中，和谐的劳动应该是快乐体面的、自由创造的劳动，这对于新时代构建我国社会主义和谐劳动关系、和谐社会具有重要的理论意义。因此，构建和谐的劳动关系需要秉持公平正义的原则，保障劳动者的权益，减少劳动冲突，营造快乐体面的工作环境。此外，也需要促进劳动力的素质提升，促进劳动者自由创造和发展，使他们能够在工作中实现自我价值。只有这样，才能推进我国社会主义建设，实现和谐劳动关系与和谐社会的目标。

（二）马克思主义劳动观的构成因素

马克思主义劳动观的构成因素包括劳动过程、劳动对象和劳动资料，见图1-5。这三个方面是马克思分析和认识劳动的主要视角，共同构成了马克思主义劳动观的基本框架。

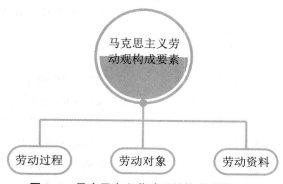

图1-5 马克思主义劳动观的构成因素框架

1. 劳动过程

劳动过程是指劳动者在生产过程中，通过自己的体力和智力将自然界中的原材料转化为有价值的产品的过程。在这个过程中，劳动者运用生产资料（如劳动工具、设备等）对劳动对象进行改造，创造出具有使用价值的劳动产品。

2. 劳动对象

劳动对象是劳动过程中人们直接改造和加工的自然物质，如土地、矿产、原材料等。劳动对象是劳动得以开展的物质基础和客观条件，是人类通过劳动从自然界获取生存资料的基本来源。

3. 劳动资料

劳动资料包括劳动工具、生产资料等，是劳动者在劳动过程中使用的具体手段，用于改造劳动对象以获取生存资料。劳动工具是人类四肢的延长，是人类能力的放大，是人类利用自然的能力的根本标志。随着科技的进步，劳动资料不断发展和完善，从而提高了劳动效率和生产力。

第三节 新时代社会主义劳动价值观

一、新时代社会主义劳动价值观的内涵与特点

（一）新时代社会主义劳动价值观的内涵

新时代社会主义劳动价值观涵盖了劳动光荣、劳动创造价值、全面发展和共同富裕四个方面的内涵，这些内涵相互联系、相辅相成，共同构成了新

时代社会主义劳动价值观的核心内容。接下来，本书将详细阐述这四个方面的内涵以及它们在新时代背景下的具体表现。

1. 劳动光荣

劳动光荣是新时代社会主义劳动价值观的核心内涵之一，强调劳动是人类生存和发展的基本方式，是实现自身价值和推动社会进步的重要途径。新时代社会主义劳动价值观倡导尊重劳动、崇尚劳动，强调劳动者在社会发展中的关键作用，鼓励全体人民发挥劳动潜能，为社会主义事业贡献力量。

尊重劳动者的地位和贡献。劳动光荣强调尊重劳动者的地位和贡献，认为劳动者是推动社会发展的重要力量。在新时代，人们要维护劳动者的合法权益，关注劳动者的福祉，让劳动者享有应有的社会地位和尊重。

崇尚劳动精神。劳动光荣倡导崇尚劳动精神，鼓励人们勤劳务实、勇于拼搏，形成敬业爱岗、诚实守信的良好风尚。新时代要弘扬劳动精神，使之成为全社会共同追求的价值取向。

发挥劳动者的创造力。劳动光荣强调发挥劳动者的创造力，让劳动者在各自岗位上充分展示才华，为国家和社会的繁荣发展贡献力量。新时代要重视培养劳动者的专业技能和创新能力，激发其无穷的创造潜能。

推崇劳动道德。劳动光荣要求人们树立正确的劳动道德观念，尊重劳动成果，抵制不劳而获、投机取巧等行为。新时代应注重培育劳动道德，形成以诚实劳动、公平竞争为基本原则的社会风气。

2. 劳动创造价值

劳动是创造物质财富和精神财富的源泉，是推动社会发展的基本动力。新时代社会主义劳动价值观强调通过劳动实现个人价值，满足人民群众日益增长的物质文化和精神文化需求，为国家富强、民族振兴、人民幸福作出贡献。

劳动是物质财富和精神财富的源泉。劳动创造价值首先表现为劳动是物质财富和精神财富的源泉。在生产过程中，劳动者通过付出劳动，将自然资源转化为物质财富，满足社会的生产和消费需求；同时，劳动者还通过创造性思维和实践，创造出精神财富，推动文化、科技和艺术等领域的发展。

劳动是推动经济发展和社会进步的基本动力。劳动者通过劳动，为国家经济发展和社会进步提供了源源不断的动力。在新时代背景下，劳动创造价值尤其体现在产业结构优化、科技创新、文化建设等方面，劳动者通过不懈努力，推动我国经济持续增长、社会全面进步。

劳动实现个人价值和社会价值的统一。劳动创造价值还体现在劳动者通过劳动实现个人价值和社会价值的统一。劳动者通过劳动，既满足了个人生活需要，也为社会发展作出了贡献。新时代劳动价值观强调，在实现个人价值的过程中，劳动者要将自身利益与国家和民族利益相结合，为实现全体人民共同富裕贡献力量。

劳动培养和提升人的全面素质。劳动不仅能够创造物质财富和精神财富，还能够培养和提升人的全面素质。在劳动过程中，劳动者不断提高自身的技能、知识、道德品质等各方面素质，实现全面发展。新时代劳动价值观要求人们关注劳动者的成长与进步，为劳动者提供多样化的成长平台，让劳动者在劳动中不断成长、不断超越。

3. 全面发展

新时代社会主义劳动价值观强调在劳动过程中，人的全面发展是劳动价值的最终目的。劳动者在劳动中不仅能够提高自身的生产技能、管理能力、创新能力等各方面素质，还能够锻炼意志、培养品格、陶冶情操，实现全面发展。

均衡发展人的各方面潜能。全面发展要求人们关注劳动者在各方面的潜能发展，包括知识技能、道德品质、创新能力、团队协作等。新时代要求在培养劳动者的专业技能的同时，注重培养其全面素质，使劳动者在劳动过程中充分发挥自身潜能，实现全面发展。

促进人的全面发展与社会全面进步。全面发展强调人的全面发展与社会全面进步之间的相互促进关系。劳动者通过不断提高自身素质，为社会发展提供了有力支撑；而社会全面进步为劳动者创造了更为广阔的发展空间，使劳动者能够在各个领域实现自身价值。

关注劳动者身心健康和人格完善。全面发展还要求人们关注劳动者的身心健康和人格完善。新时代劳动价值观强调在劳动过程中，劳动者应保持健康的体魄、积极的心态，培养良好的品德，实现人的全面发展。

平衡劳动者在不同领域的发展需求。全面发展要求人们在关注劳动者职业发展的同时，关注劳动者在家庭、社会等其他领域的发展需求。新时代劳动价值观强调，劳动者应平衡好工作与生活的关系，既要在职业领域实现自我价值，也要在家庭和社会中发挥积极作用，实现全面发展。

4. 共同富裕

新时代社会主义劳动价值观强调通过劳动者的共同努力，实现国家富强、民族振兴、人民幸福，推动全体人民共享社会主义成果。

实现全体人民共享发展成果。共同富裕强调在发展过程中，要充分调动全体人民的积极性，通过广泛参与，使全体人民都能分享发展的成果。新时代社会主义劳动价值观倡导，通过劳动者的共同努力，推动国家富强、民族振兴、人民幸福，实现全体人民共享社会主义成果。

缩小贫富差距，促进社会公平正义。共同富裕要求人们关注社会公平正义，努力缩小贫富差距。新时代劳动价值观强调，要加强收入分配调节，保障劳动者合理收入，减少贫富差距，形成人人参与、人人尽享的发展格局。

提高人民生活水平和生活质量。共同富裕关注提高人民生活水平和生活质量。新时代劳动价值观要求，通过发展经济，完善社会保障制度，提高教育、医疗等公共服务水平等措施，不断提高全体人民的物质文化和精神文化生活水平，使人民群众生活得更好、更有尊严。

推动绿色发展，促进人与自然和谐共生。共同富裕关注可持续发展，形成人与自然和谐共生的现代化发展方式。新时代劳动价值观强调，在追求经济增长的同时，保护生态环境，实现人与自然和谐共生，为子孙后代留下美好家园。

（二）新时代社会主义劳动价值观的特点

新时代社会主义劳动价值观是对传统劳动价值观的继承和发展，积极回应了新时代的发展需求和人民群众的期待。新时代社会主义劳动价值观具有鲜明的时代特点，既体现了历史传承，又彰显了创新发展。接下来，本书将详细分析新时代社会主义劳动价值观的特点，以便更好地理解和把握其精神内涵，详见图1-6。

图1-6　新时代社会主义劳动价值观的特点

1. 与时俱进

新时代社会主义劳动价值观顺应时代发展潮流，紧密结合新时代经济发展的特点和要求，对传统劳动价值观进行了升华和拓展。首先，顺应新时代经济社会发展需求。新时代社会主义劳动价值观紧密结合新时代经济发展的特点和要求，深刻把握新时代人民群众对美好生活的向往，以满足人民日益增长的物质文化和精神文化需求为己任。新时代劳动价值观强调发挥劳动者在推动经济社会发展中的关键作用，为实现全面建设社会主义现代化国家、实现中华民族伟大复兴的中国梦而努力奋斗。其次，关注新时代劳动者角色的转变。在新时代背景下，劳动者的角色发生了很大变化。新时代劳动价值观关注劳动者在生产过程中的作用，强调劳动者在创新、创业、创造等方面的重要性。劳动者不仅是传统意义上的劳动者，更是创新创造的主体。新时代劳动价值观鼓励劳动者积极投身于科技创新、文化创意、产业发展等领域，为国家发展注入新的活力。最后，适应新时代科技发展与产业变革。新时代社会主义劳动价值观强调劳动者要适应新时代科技发展和产业变革的趋势，不断提升自身的技能和素质。新时代劳动价值观要求劳动者在面对科技进步和产业升级的挑战时，具备持续学习、自我更新的能力，为国家的科技创新和产业发展作出贡献。

2. 人本关怀

新时代社会主义劳动价值观关注劳动者的利益和需求，以人为本，体现了人类价值观的核心内容。新时代劳动价值观强调以人为中心的发展思路，关心劳动者的福祉，维护劳动者的合法权益，实现劳动者和企业、社会的和谐发展。具体体现在：一是尊重劳动者的人格和尊严。新时代劳动价值观强调尊重劳动者的人格尊严，保障劳动者的合法权益。劳动者在生产、科研、创新等领域付出了辛勤努力，为国家和民族的繁荣发展作出了贡献，应当得到社会的充分认可和尊重。二是关注劳动者的生活福祉。新时代社会主义劳动价值观关注劳动者的生活福祉，强调为劳动者创造良好的生活和工作环境。这包括保障劳动者的就业、收入、安全、健康等方面的权益，关注劳动者的心理健康，帮助劳动者解决生活中的困难和问题，提高劳动者的生活水平和幸福感。三是推动劳动者参与和共享。新时代社会主义劳动价值观强调劳动者是国家和社会发展的主体，应当参与到国家和社会发展的各个领域中。通过提高劳动者的参与度和话语权，让劳动者共享国家和社会发展的成果，实现劳动者与国家、民族、社会的共同富裕。

3. 创新驱动

新时代社会主义劳动价值观注重创新驱动发展，强调劳动者在创新创造过程中的作用。在新时代背景下，劳动者不仅是传统意义上的劳动者，更是创新创造的主体。新时代劳动价值观鼓励劳动者积极投身于科技创新、文化创意、产业发展等领域，为国家发展注入新的活力。

倡导创新精神。新时代劳动价值观强调培养和倡导创新精神，鼓励劳动者勇于创新、善于创新。创新精神是国家和民族发展的重要动力，是劳动者在新时代发挥自身价值、实现个人和集体发展的关键所在。

关注科技创新。新时代社会主义劳动价值观强调科技创新在国家和社会发展中的重要作用，鼓励劳动者积极投身于科技创新领域，为国家发展注入新的活力。劳动者应紧密结合科技发展趋势，不断提高自身的科技素养，积极参与科研、技术创新和应用推广等活动，为国家科技进步和产业升级作出贡献。

推动产业创新。新时代社会主义劳动价值观关注产业创新在经济社会发展中的关键作用，鼓励劳动者在产业发展中发挥创新驱动作用。劳动者应积极参与产业结构调整和优化，推动传统产业转型升级，发展新兴产业，为实现产业转型升级和可持续发展贡献力量。

促进文化创新。新时代社会主义劳动价值观强调文化创意在提升国家软实力和民族精神面貌方面的重要地位，鼓励劳动者在文化领域开展创新创造活动。劳动者应积极投身文化事业，为提升文化品质、丰富民族文化、传承优秀文化传统作出贡献。

新时代社会主义劳动价值观的创新驱动特点强调劳动者在创新创造过程中的重要作用，激发劳动者的创新潜能，为国家发展和民族振兴提供源源不断的动力。

二、新时代社会主义劳动价值观跃迁的四重维度

劳动不仅创造了人本身，还是人创造社会财富和追求幸福生活的基石。随着时代发展，人们对劳动价值的认识和评价不断加深，新时代劳动价值观正从"劳动光荣"向"劳动幸福"转变。这种转变既是时代进步和生产力发展的必然结果，也反映了人们对"异化劳动"的批判和对劳动自由的追求。习近平总书记的"光荣属于劳动者，幸福属于劳动者"理念进一步促使了这一转变。深入研究新时代劳动价值观的跃迁，对于推进中国特色社会主义伟

大事业和实现中华民族伟大复兴具有重要意义。

（一）主体维度："让劳动本身成为享受"

"让劳动本身成为享受"，是当前社会推动全面建设社会主义现代化国家和实现中华民族伟大复兴的必然要求。这是一种新型的劳动观念，主张通过提高劳动者的自我认同、自我价值和自我实现的能力，使得劳动者从劳动中获得愉悦和满足，实现劳动幸福。在这一主体维度的理念下，劳动者成了主动的、自由的、有创造性的主体，而不再是劳动过程中被动的客体，这对于推动社会发展具有重要意义。

1. 劳动是人的本质

劳动是人的本质和最终实现，体现了人的主体地位和自主性，也表现了人对于认识自然和改造自然的需要。人的劳动不仅创造了物质财富，也创造了美和智慧，并且使人们的精神和物质需求得到了满足，增强了人们的获得感和幸福感。同时，劳动也创造了人类之间相互依赖的社会关系。在人类社会发展过程中，劳动和社会关系存在着紧密的联系。在原始社会，人们的劳动能力和获取的劳动产品都非常有限，因此人们必须相互依赖，形成了对等需要关系。但随着生产力水平的提高和社会分工的出现，人们的关系开始转变为物的关系和阶级关系，物的价值开始超越和替代人的价值。这导致了劳动的异化，连带着"人的本质"和"社会关系"一同发生了异化，从而使劳动成了一个被剥削和被压迫的过程。

马克思认为，"人的本质不是单个人所固有的抽象物，在其现实性上，它是一切社会关系的总和"。[1]而这种"社会关系"主要是在劳动中形成的。只有在社会主义和共产主义社会，人民才能成为真正的劳动主人，人的需要才能表现为真正的本质，劳动才能成为一切快乐的源泉。在这种情况下，劳动不再是被动和消极的，而是成为人们积极、主动、自由自觉的有意识的活动，劳动异化被最大限度地遏制，人的本质重新得到彰显，社会关系趋于平等。因此，对于建设社会主义和共产主义社会来说，必须尽力消除劳动的异化，使劳动成为一种充满意义和幸福感的自主活动，从而促进人类社会的进步和发展。

---

[1]《马克思恩格斯文集》（第1卷），人民出版社2009年版，第501页。

2. "幸福是奋斗出来的"

人类的目的在于获得幸福，但幸福并不是轻易能够得到的，需要通过艰苦奋斗才能实现。《尚书·周书·周官》中有言："功崇惟志，业广惟勤。"其强调了只有通过不懈的努力和奋斗，才能获得幸福。中华民族的发展史也证明了这一点，艰苦奋斗和自强不息的劳动创造已经成为中华民族的文化基因和精神密码。因此，只有通过锲而不舍、驰而不息的奋斗，才能创造更美好的生活，实现幸福的追求。

"幸福是奋斗出来的"这句话有多方面的含义。首先，基本的生活条件需要通过奋斗来获得。马克思主义经典作家曾指出，人们需要生产满足生活需求的物资，这是维持生活的基本条件。在中国传统文化中，"与天斗""与地斗"也是奋斗的重要历史，只有在奋斗的基础上，人类社会才能推动自身的发展。其次，获得更高水平的生活和幸福也需要奋斗。习近平总书记在庆祝中国共产党成立100周年大会上的讲话中提到，中国共产党领导下中国人民取得的伟大成就是接续奋斗的结果。当前，中国正处于实现"两个一百年目标"的重要时期，需要艰苦奋斗。最后，要摒弃消费主义、利己主义和享乐主义等错误的价值观念，这些价值观将个人欲望的满足视为人生的终极意义，与劳动精神不符。奋斗不应只为了满足个人欲望，而应当为了追求更高的目标，获得更大的幸福。

3. 劳动者要有"劳动自由"

劳动自由是劳动人权的重要内容，其核心意义是要让劳动者在进行劳动活动时能够充分发挥自己的自主性和创造性，从而实现自己的人生价值和幸福。要实现劳动自由，必须在社会、政治、经济等多个方面进行努力。

首先，必须确立劳动者的社会主体地位，让劳动者成为劳动活动的主体和主导者，享有劳动选择权和自主权。同时，要对劳动者进行劳动价值和劳动理想教育，引导他们认识到劳动的重要性和价值，并且将个人的劳动幸福同民族复兴、国家富强目标结合起来，从而更好地实现个人价值和社会价值的统一。其次，要积极营造尊重劳动、崇尚劳动的社会氛围，让劳动价值无差别成为一种社会新风尚。此外，要发挥科技的作用，通过技术手段的不断革新和创新，减少繁重体力劳动，从而让人们更加自由地选择自己喜欢的劳动方式。再次，要推动实现劳动公平正义，建立和遵循岗位、分工与劳动无贵贱的准则，让"共建共享"成为全社会的共同价值观念和行动选择。同时，要尊重人们的劳动意愿，努力实现人们对于劳动的自由选择。最后，需要指出的是，在实现劳动自由的过程中，劳动者在进行劳动活动时也需要接受相关法律法规、劳动秩序、劳动纪律和劳动道德的制约。这些制约是必要的，能够保障劳动者的合法权益，促进社会的和谐发展。

（二）社会维度：创造更高的社会生产力、实行良政善治、建构合理评价体系

劳动是一种社会性的活动，人类社会在不同历史时期，不管是"五大社会形态"还是"三大社会形态"，劳动都是必不可少的生产活动。在原始社会阶段，由于生产力水平极端低下，人们为了生存必须进行"无差别"的共同劳动，但这种劳动并不幸福。随着生产力的不断提高，劳动方式也逐渐发生了变化。要实现"劳动幸福"，社会层面需要创造更高的社会生产力，通过良政善治，从繁重的体力劳动和资本逻辑中解放劳动者。在个人层面，也需要重视劳动的重要性，积极发扬劳动精神，提高自身的劳动技能，从而获得更多的成就感和自我实现感。只有这些条件共同作用，才能实现劳动者的真正幸福。

1. 创造更高的社会生产力

社会生产力是衡量社会进步的标志，也是通向劳动幸福的必由之路。劳动是人以自身活动来调控人与自然之间物质转化的过程，是历史积累的产物。特定历史时期的社会生产力是代际传承的结果，其提升需要科学技术的支持和历史积累。事实上，人类社会发展历程即科学技术不断发展，社会生产力不断提升的历史。随着科技的进步，尤其是人工智能介入劳动领域，劳动者已经得到解放，从复杂繁重的劳动中解脱出来。但是，现阶段劳动者全面发展程度和劳动尊严的体现还不充分。许多劳动者被迫遵循"996"和"007"等工作常态，被称为"打工人"，这一方面说明了因劳称义的价值追求，必须通过"奋斗"才能获得幸福，但另一方面也表明劳动者仍陷于"谋生劳动"的境地。造成这些问题的原因有很多，但根本在于社会生产力不够发达，未能最大限度地提升劳动者的技能和手段，未能广泛、有效地提供替代劳动，或使繁重劳动科技化和简化。因此，解决这些问题的关键在于大力发展社会生产力，提高劳动者的技能和手段，广泛推行替代劳动或简化繁重劳动的科技化措施。只有这样，才能实现劳动者的自我实现和幸福感，劳动者的劳动才不仅仅是为了维持生计，更是因为兴趣、责任和内心的满足。

2. 实行良政善治

促进劳动者从资本逻辑中解放出来，需要实行良政善治。世界历史发展的过程就是不断走向自由自觉劳动，摆脱异化劳动的过程。在此过程中，资本曾经扮演着绝对的主宰角色。事实上，劳动者无法从劳动本身中获得幸福，很大程度上是由于资本的支配。资本拥有者往往控制着政策制定和劳动裁量的权力。在私有制条件下，资本的邪恶被无限放大，资产阶级政府也成为资本的帮凶，两者互相勾结，资本逻辑因此成为"文明暴行中的过度劳动"。因此，必须通过社会革命建立一个全新的社会，消灭资本主义生产关系，使劳动者从"资产阶级的羁绊下解放出来"。我国社会主义制度的确立使劳动者成为社会的主人，为从资本逻辑中解放劳动者提供了根本前提和制度保证。但是，由于我国仍处于社会主义初级阶段，生产力发展水平依然不高，社会主义市场经济的各项机制尚不完善，劳动者仍受到各种因素的束缚，不能充分享受劳动自主权，实现体面劳动和自由发展。要改变这种状况，必须建立良政善治，完善劳动法规和体制机制，同时限制资本，从不适应生产力发展需要的生产方式和经济体制机制中解放劳动者，筑牢"保护劳动所得，增加劳动报酬，提高劳动报酬在初次分配中的比重"的屏障，同时"健全劳动关系协调机制，构建和谐劳动关系，促进广大劳动者实现体面劳动、全面发展"。

3. 建构合理评价体系

要构建更公正、合理的评价体系，从身份和等级的束缚中解放劳动者。尽管不同岗位创造的价值和贡献程度有所不同，但每种劳动都是不可或缺的。然而，在现实生活中，劳动仍被赋予身份和社会等级的标签，这导致了将人们按劳动类型和工作岗位分等，轻视普通劳动者的现象依然存在。解决这个问题，必须建立一个公正合理的劳动评价体系，弘扬崇尚劳动、尊重劳动者的社会风尚。同时，需要建立有效的社会评价机制，在评价立场、导向、手段和标准等方面进行创新，实现对资本逻辑的超越，让劳动成为人本自由的活动。坚持尊重和鼓励劳动，鼓励人们树立辛勤劳动、诚实劳动、创造性劳动的理念；打击好逸恶劳、不劳而获的现象，取缔违背诚实劳动准则的非法劳动；逐步弥合因劳动类别、岗位差异而导致的收入鸿沟，使劳动成为共同富裕的最强动力；同时扫除制约劳动者就业创业的体制机制和政策障碍。只有这样，才能真正实现劳动者的解放，让劳动成为人类自身的自觉自由的活动。

（三）实践维度：提升科学技术水平，强化劳动教育，创新劳动形式

劳动是人类社会发展的基础和推动力量，但是劳动生产力的水平不同，不同层次的劳动者的劳动体验和幸福感程度也会存在差异。劳动生产力受多种因素影响，包括工人的平均熟练程度、科学技术的发展水平、生产过程的社会结合、生产资料的规模和效能，以及自然条件等。这些因素都会影响劳动者的工作环境、工作强度、工作内容和工作方式等，从而对劳动者的工作感知和体验产生影响。当劳动生产力水平较低时，劳动者的劳动感知更容易出现痛苦的情况。而当劳动生产力水平较高时，劳动形式则更加丰富多样，可选择性更强，劳动者的工作体验和幸福感也更容易得到提升。目前，中国社会的劳动生产力水平已经有了显著的提高，劳动形式也有了一定的创新，这为提升劳动者的工作体验和幸福感奠定了一定的物质基础。然而，实现真正的劳动幸福感还需要进一步探索和发展，加大劳动解放的力度、深度和广度。

1. 提升科学技术水平

劳动是人类社会发展的基础和推动力量。然而，劳动的体验和幸福感程度受到多种因素的影响，其中劳动生产力水平是重要因素之一，它包括工人的平均熟练程度、科学技术的发展水平、生产过程的社会结合、生产资料的规模和效能，以及自然条件等。历史上，随着科技的进步和生产力水平的提高，劳动逐渐从原始的"自体"劳动转变为智慧劳动和"他体"劳动。这种变化不仅解放了劳动者的体力，提高了劳动效率，还为劳动者提供了更好的工作环境和更具有挑战性的工作岗位，从而提升了他们的职业素养和技能水平。在社会主义制度下，科学技术和生产力的发展成为劳动者解放的根本动力，通过大力发展科学技术和追求智慧劳动及"他体"劳动，可以提高劳动效率和减轻劳动强度，使劳动者获得更多的成就感和幸福感。

2. 强化劳动教育

加强全面的劳动教育，充实劳动的"内涵"与"外延"，促进劳动自由发展。"劳动的绝对自由"是劳动居民幸福的最好条件。所谓"劳动的绝对自由"就是自由人联合体中的劳动。也就是说，社会将不再因为分工而使劳动固化，劳动者没有特定的、固定的活动范围和劳动部门，而是根据社会的自然调节和自己的兴趣爱好随时调整劳动类型和劳动方式，这样同一个劳动者就可以拥有多个劳动身份，并且可以随自己的兴趣进行"切换"。然而，这种

"切换"的前提条件是劳动者要具备从事这些劳动的能力，这种能力的养成需要社会提供多样化的良好教育。人类社会的发展历程表明，劳动与教育具有一体性、同频性，劳动为教育提供实践支撑，教育指导人类劳动。因此，教育就是发展劳动主体的劳动教育。

随着人类社会的不断发展，劳动者在融入社会劳动体系的过程中将被赋予更加全面的素质发展。为此，全面的劳动教育将承担更加重要的责任，其与劳动的结合及其对劳动多样性的支撑必然成为现代社会对人的全面发展要求的逻辑归宿。2020年3月，中共中央、国务院《关于全面加强新时代大中小学劳动教育的意见》明确指出，"劳动教育是中国特色社会主义教育制度的重要内容，直接决定社会主义建设者和接班人的劳动精神面貌、劳动价值取向和劳动技能水平"。因此，全面的劳动教育被赋予了重大的时代责任。通过全面的劳动教育，可以激发劳动者的劳动热情和责任感，使其养成自觉参与、积极投身于社会主义建设的意识和行动，从而进一步提升社会生产力和社会财富的创造力。同时，全面的劳动教育也有助于形成劳动者的优秀品德和良好行为习惯，增强社会主义道德观念和社会责任感，推动社会主义精神文明建设。因此，全面的劳动教育既是实现劳动自由的必要条件，也是推进社会主义现代化建设、实现中华民族伟大复兴的战略要求。

3. 创新劳动形式

推进创新劳动，不断丰富劳动形式。创新劳动基于新时代的知识、技术和思维等创造性革新，以提升劳动效率和产生超值社会财富为目标。与传统劳动相比，创新劳动具有"知识型、技能型、创新型"等特征，是知识经济和数字经济时代的新型劳动。随着改革开放40多年的发展，我国的劳动形态也在不断发展，从传统的"出大力，流大汗"的劳动时代转变为社会化、科学化、市场化需要的技能型劳动、知识型劳动和智能型劳动等多种形式。

在新时代，创新劳动越来越受到党和国家的重视。习近平总书记在多个场合强调创新的重要性，提出把创新放在更加突出的位置；抓创新就是抓发展，谋创新就是谋未来，成为新时代创新劳动的动力与指南。创新劳动的自主性、自由性、知识性和创造性特征，不再把劳动者固定在某一个特定岗位或行业内，而是为劳动者提供更多选择权和个性化发展空间。当前，人们创造了许多非传统的劳动形式，这些与新知识、新经济形态相结合的新型劳动形式不仅彰显了劳动者的个性特征和兴趣爱好，增强了劳动者的成就感和幸福感，而且对社会财富的创造发挥着越来越重要的作用。创新劳动是现代科技发展和社会文明进步的必然结果，具有积极的社会价值和深远的历史意义。通过推进创新劳动，不断丰富劳动形式，劳动者将更加自由地选择自己的劳动方式，从而推动劳动力量的全面发展和自由解放，进一步促进社会经济的繁荣和人民幸福。

（四）价值维度：把劳动幸福融入实现中华民族伟大复兴的奋斗中

价值是一种关系范畴，是客体对主体需要的满足程度，而劳动的价值则在于满足劳动者的需求。对劳动的价值判断可以分为"劳动光荣"和"劳动幸福"，前者强调社会对劳动的肯定，后者则强调个人对自己劳动的肯定。此外，劳动者的劳动幸福感知可以划分为三个圈层，其中第三个圈层来源于劳动的社会价值，是最高层次的幸福。现阶段应该将个人劳动幸福与初心使命结合起来，融入实现中华民族伟大复兴中国梦的过程中，以提升劳动的价值和意义，同时也提高劳动者的幸福感。

1. 劳动幸福需要融入为中华民族伟大复兴而奋斗的主体自觉中

劳动的价值在于满足劳动者的需求，而劳动者的幸福感不仅仅局限于个人需要的满足，还需要体现个人对社会的贡献和个体社会价值的实现，以及社会对其劳动的认同和尊重。因此，劳动幸福需要融入为中华民族伟大复兴而奋斗的主体自觉中。马克思主义经典作家也认为，仅仅局限于主客体关系层次的个人幸福是有限的，只有为共同目标奋斗并为大多数人带来幸福的劳动才是更高层次的幸福。

中国人民在实现中华民族伟大复兴的过程中，自觉地将个人劳动同实现国家富强、民族振兴、人民幸福的共同目标结合起来，将个人理想同国家梦、民族梦结合起来。在这个过程中，中国人民创造了劳动精神、劳模精神和工匠精神，将个人幸福以及对国家和社会发展的贡献相结合，成为衡量个人幸福的尺度。这些精神已经融入中国人民的血脉，成为中国人民勤奋劳动的基因和实现个人价值与社会价值、推动民族复兴的内在精神动力。中国比历史上任何时候都更加接近实现社会主义现代化和中华民族伟大复兴的第二个百年奋斗目标。实现中国特色社会主义现代化和中华民族伟大复兴已经成为中国人民的劳动自觉、劳动责任和劳动理想。因此，将个人劳动幸福与初心使命结合起来，融入实现中华民族伟大复兴中国梦的过程中，能够提升劳动的价值和意义，同时也能够提高劳动者的幸福感。这种劳动幸福需要从个人的自我实现转向为他人服务、为社会发展和民族振兴作出贡献，这是劳动者实现更高层次幸福的正确途径。

2. 将劳动幸福融入为中华民族伟大复兴奋斗的道路坚守中

中国特色社会主义是中国历史和人民的选择，是最适合中国国情的发展模式。中国特色社会主义的成功在于找到了正确的道路，并且有中国特色社会主义理论体系和制度的保障。改革开放以来，中国取得了举世瞩目的成就，实现了由贫困、温饱、小康到全面小康的伟大飞跃，由站起来、富起来到强起来的伟大飞跃，国家面貌、民族面貌、人民面貌发生了前所未有的变化。中国特色社会主义坚持以人民为中心的理念，倡导"劳动最光荣、劳动最崇高、劳动最伟大、劳动最美丽"，让全体人民焕发劳动热情，通过劳动创造更美好的生活。中国特色社会主义为中华民族伟大复兴找准了方向，也为劳动者追求劳动价值、实现劳动幸福提供了广阔舞台。

劳动者能够感受到劳动幸福的关键在于中国特色社会主义对"异化劳动"的摒弃和对劳动者社会主人翁地位的保障。中国特色社会主义为中华民族伟大复兴提供了内在动力，劳动幸福激发中华民族伟大复兴奋斗主体的内在动力，可以加速推进中华民族伟大复兴目标的实现。同时，伟大复兴足以振奋人心，美好生活助力劳动幸福，两者共同增添劳动者的劳动自豪感、获得感和幸福感。中国特色社会主义、中华民族伟大复兴、中国人民劳动幸福在新时代特定的历史时空中形成了一种内在关联。然而，只有在中国特色社会主义的强大保障下，才能实现民族复兴和美好生活，否则这一切都将成为镜花水月。中国特色社会主义伟大事业和中华民族伟大复兴需要全体劳动者的奋斗，只有在中国特色社会主义道路的坚守及其伟大成就中，劳动幸福才能彰显和实现。

3. 将劳动幸福融入实现中华民族伟大复兴梦想的忠实奋斗中

实现中华民族伟大复兴是近代以来中华民族的伟大梦想。伟大梦想不是等来、喊来的，而是拼出来、干出来的，这需要包括工人阶级在内的全体人民的劳动、创造、奉献。中国梦需要真正落实到实际行动之中。同时，新时代是奋斗者的时代，只有奋斗的人生才称得上幸福的人生，奋斗者是精神最为富足的人，也是最懂得幸福、最享受幸福的人。这深刻揭示了劳动幸福与为中华民族伟大复兴而奋斗之间的辩证关系，而且生动展现了中国人民与生俱来的家国情怀。实现美好生活和中华民族伟大复兴的宏伟目标，需要全体中国人民投入更多的精力，付出更大的努力。征途漫漫，唯有奋斗；梦想成真，唯有实干。实现美好生活离不开不懈奋斗，建设富强民主文明和谐美丽的社会主义现代强国、实现中华民族伟大复兴离不开不懈奋斗。奋斗不仅是实现个人幸福和民族复兴的密码，也是联通劳动幸福和民族复兴的桥梁。人们追求和实现劳动幸福的过程，也是为中华民族伟大复兴奋斗和奉献的过程。劳动幸福不仅同民族复兴不冲突，反而会在民族复兴中获得外在的激励并强化和升华幸福感。

第四节 大学生劳动教育的重要性

一、劳动教育促进大学生自我认知和成长

（一）提高自我认识水平

劳动教育是一种实践性很强的教育形式，通过参与劳动活动，大学生可以获得直接的、具体的体验，从而提高自我认知水平。

1. 发现自己的优缺点

在劳动实践中，大学生需要通过完成一定的任务或工作来展现自己的能力。在这个过程中，大学生会发现自己擅长或不擅长哪些方面，有哪些优点或缺点。这样的发现有助于大学生更加清晰地了解自己，从而更好地发挥自己的长处，提升自身的综合素质。

2. 发掘自己的兴趣和天赋

在劳动实践中，大学生需要完成各种不同的任务或工作，包括生产劳动、社会实践、志愿服务等。通过参与不同的劳动活动，大学生可以逐渐发现自己的兴趣和天赋所在。比如，某位大学生在参与园艺工作时，发现自己对植物学有浓厚的兴趣和天赋，那么他/她就可以将这一兴趣和天赋转化为未来的职业发展方向，实现自我价值。

3. 作出更好的职业规划和人生选择

通过参与劳动教育，大学生可以更加深入地了解自己，找到自己擅长的领域和感兴趣的方向。这样的认知有助于大学生在未来的职业规划和人生选择中更加明确自己的方向和目标，避免走弯路，提高自己的成功率。

（二）增强自尊心和自信心

劳动教育有助于大学生认识到自己的价值，从而增强自尊心和自信心。

通过劳动，他们可以看到自己的付出和努力带来的成果，从而激发内在的动力和信心。在劳动实践中，大学生需要通过劳动来获得一定的成果。这些成果来自他们的付出和努力，能够让大学生更加清晰地认识到自己的价值和作用。通过这种方式，大学生能够更加坚定个人的自我认同和自我价值，从而增强自尊心。此外，在劳动实践中，大学生能够看到自己的劳动成果，包括完成的任务或工作、创造的价值和效益等。这些成果能够直观地证明自己的能力和价值，让大学生更加自信。同时，这种自信能够激发他们的内在动力，更加积极地参与劳动活动，不断提升自己的能力。

（三）培养责任感和担当精神

劳动教育是一种实践教育形式，通过参与劳动实践，让大学生深刻认识到自己的行为对于团队和社会的影响，从而培养起责任感和担当精神。在劳动实践中，大学生需要完成自己的任务或工作，需要承担个人的责任。通过这个过程，大学生能够学会管理自己的时间和行为，更好地规划和控制自己的工作进度和成果。这样的过程有助于培养大学生的责任感和自律能力；在劳动实践中，大学生需要与其他成员合作完成任务或工作，需要承担集体的责任。通过这个过程，大学生能够体验团队合作的重要性，了解自己的行为对于团队成员和整个社会的影响。这样的体验有助于培养大学生的团队精神和责任感；劳动教育能够让大学生深入了解社会，认识到自己的行为对于社会的影响。通过劳动实践，大学生能够直接体验自己的劳动所创造的价值和效益，进而意识到自己的行为对于社会的作用和责任。这样的体验有助于培养大学生的社会责任感和担当精神。

二、劳动教育促进大学生人际关系和团队协作能力的发展

（一）增进人际交往能力

劳动教育有助于大学生增强人际交往能力。这是因为在劳动过程中，大学生需要与其他人合作完成任务，涉及相互沟通、协调、合作等方面的技能，这些技能都是良好的人际交往能力的组成部分。

1. 了解和尊重他人

在劳动教育中，大学生需要与不同背景、性格和兴趣的人共同完成任务。这就需要大学生了解和尊重他人的想法和意见，以便更好地协作。通过与他人相处和交流，大学生可以了解不同的文化、背景和思维方式，从而增进对

他人的理解和尊重。

2. 培养有效的沟通技能

沟通是良好的人际交往的关键组成部分。在劳动教育中，大学生需要与他人有效沟通，以便更好地协作完成任务。通过与他人交流、协商和讨论，大学生可以学会更好地表达自己的想法和需求，也可以更好地理解他人的想法和需求。

3. 学会协作

在劳动教育中，大学生需要与他人协作完成任务，这需要大学生学会合作和协调。大学生需要了解自己的角色和职责，与其他人协调分工，形成紧密的合作关系，从而更好地完成任务。

4. 解决人际关系问题

人际关系问题是社会生活中常见的问题，劳动教育可以帮助大学生学会如何处理人际关系问题。通过与他人相处和交流，大学生可以学会解决人际冲突、处理不同的意见和看法，建立起良好的人际关系。

（二）培养团队协作能力

劳动教育可以通过组织大学生参与集体劳动活动，培养他们的团队协作能力。在团队合作中，学生需要相互支持、协调分工、共同解决问题，形成团结协作的良好氛围。此外，劳动教育还可以帮助大学生学会领导和被领导的技能，以及如何在团队中承担自己的角色，从而提高他们的团队协作能力。

1. 合作完成任务

劳动教育的实践活动通常需要大学生与他人合作完成任务。在任务完成的过程中，大学生需要相互支持、协调分工、共同解决问题。通过这些活动，大学生可以逐渐培养团队协作的意识和技能，进而形成团结协作的良好氛围。

2. 学会领导和被领导的技能

在团队中，领导和被领导的角色都是非常重要的。在劳动教育中，大学生可以学会如何在团队中担任领导角色，包括如何制定任务和计划、如何激励和指导团队成员等。同时，大学生也可以学会如何在团队中担任被领导的角色，包括如何接受领导的指示、如何服从团队安排等。

3. 培养协调能力

在团队中，大学生需要协调分工，使得各成员的工作能够互相衔接，从而顺利完成任务。通过劳动教育的实践活动，大学生可以逐渐培养协调能力，学会如何协调团队成员之间的工作关系和任务分配。

4. 解决团队问题

在团队合作中，难免会遇到一些问题，例如任务分配不合理、成员之间产生矛盾等。劳动教育可以帮助大学生学会如何解决团队问题，包括如何化解矛盾、如何重新分配任务等。

（三）塑造健康的人际关系观

劳动教育可以帮助大学生塑造健康的人际关系观。健康的人际关系观包括诚实、宽容和尊重等品质，以及正确的人际交往方式。

1. 认识人际关系的重要性

在劳动教育中，大学生可以认识到人际关系在生活和工作中的重要性，可以学会如何与他人相处、如何与他人沟通、如何解决人际冲突等，从而更好地维护和发展自己的人际关系。

2. 培养诚实、宽容和尊重等品质

在劳动教育中，大学生可以通过与他人合作完成任务，培养诚实、宽容和尊重他人等品质。他们可以了解每个人都是独立而有价值的个体，需要相互尊重和关爱，从而在人际交往中体现这些品质。

3. 学会正确的人际交往方式

在劳动教育中，大学生可以学会正确的人际交往方式。例如，他们可以学会如何有效沟通、如何表达自己的想法和需求、如何倾听他人的想法和需求、如何处理冲突等，从而更好地维护和发展人际关系。

三、劳动教育对大学生价值观和人生观的塑造

（一）树立正确的财富观

劳动教育可以帮助大学生树立正确的财富观。在劳动过程中，大学生将体会到劳动的辛苦和价值，认识到财富来源于自己的努力和创造，从而珍惜劳动成果，追求实现自己的价值，而不是仅仅追求物质财富的积累。劳动教育可以让大学生意识到，财富不仅仅是货币的积累，还包括自我价值的实现和对社会的贡献。通过这种方式，大学生可以树立正确的财富观。

（二）塑造健康的道德观

劳动教育也可以帮助大学生塑造健康的道德观。在劳动过程中，大学生需要遵守规章制度，遵守劳动纪律，与他人相互协作完成任务，这些都需要

诚实、守信、尊重他人等道德品质。通过劳动教育，大学生可以学会尊重劳动，尊重他人，树立公平、公正、诚信的价值观，进而形成健康的道德观。

（三）培养坚定的人生观

劳动教育也可以帮助大学生培养坚定的人生观。在劳动过程中，大学生需要不断地克服各种困难，完成任务。通过这个过程，大学生可以学会珍惜时间和机会，意识到人生中的每一个时刻都是宝贵的，需要把握。同时，大学生也将学会勇敢追求自己的梦想和理想，努力实现自己的价值。

四、劳动教育对大学生心理素质的提升

（一）增强心理承受能力

劳动教育可以帮助大学生增强心理承受能力。劳动实践中，大学生需要完成各种任务，例如搬运重物、种植作物、修建建筑等，这些任务都需要一定的体力和耐力。在完成这些任务的过程中，大学生需要不断克服身体上的疲劳和心理上的挑战，如任务压力、不适应的环境、与团队成员之间的合作和磨合等，这些挑战可以帮助大学生逐渐提高自己的心理承受能力。另外，劳动教育还可以帮助大学生形成积极向上的心态。在劳动实践中，大学生需要逐步学会自我激励，坚定信念，保持积极的态度和动力，不断克服困难和挑战。这些能力的形成和提高，对于大学生日后的生活和工作都有很大的帮助。

（二）培养良好的情绪管理能力

劳动教育可以帮助大学生培养良好的情绪管理能力。劳动教育可以让大学生更好地理解和处理自己的情绪，以及与他人交流和沟通的情况。在劳动实践中，大学生需要与不同背景和性格的人进行合作。有时候会产生不同的意见和观点的冲突，这时候就需要大学生学会控制自己的情绪，以平和的心态和姿态去沟通和解决问题。通过劳动实践，大学生能够学会调整自己的情绪，以积极的心态面对困难和挑战，避免负面情绪带来的不良影响。

（三）提高自我调节能力

劳动教育可以帮助大学生提高自我调节能力。劳动教育可以让大学生更好地控制自己的行为和情感，以及在面对挑战和困难时保持良好的心态。在劳动实践中，大学生需要逐渐适应任务的紧张和环境的变化，需要不断地寻找平衡，同时调整自己的心态和行为。通过这样的实践，大学生可以逐渐掌握自我调节的能力，从而更好地适应生活和工作中的变化和挑战。

第二章 我国大学生劳动
教育的发展历程

大学生劳动教育的发展历程既是我国劳动教育观念演变的缩影，也是我国高等教育改革和发展的重要组成部分。我国大学生劳动教育的发展历程是一个长期而复杂的过程，涵盖了多个方面的变化与演进。这一发展历程在中国的现代教育体系中具有重要的意义。

第一节 大学生劳动教育的历史沿革

一、1949—1956年：劳动教育的形成

在中华人民共和国成立之初，全国各地的教育事业都面临着许多挑战。为了适应新中国的发展需求，这一时期的教育工作主要任务是汲取老解放区的教育实践经验，借鉴苏联经验，对旧教育体系进行改革，建立新的、符合社会主义建设需要的教育体系。在这个背景下，大学生劳动教育成了教育改革的一个重要内容。劳动教育旨在实现人的思想改造，使大学生养成尊重劳动、热爱劳动的美德。这样的劳动教育不仅有助于大学生培养勤劳务实的品质，更有助于他们将来更好地投身于国家建设事业，为新中国的发展作出贡献。

（一）劳动教育形成阶段的大学生劳动教育政策

1949年12月，在北京举行的第一次全国教育工作会议，确立了教育应服务于工农和生产建设的指导方针。1950年，第一次全国高等教育会议强调教育发展应遵循理论与实际相结合的原则，并开始对高等学校准入制度进行改革。这意味着高等教育机构开始与工农业生产劳动紧密联系，培育具有工农背景的新型人才，实现体力劳动与脑力劳动的融合与统一。

1951年，我国发布了《关于改革学制的决定》，倡导各级各类学校实施

教育与生产劳动相结合的方案。1952 年 5 月，教育部颁布了《全国高等学校 1952 年调整设置方案》。在经过一系列调整后，到 1953 年秋，中国基本确立了包括综合大学和单科院校在内的大学体系，以及学校内部的"大学—系—教研组"组织结构。

教学改革过程中，我国逐渐建立了以专业为核心的教学体系，依据专业培养目标制定教学计划和教学大纲，并开展了包括课前预习、课堂讲授、课堂讨论、课外辅导、生产实习和毕业论文（设计）在内的多种教学活动。其中，生产实习作为教学与生产紧密结合的重要途径，有效推动了中国教育事业的持续发展。

（二）劳动教育形成阶段的大学生劳动教育核心问题

1. 劳动观念

基于马克思主义基本观点的凯洛夫教育理论，强调教育起源于劳动，并与劳动进步紧密关联。劳动既是个体习得劳动技巧和知识的过程，也在此基础上塑造了社会道德品质和劳动观。实际上，劳动过程就是道德建构的过程。劳动教育的实施，有助于培育共产主义社会的建设者。在苏联社会主义建设阶段，学校教育的核心目标是培养全方位发展的人才，以促进共产主义社会的建设，包括体育、智育、综合技术教育、共产主义道德教育、劳动教育和美育六个方面相互关联的教育体系。

2. 劳动教育目的

在这一阶段，培育共产主义劳动观念是大学生劳动教育的核心目标。共产主义劳动观念表现为充分发挥个人力量和才能以建设共产主义社会，这主要体现在对劳动的尊重与热爱、对事业的自觉创新态度和高度的劳动纪律以及修养。"学生应以同学的行为，尤其是劳动态度，而非言谈来衡量他们的优劣。"[1]劳动，特别是劳动态度，已成为衡量一个人道德品质的关键标准之一。

3. 教育与生产劳动结合路径

凯洛夫的劳动教育理论强调将劳动教育制度化于教学之中，实现教学与生产劳动相结合，从而达到培养学生共产主义劳动态度的目的。他提出了综合技术教育的概念，强调科学基础知识的重要性，并将现代工农业基本生产的知识和技能作为综合技术教育的内容。此外，凯洛夫还指出，劳动教育应

---

〔1〕　［苏］凯洛夫：《教育学》，沈颖等译，人民教育出版社 1953 年版，第 290 页。

该涵盖学习、公益工作和日常生活中的劳动，学生的学习作为一种智力劳动，也是塑造学生共产主义劳动态度的重要途径之一。[1]

在中国，凯洛夫的劳动教育理论对大学生劳动教育思想和实践产生了深远的影响。例如，20世纪50年代，《人民日报》针对凯洛夫的劳动教育理论发起了全面发展教育的大讨论，直接推动了劳动教育成为正式课程的一部分。这一时期的劳动教育改革，不仅影响着我国劳动教育体系的构建，也推进了大学生劳动教育的普及和改革。目前，在中国高等教育中，劳动教育已经成为一项必修课程，并在实践中不断深化和完善。

（三）劳动教育形成阶段的大学生劳动教育开展

大学生劳动教育的开展在中国有着悠久的历史。自1955年以来，随着中央的号召，全国范围内的师范院校开始普及劳动实践相关课程。劳动教育的目的是培养学生的劳动态度和观念，以实践性劳动为主。

1. 实践性劳动：勤工俭学

勤工俭学项目旨在提高学生对劳动的热爱和尊重，培养他们勤劳节俭的品质。学生们通过参与工农业生产劳动、农村副业和手工业生产、基础建设和运输业以及校内外的服务性劳动，学会了各种实用技能。从20世纪50年代开始，国家、省、市、区（县）各级教育行政部门积极组织和领导各类劳动教育活动。北京、陕西、浙江等地的大中小学纷纷举办了教育与生产劳动相结合的展览、勤工俭学展览会、勤工俭学成果汇报会等。这些活动展示了校办工厂、校办车间学生的优秀劳动作品以及学生勤工俭学的劳动成果，有力地推动了劳动教育的普及和深入。

2. 实践性劳动：生产实习

生产实习是为了提高大学生生产劳动的技能而纳入课程计划的一种实践性劳动形式。在中国，生产实习最早是在20世纪50年代推广开展的，当时清华大学土木系聘请苏联专家指导教学计划修订工作，将生产实习纳入了课程计划。在工业与民用房屋建筑专业中，生产实习通常安排在第二、第三和第四学年，分别为4周、8周和5周。前两次生产实习是主要的实习，要以助理工程师的身份去实习，全面了解生产过程中的主要操作和组织计划；第三次生产实习则是为毕业论文做准备，只需要到工地搜集资料。

---

〔1〕〔苏〕凯洛夫：《教育学》，沈颖等译，人民教育出版社1953年版，第286~288页。

到了 1953 年下半年，国家开始推动全国范围内高校统一制订教学计划的工作，生产实习也被纳入其中。全国高等工业学校行政会议的决议指出，为了实现专业的培养目标，应该及早制订全国统一的各专业的教学计划，包括生产实习在内。本科教学总时数应一般控制在 3600 至 3800 学时左右，专修教学控制在 2000 学时左右，同时应有教学实习、生产实习和毕业实习等教学活动。

3. 公益性社会劳动

公益性社会劳动主要是为社会提供自愿性的、无偿的劳动服务，是大学生劳动教育的一个关键环节。进行校园和社区的清洁绿化工作，或者为农民免费提供播种、收割等帮助，都属于公益性社会劳动。这些活动不仅为学生参与生产劳动奠定了基础，还有助于塑造学生的良好劳动观念和态度。

二、1957—1976 年：劳动教育的探索

（一）1957—1965 年的大学生劳动教育

1. 大学生劳动教育的政策

1952 年至 1956 年，我国全面学习苏联的经验，但在强调学习科学知识的同时，一些高校师生忽视了思想政治教育，只关注专业课程学习，不愿参加生产劳动，尤其是农村劳动。为了解决这个问题，1958 年 1 月，毛泽东在《工作方法六十条（草案）》中指出要避免官僚主义、宗派主义和主观主义，干部应参加生产劳动，与工农群众结合。他提出要改变教育制度，实现高校与工厂、农业合作社的结合，学生要参加生产劳动。

根据毛泽东的思路，1958 年 5 月 30 日，刘少奇在中央政治局扩大会议上提议，我国应建立半工半读的学校教育制度和劳动制度。6 月 20 日，刘少奇在听取陆定一汇报全国教育工作情况后，对两种教育制度、两种劳动制度作了进一步说明。

刘少奇将学校分为两类：第一类是全日制学校，第二类是半工半读的学校。全日制学校可以设立作坊、车间等，目的是让学生在思想和体力上得到锻炼；半工半读的学校则是由地方工厂或农场办学。两种学校类型旨在应对国家和社会发展需求，在考虑高等教育特殊性的基础上，有效地实现教育与生产劳动的结合。这一改革策略有助于提高学生的实践能力，培养他们的社会责任感和使命感，同时也有利于加强思想政治教育。通过参加生产劳动，学生能更好地理解社会主义事业，为国家建设作出贡献。这种教育改革在当

时的社会背景下，对于推动国家政治、经济和社会发展具有重要意义。

1958 年，中共中央、国务院《关于教育工作的指示》明确指出，党的教育工作方针是教育要为无产阶级的政治服务，教育要与生产劳动相结合。在课程设置方面，所有学校都要将生产劳动列为正式课程；在教学过程中，要贯彻执行理论与实际相结合的原则，尽可能采取聘请有实际经验的人共同授课的方法。然而，在此期间教育与生产劳动的结合出现了偏离。劳动过多，上课过少，导致高校正常教学秩序受到极大冲击，师生的健康状况也受到严重影响。为了解决这个问题，1958 年底，教育部针对教育工作问题提出了若干条意见，其中关于生产劳动方面的建议指出，全日制高等学校每年的全部生产劳动时间一般定为 2 个月、3 个月或 4 个月，最长不得超过 4 个月，劳动时间的安排可以根据具体情况规定。

1961 年 9 月，《教育部直属高等学校暂行工作条例（草案）》（以下简称《高教六十条》）对大学生劳动教育的探索与改革产生了重要影响。该文件从第 15 条到第 20 条对生产劳动的目的与形式进行了详细说明。学生参加生产劳动的主要目的是养成劳动习惯，向工农群众学习，同工农群众密切结合，克服轻视体力劳动和体力劳动者的观点。同时，通过生产劳动，更好地贯彻理论联系实际的原则。学生参加生产劳动主要是参加校内外的工、农业生产和其他体力劳动。这一时期的大学生劳动教育探索与改革，虽然在实践过程中出现了一些问题，但在当时的社会背景下仍具有积极意义，为后来的劳动教育改革积累了宝贵经验。

在《高教六十条》的指导下，1962 年 5 月 24 日至 6 月 13 日召开的高等工业学校教学工作会议制定了《关于直属高等工业学校修订教学计划的规定（草案）》。该草案对教育部直属高等工业学校本科（五年制）修订教学计划的原则和具体工作等进行了规定，以期在时间分配上更加合理。根据草案，理论教学时间一般不少于 143 周，安排在第 1 至第 9 学期；考试时间每学年 3 至 4 周，共计 14 至 18 周；教学实习及生产实习一般为 12 至 20 周，其中体力劳动部分不计入生产劳动时间；毕业设计（毕业论文）一般为 14 至 20 周（包括答辩时间在内）；生产劳动一般为 20 周，其中公益劳动为 10 周左右。这一修订教学计划草案对于时间的合理分配，有利于高等工业学校本科生在专业理论学习、实践教学、生产劳动和毕业设计等方面取得均衡发展。这一方案也体现了《高教六十条》中关于教育与生产劳动相结合的原则，旨在培养学生养成劳动习惯，向工农群众学习，同工农群众密切结合，克服轻视体力劳动和体力劳动者的观点。同时，通过生产劳动，更好地贯彻理论联系实际的原则。

2. 大学生劳动教育的核心问题

（1）劳动观念。劳动既使得学生在学习过程中将所学应用于实践，避免僵化的学习方式；同时，也有助于改变教育与生产劳动相互隔离、教育与实践脱节的现状，以及知识分子与工农劳动者之间的关系。教育与生产劳动的结合是"培养劳动与智力相结合的全面发展的人"的必要路径。劳动过程不仅能增加生产知识，还有利于培养良好的劳动习惯，有助于塑造正确的世界观。

（2）劳动教育目标。劳动教育被视为无产阶级的思想教育活动，其本质在于通过劳动对人们进行思想政治教导。在劳动过程中，思想教育得以体现，使得教育中的劳动成为无产阶级思想塑造的过程。劳动教育旨在培育具备工农情感，能够投身工农业劳动的知识分子。

（3）教育与生产劳动结合途径。第一种途径是将生产劳动融入教学过程，即在课程中加入生产劳动的要素，使学生在生产劳动中学习知识，同时将所学知识应用于实际，提高学生的实践能力和创新能力。这种方法的关键是根据劳动需求精简非必要内容，优化教学材料，并提升教学品质。

第二种途径是通过半工半读的方式，促使教学、科研、生产劳动三者紧密结合，即让学生在校期间既参与学习和科研活动，又参与生产劳动活动，使三者相互促进，共同提高。这种方法的关键在于实现教学、科研、生产劳动的三结合，让学生在生产环节中发现研究问题，运用科学研究解决问题，并将成果应用于生产中。

3. 大学生劳动教育的开展

（1）实践性劳动与专业学习的结合。第一，生产实习。20 世纪 60 年代初期，劳动教育在高校中占据了主导地位，这导致了基础理论教学的削弱和教师积极性的下降，同时也使得学校偏离了"以学为主"的教育理念。为了保证学生的学习效果，很多高校采取了延长学制的措施，以清华大学机械制造系为例，从 1957 届到 1965 届的教学计划中，生产实习（劳动）所占时间成倍增加，而理论学习时间反而减少了。从表 2-1 中可以看出，尽管 1961届、1962 届这两届的学制延长了半年，但基础理论课的学习时间依然不足，虽然清华大学采用"填平补齐"的补救措施来增加理论课程，但这一策略的实施却需要建立在缩减假期以及延长学制的基础上。[1]

表 2-1　清华大学机械制造系 1957—1965 届教学计划中的时间（周）配置

周期 班级	类别						
	理论教学	生产实习	教学实习	毕业设计	考试	整风	假期
（五年制）1957 届	137	22	0	20	31	0	41
（五年制）1958 届	142	22	0	17	30	0	45
（五年制）1959 届	144	20	4	17	29	0	38
（五年制）1960 届	138	42	0	15	22	6	31
（五年半制）1961 届	132.5	44.5	1	40	23	7	22
（五年半制）1962 届	130	8+67	0	14	21.5	0	40.5
（六年制）1963 届	144	11+45.5	0	19	23.5	2.5	33.5
（六年制）1964 届	155.5	14+45	0	27	21.5	5	36
（六年制）1965 届	159.5	15+47	0	22	20	0	40.5

　　第二，以校办工厂为基地的生产劳动。校办工厂是指学校开办的工厂，旨在满足教学和办学需要，也是高等学校教学、科研、生产三结合的基地。其承担教学计划规定的教学实习和其他实践活动，让学生能够做到理论联系实际，并根据社会需要进行产品的研制和生产，以增加学校收入、改善办学条件。校办工厂的发展可以让师生在生产劳动中实现理论与实践的结合，提高教学质量和培养人才。

　　从具体的实践来看，各高校都结合自己的专业特色创办了不同类型的校办工厂，例如北京科技大学（原北京钢铁工业学院）利用石景山钢铁厂和校

---

〔1〕 刘文渊、贺崇铃："艰难曲折的探索——1958—1966 年清华大学实施教育与生产劳动相结合的历史经验"，载《北京党史》1996 年第 3 期，第 31~36 页。

内物资修建小钢炉并建立炼钢车间；中国人民大学的新闻系创办了印刷厂，经济系创办了机床厂；各农业大学一般在校内自办农场、试验田，假期则将师生全部下放到农村与农民一起劳作；医科大学则通常到农村办医院，在为病人治病之余，还与当地农民一起劳动。校办工厂的发展不仅能够提高教学质量，还能够解决教育经费问题，是一种重要的劳动教育形式。

第三，毕业设计。毕业设计是高等教育中不可或缺的一部分，为人才培养提供了一个将理论知识应用到实践的重要途径。在某个特定时期，高校非常重视毕业设计，并努力将其与社会生产的实际需求相结合。例如，清华大学水利系和电机系发电专业的 1958 届毕业班约有 200 名学生在教师的指导下进行了"真刀真枪"的毕业设计，内容为密云水库初步设计等工程设计。在指导老师的帮助下，学生们多次深入水库现场进行踏勘调查，收集有关当地地形、地貌、工程地质条件以及筑坝材料分布和运输距离等实际资料，并因地制宜进行工程设计。为了解决设计过程中遇到的实际难题，师生们进行了 30 多项试验研究，结合实际情况学习了不少教科书上没有的新知识。通过"真刀真枪"的毕业设计，他们不仅收获了教学、生产设计、科学研究、教育革命和政治思想方面的全面经验，而且成功完成了密云水库初步设计和其他工程设计的任务，并通过了答辩。这种成功的经验得到了广泛的推广，当年清华大学超过 1400 名毕业生 70% 的毕业设计都结合了生产实践。[1]

（2）科学研究与生产劳动的结合：探索性劳动。一些高水平大学正在探索将教育与生产劳动有效结合，以实现相互促进的目的。这种结合可以以科学技术为桥梁，在生产劳动和科学研究中照顾到全面培养的教学要求，使学生在实践中不断提高自己的技能和能力。以清华大学为例，1958 年下半年，清华大学接受了建造原子反应堆和相关实验室的任务。在全校有关系与教研组的配合下，工程物理系组织青年教师和高年级学生参与建造原子反应堆的科学研究和生产劳动，不仅建造了我国第一台自行设计、安装、调试的原子反应堆，还促进了新技术专业的建设和人才培养。师生们在建造原子反应堆的过程中，边学习、边研究，经过六年的努力，于 1964 年十一前顺利完成了屏蔽试验反应堆的设计、建造、调试和运行工作。这项任务的完成不仅解决

---

〔1〕　刘文渊、贺崇铃："艰难曲折的探索——1958—1966 年清华大学实施教育与生产劳动相结合的历史经验"，载《北京党史》1996 年第 3 期，第 31~36 页。

了 37 项技术关键问题，试制成功 67 种新的仪器设备，建立了 3 个新专业，还带动了其他专业的发展，组织起一支初步能够研究、设计、部分施工、调试和运行原子反应堆的技术队伍。同时，这项任务还促进了全校 17 个专业 700 多名毕业生的毕业设计，接受了 900 多人的生产实习。[1]

结合教育与生产劳动的优势，清华大学实现了教育与生产的相互促进，提高了学生的实践能力和创新能力，同时也促进了科学技术的发展和人才培养。这种以探索性劳动为基础的教学模式，成了高等教育的新趋势。

（二）1966—1976 年的大学生劳动教育

1966 年至 1976 年期间，中国教育领域遭受了前所未有的冲击。对中华人民共和国成立以来取得的教育成果进行了否定，劳动教育也被误解为仅仅是体力劳动。劳动教育的内涵被歪曲，并出现了"唯劳动是教学、读书无用唯劳动"的极端倾向。在以教育与生产劳动相结合为主线的劳动教育探索中，也出现了一定的偏差。对于那些被认为拥有资产阶级和修正主义思想的教师和学生，需要让他们到农村接受贫下中农再教育，以体力劳动来"反资""反修"。这使得大学生劳动教育的内涵与实践在这十年间出现了歪曲与偏移。

三、1977—2000 年：劳动教育的恢复与发展

党的十一届三中全会是 1978 年 12 月召开的一次重要会议，该会议标志着中国进入改革开放和社会主义现代化建设新时期，这是中国历史上的一个重要时期。在此期间，人们对教育的属性和功能有了新的认识，把教育放在优先发展的战略地位，并重视教育与经济发展、社会全面进步的关系。同时，为了适应现代化建设的需要，大学生劳动教育也再次得到了重视和发展。

（一）大学生劳动教育的相关支持政策

邓小平于 1978 年提出了教育与生产劳动相结合的方针，并要求在国家战略层面、教育内容和方式层面以及学校实施层面上实现相应的配合和协调。1980 年，蒋南翔在全国教育工作会议上强调，马克思主义的一个基本原则是理论和实践相结合。因此，为了实现理论和实践的结合，应该将教育和生产劳动结合起来。这些观点不能被狭隘地解释为仅仅是体力劳动和不读书的行

---

〔1〕 刘文渊、贺崇铃："艰难曲折的探索——1958—1966 年清华大学实施教育与生产劳动相结合的历史经验"，载《北京党史》1996 年第 3 期，第 31~36 页。

为，因为这样的理解是错误的。

在以经济建设为中心的推动下，1985 年，中共中央《关于教育体制改革的决定》提出，社会主义现代化建设需要大量的合格人才，其中包括文化素质和技术能力熟练的劳动者。同时，1986 年《关于第七个五年计划的报告》也强调，各级各类学校应该全面发展德育、智育、体育和美育，并根据各自特点适当加强劳动教育，以提高教学质量和培养合格人才为首要任务。

1993 年，《中国教育改革和发展纲要》进一步提出，劳动教育是培养德、智、体全面发展的建设者和接班人的重要途径和内容，各级各类学校要加强劳动观点和技能的教育。1995 年，教育必须与生产劳动相结合的方针正式写入《教育法》[1]。1998 年，《面向 21 世纪教育振兴行动计划》提出将劳动教育作为加强和改进学校德育工作的途径之一，强调要实施劳动技能教育以及心理健康教育，培养学生具有良好的道德、健康的心理和高尚的情操。这表明劳动教育在学校教育中仍然具有重要地位，其不仅仅是培养学生体力和实践能力，更是为了塑造学生的价值观和人生观，提高其整体素质。同时，这也反映了当时社会对于德育教育和素质教育的重视，劳动教育在这一背景下的地位更加凸显。

1999 年，中共中央、国务院《关于深化教育改革全面推进素质教育的决定》也强调，教育与生产劳动相结合是培养全面发展人才的重要途径，各级各类学校应加强和改进对学生的生产劳动与实践教育，以推动素质教育的实现。

（二）大学生劳动教育的核心问题

1. 劳动观念

在改革开放以前，由于生产力水平较低，人们对劳动的认识往往停留在"劳动是苦力活"的层面，体力劳动被高度重视，脑力劳动则被忽视。但是，在十一届三中全会后，随着社会经济的快速发展和科技进步的加速，脑力劳动在社会生产中的地位越来越重要。因此，人们的劳动观也开始逐渐转变，开始重视知识和技能的培养，注重劳动的创造性和创新性。劳动不仅仅是为了生存和生活，还是一种创造和发展的过程，同时也是实现个人价值和社会进步的重要途径。

---

〔1〕《教育法》，即《中华人民共和国教育法》。为表述方便，本书中涉及我国法律文件直接使用简称，省去"中华人民共和国"字样，全书统一，后不赘述。

在教育领域，劳动教育的观念也得到了深刻的转变。过去，劳动教育往往被认为是一种惩罚性质的体力劳动，缺乏对理论知识和实践能力的培养。但是，21世纪，劳动教育逐渐得到了重视，被视为培养全面发展人才的重要途径之一，同时也是提高学生实践能力和创新能力的有效手段。在教育中，劳动教育应当强调知识与实践相结合的原则，注重学生实践技能的培养，提高学生对劳动的认识和理解，增强学生的身体素质和体力，促进学生身心健康的全面发展。

2. 劳动教育的内容

在这一时期，劳动教育的内容得到了丰富和提升。随着社会经济、科学技术等方面的快速发展，劳动者必须具备较高的科技文化知识和技能水平。在"三个面向"和"四个现代化"的指导下，劳动教育上升到促进人的全面发展的高度。此时，劳动教育不再是简单的体力劳动或技能培训，而是包含在德育、智育、美育之中。

在这一时期，劳动教育的内容主要包括两个方面：一是劳动知识与技能的培养，二是道德思想的培养。在劳动知识与技能的培养方面，主要是通过实践操作和理论学习相结合的方式，让学生掌握相关的技能和知识。这些技能和知识可以涉及不同的领域，例如农业生产、工业生产、科学研究等。学生可以通过实践操作来熟练掌握这些技能，同时还需要通过理论学习来深入了解这些技能背后的科学知识和原理。在道德思想的培养方面，主要是通过劳动实践来培养学生的劳动精神和责任感，让学生认识到劳动对于个人和社会的重要性。同时，还要加强对劳动者权益的宣传教育，让学生认识到保护劳动者权益的重要性，同时也要让学生了解劳动者应该遵守的职业道德和行为规范。

3. 教育与生产劳动相结合途径

在这一时期，"教育与生产劳动相结合"成为热点，学界举办了多次研讨会和学术讨论会，强调教育必须与生产劳动相结合，采取"产—教""教—产"双向结合的方式，这是大教育思想的重要体现。大学生劳动教育中，"教育与生产劳动相结合"首先应该考虑整个教育事业与国民经济的发展相适应，学校规模、专业设置、课程设置等都应该主动适应国民经济发展的需求。同时，劳动教育也应关注现代科技这一教育与生产劳动的结合点，理论与实践也应相结合。

4. 劳动教育与大学生文化素质教育

21世纪初，随着"大学生文化素质教育"的推进，劳动教育的作用逐渐被重视和深化。此举的原因在于当前教育正逐渐出现分化的趋势，过分强调知识性教育而忽略对思维方式、方法论等方面的培养，以及忽视学生心灵境界的提升。专业化教育也导致了人文教育与科学教育的割裂，学校教育与实践教育的距离越来越远。因此，教育部自 1995 年起开始有计划、有组织地推进大学生文化素质教育工作，以重塑教育的完整性。

文化素质教育已成为我国高等教育人才培养体系的重要组成部分，不仅关乎教学内容和课程结构，也涉及校园文化活动和社会实践活动。社会实践作为大学生文化素质教育的核心内容和关键途径，包括社会调查、校外实习基地、服务社会的各类活动等。因此，劳动教育成为大学生文化素质教育的重要支柱内容和途径，对于激发学生思考、培养学生实践能力和创新能力、提高学生文化素质具有重要意义。通过劳动教育，学生可以了解劳动的价值和意义，学会动手动脑，提高对社会和生活的理解和认识，同时也可以培养学生的合作精神、责任心和创新精神。因此，劳动教育在现代高等教育中具有不可替代的地位。

（三）大学生劳动教育的开展

1. 实践性劳动

（1）针对性的社会实践活动。例如，内蒙古自治区政府于 1989 年制定了关于加强高等学校学生劳动教育和实践教育的意见，高校把劳动教育、实践教育与科技兴农、脱贫致富结合起来，积极组织学生参与农村、牧区、军营等方面的实践活动。

（2）丰富的社会实践活动形式。高校社会实践活动形式不断丰富，组织性不断加强，包括教育型、服务型、文化科技型、社会调查型、劳动锻炼型、勤工助学型等多种形式。这些实践活动提高了学生的社会服务意识和责任感。

（3）设立社会调查相关课程。许多高校在课程体系设计中充分考虑理论教学与实践的统一。例如，华中科技大学在 1997 年对全校人才培养方案进行了修订，课程体系包括通识课程、学科核心课程、选修课程以及实践训练环节。除传统的实践训练环节外，还设立了"社会调查与活动"课程，以强化学生实践能力的培养。

2. 探索性劳动

探索性劳动是指学生在产学研合作的背景下，通过参与科研、生产等实际工作，培养动手能力、解决问题的能力和创新能力。探索性劳动的主要形式包括校内实习基地的探索和以课题为依托的产学研基地实践。

（1）校内实习基地进行科研与生产方面的探索。高校通过设立实习基地，为学生提供实际操作和实践的机会。这些基地通常模拟实际生产环境，帮助学生在真实情境下解决科研问题，提高动手能力。例如，中国矿业大学利用煤矿设备条件，在校内建设一个模拟采煤工作面，让学生能够在实际操作中提高自己的技能水平。

（2）以课题为依托，以产学研基地为平台的项目现场实践。学生在产学研基地开展实践活动，不仅能了解生产与管理实际，还能在专业教师和企业专家的指导下，直接参与基地企业的技术改造与管理等工作。通过参加研发和生产过程，学生能够更好地将理论与实践相结合，提高实践能力。

3. 公益性劳动

通过公益性劳动，大学生可以了解国情、民情，增强自身社会责任感和劳动情感。例如，中国青年志愿者扶贫接力计划，自 1996 年启动以来，旨在组织大学生志愿者到贫困地区开展扶贫工作。志愿者们在当地进行为期一年的志愿服务，帮助当地群众解决实际问题，提高生活水平。

4. 创新创业性劳动

创新创业竞赛作为一种教育手段，强调以人才培养为核心，借鉴风险投资的运作方式，激励大学生在专业知识积累与学术研究创新的基础之上，围绕具备市场前景的产品或服务组建互补团队，形成标准化、具体化、可操作性强并具有说服力的商业计划。通过参与培训和竞赛，持续优化项目设计，吸引风险投资，从而推动高科技创业企业的发展。创业竞赛活动的起源最早可以追溯到 1999 年清华大学举办的创业竞赛。1999 年，由共青团中央、中国科学技术协会、中华全国学生联合会主办，清华大学承办的首届"挑战杯"和讯网中国大学生创业计划竞赛在北京成功举行，引发全国高等院校创新创业浪潮，产生了积极的社会影响。在社会各界的大力支持下，一批创业项目得以实际运作，技术、资本与市场的融合逐渐深入。在这一过程中，大学生加深了对职业发展的认知和理解。

四、2001 年至今：劳动教育的重塑与再出发

自 2001 年以来，劳动教育在中国经历了重塑与再出发的过程。在这一过程中，各级政府和相关部门采取了一系列政策和措施，推动劳动教育在教育体系

中的地位得到提升，使劳动教育逐渐成为培养全面发展的人才的重要手段。

（一）大学生劳动教育的相关政策支持

2010 年，《国家中长期教育改革和发展规划纲要（2010—2020 年）》出台，提出教育应以能力为重，加强劳动教育，培养学生热爱劳动、热爱劳动人民的情感，以适应社会的发展需求。2010 年，《国家中长期教育改革和发展规划纲要（2010—2020 年）》提出了以能力为重的教育理念，强调优化知识结构、丰富社会实践和强化能力培养。其中，劳动教育被看作培养学生实践能力、创新能力和生存能力的重要途径之一。该规划纲要强调要加强劳动教育，培养学生热爱劳动、热爱劳动人民的情感，让劳动教育成为具体行动而非空洞的口号。在这样的教育与社会环境下，劳动教育得以推进和实施。

在 2018 年 9 月 10 日的全国教育大会上，习近平总书记提出了德智体美劳"五育"并举的总体要求。他强调把劳动教育融入培养社会主义建设者和接班人的整体要求中，坚定走中国特色社会主义教育发展道路，并努力构建德智体美劳全面培养的教育体系。习近平总书记的这一提议进一步确定了劳动教育在全面发展教育中的重要地位。他将劳动教育与德智体美四育并列，强调了劳动教育在培养担当民族复兴大任的时代新人中的关键作用。

2018 年修正的《高等教育法》为大学生劳动教育提供了法律依据，明确指出高等教育应服务于社会主义现代化建设和人民，将生产劳动和社会实践与教育相结合。这一法规旨在培养全面发展的社会主义建设者和接班人，强调德智体美等各方面的全面发展。根据这一法律，高等教育的使命是培养具备社会责任感、创新精神和实践能力的高级专业人才，以推动科学技术文化的发展和促进社会主义现代化建设。同时，鼓励大学生利用课余时间参与社会服务和勤工助学活动。高等学校有责任对学生的社会服务和勤工助学活动给予鼓励、支持、引导和管理，从而确保劳动教育在高等教育中占有重要地位。这种法律保障使得大学生劳动教育得到了更加有力的推进和落实。

《教育部高等教育司 2019 年工作要点》将劳动教育与智育、德育、美育、体育并举，强调劳动教育在全面发展教育中的重要地位。该文件提出了全面构建实施劳动教育的政策保障体系，以确保劳动教育的实施得到有效推进。同时，开展劳动教育情况的考核、评估和督导，以监测其实施效果并确保质量。

2017 年 9 月，教育部发布的《中小学综合实践活动课程指导纲要》明确了劳动教育的核心目标和实施方法，强调了劳动教育在培养学生的劳动观念和劳动精神方面的重要作用。劳动教育旨在发挥劳动的育人功能，教育学生热爱劳动、热爱劳动人民，并培养他们勤俭、奋斗、创新、奉献的劳动精神。为了将劳动教育有机地融入普通高等学校的教学体系，教育部要求各高校将劳动教育纳入专业教育和创新创业教育中，通过深化产教融合，强化劳动锻炼要求。同时，将专业类课程与服务学习、实习实训、科学实验、社会实践、毕业设计等活动相结合，为学生提供丰富的劳动实践机会。此外，教育部还强调了课外校外活动和校园文化建设中劳动实践和劳动文化的重要性。通过这些举措，教育部旨在为大学生提供全面的劳动教育，培养他们成为具备社会责任感、创新精神和实践能力的专门人才。

党的二十大报告中，劳动教育被首次写入党代会报告，这体现了党中央对劳动教育在培养全面发展的人才方面的重视。通过强调科教兴国战略、人才强国战略和创新驱动发展战略的地位，报告进一步明确了教育、科技和人才的"三位一体"统筹安排。从2018年全国教育大会到2020年中共中央、国务院《关于全面加强新时代大中小学劳动教育的意见》，再到《教育法》《职业教育法》的修改，一系列关于劳动教育的重磅文件和法律法规的推出，展示了以习近平同志为核心的党中央在补齐劳动教育短板、构建德智体美劳全面培养的教育体系、形成更高水平人才培养体系方面的坚定决心和系统部署。

这些政策和法规的实施，将有助于提高劳动教育在我国教育体系中的地位，更好地培养学生的劳动观念和劳动技能，为国家的现代化建设和人才培养奠定坚实基础。

（二）大学生劳动教育核心问题

1. 劳动教育指导思想

在新时代中国特色社会主义的背景下，以习近平同志为核心的党中央高度重视劳动教育。习近平总书记就劳动及劳动教育问题发表了一系列深刻的论述，这些论述在继承和发展马克思主义基本理论的基础上，拓展了新时代中国特色社会主义劳动观的理论深度。习近平总书记关于新时代中国特色社会主义劳动思想的论述对当前时代的重大课题进行了深刻回应，涵盖了诸如"实事求是的劳动实践观念""民族复兴的劳动发展理念""尊崇劳动的劳动价值观"以及"热爱劳动的劳动教育观"的丰富内容，为推动高校学生劳动教育的发展提供了实践指引。用学术研究者的措辞来阐述这段话，可以说新时代中国特色社会主义劳动思想为大学生劳动教育的发展提供了理论指导和行动导向，有力地推动了劳动教育在新时代的创新与发展。

2. 大学生劳动教育目的

在新时代背景下，大学生劳动教育更加关注人的全面发展，紧密结合大学生的成长规律和当代大学生的特点，深入研究劳动教育的目的、内容和形式等诸多方面。

大学生劳动教育着重于劳动素养的培养。这一提法体现了新时代劳动教育将学生发展置于核心地位的教育观念转变。劳动素养的内涵超越了传统的工农业生产领域，涵盖了人的主体性、精神成长、审美追求和创新创造等多个层面，从而为劳动教育在新时代赋予了丰富的内涵。劳动素养不同于单一的知识或能力，其是一个内涵更为丰富、结构更为复杂的概念。劳动素养的培养以正确的劳动价值观为核心，强调建立正确的劳动观、积极的劳动态度以及热爱劳动和劳动人民等。同时，劳动素养还包括劳动知识与技能、劳动精神、劳动习惯以及劳动品质等方面。劳动素养包括诚实守信的合法劳动意识；正确的择业、就业和创业观念；勇于追求艰苦地区和行业工作的奋斗精神；良好的日常生活与劳动习惯；通用劳动科学知识；创造性劳动能力；自立自强能力等。通过培养大学生这些方面的劳动素养，使他们能够更好地适应社会需求，全面发展为有益于国家和社会的建设者和接班人。

3. 教育同生产劳动相结合的新时代内涵

在新时代背景下，教育与生产劳动相结合的原则贯穿于高校人才培养的整个过程，以劳动教育促进学生全面发展。一方面，劳动教育与德育、智育、体育、美育共同构成综合育人体系，具有树立新时代社会主义劳动观、提高实践能力、增强体质、培养勤劳质朴审美观和激发创新精神等多重作用。另一方面，新时代劳动教育需结合高等教育的特点和时代发展趋势，赋予劳动教育新的内涵。新劳动教育包括"新劳动"教育和"新"劳动教育两个方面。

"新劳动"教育是基于新时代劳动形态和方式的劳动教育。随着科技进步和产业变革，劳动形态和方式从以个体体力劳动为主向合作性的复合劳动转变。因此，高校劳动教育需适应劳动形态和方式的新变化，满足不同劳动场景的需求。"新"劳动教育则是基于劳动教育新理念和新定位的劳动教育，与改革开放前以"思想改造"为目的的劳动教育有本质区别。新时代劳动教育更注重培养学生的劳动素养，以人的全面发展为核心，结合大学生的特点和成长规律，探讨劳动教育的目的、内容和形式等问题。

（三）大学生劳动教育的开展

1. 劳动教育被纳入大学生课程体系

（1）劳动教育作为必修课。教育部发布的《大中小学劳动教育指导纲要（试行）》明确要求在全国各级学校开展劳动教育，其中包括高等学校。高校需要将劳动教育作为必修课纳入专业人才培养方案，确保本科阶段不少于32学时。高校可以在已有课程中专设劳动教育模块，或者专门开设劳动专题教育必修课，以确保学生在学习期间接受劳动教育的培养。这些课程应该独立开设，或者作为专业课程的一部分，主要依托的课程需明确。

（2）劳动教育与教学的全过程结合。各高校在劳动教育的教学方面，根据自身特点，采取了不同的方式和方法，以达到培养学生劳动精神和增强实践能力的目的。具体表现为：

第一，将劳动教育融入思想政治教育课程，结合马克思主义劳动观解读劳动精神和劳动价值观，以提升学生的思想素质和社会责任感。

第二，部分高校开设劳动教育通识课程，例如上海第二工业大学的"劳模精神与职业信用"和"劳模精神与创新创业"等课程，以及"工匠中国"和"读懂上海"等精神教育系列课程，帮助学生了解劳模文化和职业道德。

第三，部分专业根据专业特点，开设符合专业特色的劳动课程。例如，北京大学考古专业安排了一门专业课程"田野考古实习"，让学生在考古现场与工人一起挖掘、整理文物，培养学生的实践能力和劳动精神。

通过将劳动教育与教学的全过程结合，高校可以帮助学生更好地理解和应用所学知识，增强对社会的认识和理解，提升综合素质和竞争力。同时，也有助于提高学生的创新意识和实践能力，使他们在未来的工作和生活中更加自信和成功。

2. 实践性劳动

（1）注重以育人为目标的校内勤工助学。校内勤工助学不仅仅是为了解决大学生经济问题，还更加注重大学生的个性化需求和职业规划。比如助教、助研、助管等，可以让学生通过参与到校园管理和教学科研中，增加自己的经验和技能，提高职业素养和实践能力。

（2）重视大学生劳动观的培养。社会实践能够让大学生更好地了解社会和国家发展，树立正确的劳动观点和态度，培养热爱劳动和劳动人民的劳动观。例如，西安电子科技大学在陕西省延川县成立全国高校首个大学生劳动教育实践基地"红色筑梦"劳动教育实践基地，让学生在实践中深入了解工农兵，了解中国传统文化和革命历史，提高他们的劳动观念和社会责任感。

3. 生活性劳动与公益性服务劳动

（1）生活性劳动。生活性劳动是大学生劳动实践的重要形式之一，通过对宿舍、食堂、教室和校园卫生进行维护和绿化等活动，让学生在生活中体验劳动的价值和意义。同时，生活性劳动还能够巩固学生的劳动习惯，培养学生自立自强的能力，激发学生的劳动热情和创造热情。

（2）公益性服务劳动。公益性服务劳动是大学生劳动实践的重要形式之一。在这一方面，学生可以参与社区志愿服务、农村支教、劳动场景等活动，为社会作出贡献。近年来，随着《志愿服务条例》的实施，大学生参与公益性服务劳动的意识和热情越来越高涨。一方面，大学生可以通过参与志愿服务活动来获得实践学分和锻炼自己的能力；另一方面，大学生也可以通过志愿服务活动来实现自我价值和社会价值的双重提升。

在校园内，一些学校将公益性服务劳动作为校园文化建设的重要组成部分，鼓励学生参与校园内的志愿服务活动，如美化校园、维护校园环境、帮助老师办公等。通过这些活动，大学生可以深入了解劳动的价值和意义，感受自己的付出所带来的成就感和自豪感，同时也增强了社会责任感和奉献精神。

4. 探索性劳动与创新创业性劳动

（1）探索性劳动。探索性劳动的重要性在于能够提供专业化的实践机会，让学生深入了解自己所学专业领域的实际应用情况，为今后的职业生涯做好准备。在探索性劳动中，学生可以在实践中体验、发现、探索并解决实际问题，提高解决问题的能力和实际操作的技能，同时也能够增强创新能力和创业意识，为未来的创业之路做好准备。在实践中，学生还能够加强与企业、行业的联系，了解市场需求和行业趋势，更好地把握未来职业发展的方向。探索性劳动的开展也能够促进学校与企业、产业的合作，实现产学研的深度融合，共同推进区域经济和产业升级。

（2）创新创业性劳动。这一时期的大学生创新创业性劳动，可以说是大学生劳动教育的一大亮点。一方面，学生个体或群体可通过与学习研究相结合、与实践性劳动相结合，进行自主创业。这种形式的创新创业性劳动，既有创新思维的发掘和创意的产生，又有创业实践的锻炼和经验的积累，更符合现代社会对人才的需求。另一方面，学校也可通过各种途径促进创新创业性劳动的发展。学校组织学生参与各种创新创业比赛和活动，如"互联网+"大学生创新创业大赛、青年红色筑梦之旅等，帮助学生锻炼创新和创业能力。此外，学校还建立了创业学院等创新孵化平台，通过各类创新孵化平台普及创业知识，提供创业资源和支持，让学生更好地投入创业过程中，培养学生敢闯敢创的精神，并提高其创造性劳动的能力。

第二节 大学生劳动教育的经验与启示的典型案例

一、华东师范大学劳动教育的经验与启示

（一）华东师范大学对劳动教育的初步探索与实践

1. 打造"3L"学习理念

华东师范大学针对劳动教育的初步探索和实践，首先打造了"3L"的学习理念，即理论学习、实践学习和劳动创新/教育。这一学习理念的目标是帮助学生正确认识劳动和劳动教育，树立正确的劳动观，提高学生的劳动能力和劳动素质，最终能够使学生实现创造性劳动。图2-1为"3L"学习理念图。

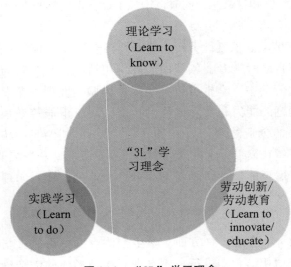

图 2-1 "3L"学习理念

在实践中，华东师范大学通过开展理论课程、实践活动和劳动创新教育

等多种形式，培养学生的劳动意识和劳动能力。在理论学习方面，学校通过开设劳动教育课程和劳动创新教育课程，让学生了解劳动的重要性和劳动对社会和个人的价值。在实践学习方面，学校开展了许多有益的实践活动，例如劳动教育夏令营、大型公益劳动活动、社区服务和科技创新项目等。通过这些活动，学生能够亲身体验劳动的过程和成果，并形成劳动习惯和劳动品格。在劳动创新/教育方面，学校鼓励学生进行创新性的劳动实践，并在此基础上开展劳动教育。例如，在学校设立了"智慧实验室"，鼓励学生通过科技手段开展创新性劳动，提升自身的综合素质和创新能力。

华东师范大学的"3L"学习理念在劳动教育方面取得了显著的成效。学校不仅提高了学生的劳动素质和劳动能力，也增强了学生的自信心和责任感。同时，学校还通过创新性的劳动教育，培养了一批拥有创新能力和实践能力的高素质人才，为社会和国家的发展作出了积极的贡献。

2. 构建劳动教育课程体系

华东师范大学在劳动教育课程体系构建方面，采取了多种措施来推进劳动教育模式的创新与改革。首先，学校构建了劳动教育课程新结构，将劳动教育课程分为线上理论课程、线下实践课程、实践项目群三个板块，从而引领学生学思践悟，实现劳动教育的理论与实践的有机结合。其次，学校推进跨学科融合的课程建设，将脑力劳动和体力劳动充分融合，进行以创新创业为导向的创新劳动教育培养和以动手劳作为主的传统劳动课程建设。在跨学科的整合中，学生可以从多学科的角度了解劳动的本质，从而培养出跨学科的思维素养。再次，学校将体、美、劳教育相融合，从美术学科角度、物理学科角度、化学角度等多个角度入手，让学生在劳动的过程中丰富美的体验，使大学生的劳动观念、情感、能力和精神得到升华。最后，学校还实行大中小学课程一体联动，将劳动教育纳入人才培养全过程，贯通大中小学各学段，贯穿家庭、学校、社会各方面，使劳动教育能够更加系统化。在实践中，学校推出了以动手劳作为主的通识课程，例如"家常菜"和"劳动与生活"课程，并将劳动教育以嵌入式的方式贯穿师范生培养方案，包括开设劳动教育理论课程、劳动实践课程以及举办师范生的培训实习和比赛等。这些措施使得学生在课堂中可以更加深入地了解劳动教育的理论与实践，养成良好的劳动习惯，培养高素质的劳动者。

3. 开发校内外劳动教育资源

华东师范大学在劳动教育方面积极探索，实施多项劳动育人计划。学校关注校内外相关劳动资源的开发应用和充分整合，以多种多样、灵活有趣的方式实施劳动教育教学。为落实劳动教育，学校各部门充分利用现有资源，积极开展与本专业知识或院系特色相结合的劳动教育。

例如，生命科学学院、化学与分子工程学院、生态与环境科学学院联合成立"啄木鸟"安全小卫士队，从教育、管理和文化三个维度进行实验室安全教育教学研究，强化劳动育人模式，增强学生"知识劳动"能力。孟宪承书院成立劳模·匠心工作室，以居家劳育主题实践活动、校社劳育联动活动和劳动主题教育作为特色，并陆续举办了多个劳动教育活动。学校后勤保障部以大学生培养为导向，建设校园劳动实践基地，并定期开展系列劳动岗位志愿活动，如宿舍值班、食堂帮厨、校园绿化等，加强校内资源在劳动教育中的充分使用。

华东师范大学注重劳动教育，不仅在校内设立相关课程，还将劳动教育延伸至社会，通过教育发展基金会和牵手活动等方式，使学生能够更加深入地体验和理解劳动的价值和意义，同时锻炼他们的实践动手能力和社会责任感。例如，学校通过华东师范大学教育发展基金会搭建学校与社会之间共享发展的桥梁，充分结合校内校外资源，发挥其在劳动教育中的作用。教育发展基金会通过推动社会公益事业，吸纳社会优质资源，开展劳动教育系列公益讲座，提供社会公益志愿服务途径等活动，让大学生在公益实践中形成尊重劳动和劳动者的观念，提升劳动教育的实效。此外，教务处与崇明区横沙乡新永村党支部合作建立了横沙岛劳动教育实践基地、野外实训基地等项目，为大中小学生服务，让学生体验社会、回报社会，培养社会责任感。大夏书院则通过"田间课堂"等形式，让学生到田间地头了解乡村新貌，体会基层治理。

4. 探索劳动教育评价体系

华东师范大学在探索建立劳动教育的客观评价标准方面，从实践评价、效果评价和增值评价三个维度出发。实践评价主要考查学生的出勤率、活跃度和课堂表现等方面，以此来考查学生的劳动观念、劳动精神和劳动态度。效果评价则通过学生自评、学生互评和教师评价等方式，来考查学生对劳动技能的掌握情况，并建立学生劳动素养档案，以便教师能够针对性地进行教学，提升教学效率。增值评价则追踪学生一段时间内的劳动能力变化，分析学生的进步程度和努力程度，以更好地释放学生的劳动潜能。同时，学校将劳动教育工作纳入学校督查督办工作范围，对第一课堂、第二课堂进行专项督察，通过健全学校劳动教育的绩效考评体系，以评价促进劳动教育体系建设，推动学校劳动教育模式高质量发展。通过这样的评价体系，学校能够更加全面、客观地了解学生的劳动能力和劳动素养，为提高学生的综合素质和劳动技能提供更加有效的保障。

（二）华东师范大学积极推进大学生劳动教育的经验启示

作为中国高等教育的重要代表之一，华东师范大学一直积极推进大学生劳动教育工作。其劳动教育的探索和实践，不仅为学生的全面发展提供了支持，更为大学生的社会责任感和创新能力的培养提供了坚实的保障。本书将详细分析华东师范大学在劳动教育方面的经验和启示，以期对其他高校的劳动教育工作提供参考和借鉴。

1. 多渠道实现劳动教育覆盖全体学生

劳动教育不应该局限于少数学生，应该覆盖所有学生。华东师范大学从这一点出发，通过多渠道开展劳动教育，使得全体学生都能够受益。例如，学校通过校内外资源的结合，将华东师范大学教育发展基金会作为学校与社会之间共享发展的桥梁，吸纳社会优质资源，推动社会公益事业，并开展劳动教育系列公益讲座，提供社会公益志愿服务途径等，让大学生在公益实践中形成尊重劳动、尊重普通劳动者的观念，并能将所学知识技能有机融入现实生活，创新大学生的劳动技能和实践动手能力，有效提升劳动教育实效，为学校的劳动教育及人才培养等提供坚实的保障。同时，学校积极开展牵手活动，建立劳动教育实践基地、野外实训基地等项目，以服务大中小学学生，拉近学生与社会劳动的距离，让学生体验社会、回报社会，从而培养他们的社会责任感。此外，大夏书院也开启了行走的"田间课堂"，数百名学生先后前往农村体验收割水稻、制作非物质文化遗产粢糕等，从实践中了解乡村新貌、体会基层治理。

从华东师范大学的实践中可以看出，多渠道实现劳动教育覆盖全体学生，可以采用多种方式，如联合社会资源、建立劳动教育实践基地等，为学生提供全面的劳动教育，让他们在实践中认识到劳动的重要性，增强社会责任感和自我价值感。

2. 注重劳动教育的理论与实践相结合

华东师范大学在劳动教育方面，注重将理论与实践相结合，通过开展劳动实践活动、举办劳动教育系列讲座等方式，为学生提供丰富的劳动教育资源，同时注重教师的专业能力提升，让他们在理论与实践中寻找最佳的结合点，将劳动教育落实到教学过程中。华东师范大学还建立了全面的劳动教育评价体系，从育人的"实践评价""效果评价"以及"增值评价"三个维度来探索建立劳动教育的客观评价标准。这一评价体系对于推动理论与实践相结合至关重要，因为只有通过客观评价，才能够真正了解学生的劳动能力和素养，并且为教师提供针对性的教学方法和建议。通过理论与实践相结合的方式，华东师范大学的劳动教育不仅仅让学生获得了劳动技能，更让学生在实践中感受到了劳动的重要性，理解了劳动所带来的价值和意义。这也为学生未来的职业发展和社会责任感的培养提供了坚实的基础。

3. 社会资源的整合与利用

华东师范大学通过与社会各界的合作，整合社会资源，为学生提供更加全面的劳动教育。一方面，学校与华东师范大学教育发展基金会合作，通过举办劳动教育系列公益讲座、提供社会公益志愿服务途径等方式，让学生在公益实践中形成尊重劳动、尊重普通劳动者的观念，并将所学知识技能有机融入现实生活，创新大学生的劳动技能和实践动手能力，有效提升劳动教育实效。另一方面，学校与崇明区横沙乡新永村党支部合作，建立横沙岛劳动教育实践基地、野外实训基地等项目，以服务大中小学学生，在探索大中小学一体化的同时，拉近学生与社会劳动的距离，让学生体验社会、回报社会，从而培养他们的社会责任感。

4. 建立科学的劳动教育管理机制

科学的劳动教育管理机制对于劳动教育的高质量发展至关重要。华东师范大学通过建立完善的劳动教育管理机制，为劳动教育工作提供了有力保障。

学校将劳动教育工作纳入学校督查督办工作范围，对第一课堂、第二课堂进行专项督察，确保劳动教育工作得到全面监督和管理。学校成立了劳动教育委员会，负责制定和完善学校劳动教育相关政策和规定，统筹协调学校各相关单位的劳动教育工作，提高劳动教育工作的质量和水平。同时，学校积极引进社会力量，如华东师范大学教育发展基金会，发挥社会优质资源，推进劳动教育工作的创新与发展。此外，学校还建立了劳动教育工作的绩效考评机制，为劳动教育工作的评估提供了科学的依据和保障。

以上管理机制的建立和运作，使得学校的劳动教育工作得到了更加全面和有效的管理和指导，促进了学校劳动教育工作的高质量发展。

二、西南大学劳动教育的经验与启示

（一）西南大学劳动教育的探索与实践

劳动教育是培养全面发展的社会主义建设者和接班人的重要途径。在新时代背景下，加强大中小学劳动教育，培养德智体美劳全面发展的人才，成为国家教育工作的重要任务。近年来，西南大学作为一所综合性大学，积极探索劳动教育的具体实施路径，从顶层设计、实践活动、评价引领三个方面入手，构建基于专业成长的劳动教育模式，把劳动教育纳入人才培养全过程，推进劳动教育落地落实，详见图2-2。

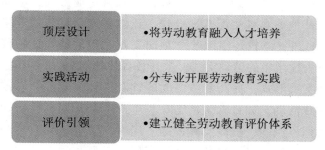

图2-2 西南大学劳动教育模式

1. 顶层设计：将劳动教育融入人才培养

确立劳动教育目标，明确劳动教育在人才培养中的地位。顶层设计是劳动教育工作的核心环节，西南大学明确将劳动教育作为人才培养的重要组成部分，立足于培养学生的劳动观念、劳动技能和实践能力，为学生的全面发展奠定基础。

构建劳动教育课程体系，融入人才培养课程。在课程设置上，西南大学以"劳动教育与社会实践"为核心课程，建立了"通识教育必修课+专业实践核心课+综合实践必修课+劳动特色选修课"的劳动教育课程群，将劳动教育有机地融入人才培养课程体系中，使学生在系统地学习劳动理论知识的同时，参与实践活动，培养实际操作能力。

发挥学科专业优势，创新劳动教育内容和方式。西南大学充分发挥学科专业优势，结合自身特色新建了一批劳动特色选修课程，如"巴渝农耕文化劳动实践"等，为学生提供更多元、更丰富的劳动教育内容和方式。同时，学校还充分利用线上线下相结合的方式，将劳动教育与专业课程、实践活动相融合，提高教育质量和效果。

2. 实践活动：分专业开展劳动教育实践

分类拓展劳动实践基地，满足各专业多样化劳动实践需求。为了适应不同专业学生的劳动实践需求，西南大学分类拓展了"新农科""新工科"与"新文科"的劳动实践基地。这些基地充分体现了学校学科专业的特色，为学生提供了多样化的劳动实践场所，帮助学生将所学知识与实际工作相结合，培养实践能力。

结合专业特色，开展针对性劳动实践指导。西南大学针对不同专业的特点，提供针对性的劳动实践指导。例如，在农科专业方面，学校与浙江省兰溪市国际杨梅基地等农科实习基地合作，让学生亲身参与农业生产实践，增强专业技能。此外，学校还组织了"顶岗支教"等活动，让师范专业的学生到中小学进行为期半年的劳动实践，提升教育教学能力。

丰富劳动实践形式，提高实践活动的针对性和实效性。学校鼓励学生参加各类劳动实践活动，如日常生活劳动、生产劳动和服务性劳动等，使学生在不同场景中积累经验，提高实践能力。同时，学校还关注实践活动的针对性和实效性，通过与企事业单位合作，开展产学研相结合的实践活动，让学生在实践中解决实际问题，提高综合素质。

加强实践活动的组织与管理，确保劳动实践活动的顺利开展。西南大学在劳动实践活动的组织和管理方面投入了大量精力，确保实践活动的顺利开展。学校定期对实践基地进行评估与筛选，优化实践资源配置；加强与实践基地的沟通与联系，确保实践活动的顺利进行；对实践活动进行全程监控与指导，确保实践成果的转化应用。

3. 评价引领：建立健全劳动教育评价体系

构建基于专业成长的大学生劳动素养评价标准。西南大学以《大中小学劳动教育指导纲要（试行）》中普通高校劳动教育的学段要求为指导，探索构建"基于专业成长的大学生劳动素养"的评价标准。评价标准围绕劳动观念、劳动知识、劳动技能和劳动实践四项内容展开，以使评价更加全面、客观和具有针对性。

制定具体的评价指标体系，确保评价的科学性和合理性。学校将劳动观念、劳动知识、劳动技能和劳动实践作为劳动教育评价的一级指标，并在此基础上进一步细化二级指标，如自我评价、劳动反思、择业就业创业观等。这些指标体现了大学生劳动教育的特点，有助于提高评价的科学性和合理性。

强调创造性劳动，鼓励学生发挥专长。为凸显高校劳动教育的特殊性，西南大学将创造性劳动作为额外加分指标，鼓励学生根据专长开展创造性劳动。这有助于激发学生的创新精神，培养学生的创新能力。

运用现代信息技术手段，开展劳动教育过程监测与评价。学校探索运用现代信息技术手段，开展劳动教育过程监测与评价。教务管理系统为学生劳动教育活动的监测和管理提供了便捷的平台。学生可在系统中上传劳动活动资料和反思感悟，指导教师根据学生完成任务情况进行评价、打分。系统根据学生的劳动数据和教师评价，自动计算每名学生的劳动教育课程成绩，实现劳动教育活动的评价。

通过建立健全劳动教育评价体系，西南大学将评价作为"指挥棒"和"方向盘"，引导学生更好地参与劳动教育活动，提高劳动教育的质量和效果。同时，科学、客观、公正的评价体系有助于激发学生的积极性和主动性，使他们更加认同劳动教育的价值，从而更加投入地参与各类劳动实践活动。

（二）西南大学推进大学生劳动教育的经验启示

西南大学在推进大学生劳动教育方面的探索和实践，为我国高校劳动教育的发展提供了有益借鉴。在新时代背景下，高校应继续加强劳动教育，培养具有创新能力和社会责任感的全面发展人才，为我国的发展作出更大贡献。

1. 确立劳动教育的战略地位

将劳动教育纳入人才培养目标体系，把劳动教育作为人才培养的重要组成部分。这一做法体现了劳动教育在全面人才培养体系中的战略地位。通过将劳动教育与通识教育、专业实践和综合实践紧密结合，使得劳动教育成为培养学生全面发展的重要手段。这一战略地位的确立有助于提升劳动教育在高校整体教育中的地位，使之在教育改革中发挥更大作用。

2. 创新实践方式，拓展实践场域

根据学科专业特色，创新劳动教育实践方式，并拓展实践场域。通过结合学校农科特色，推进"新农科"建设，发展现代农业产业园、乡村振兴建设点、农科教合作基地等多样化的劳动实践基地。此外，学校还可以开展"顶岗支教"，组织学生到中小学进行为期半年的劳动实践。这些举措有助于提高学生的劳动能力和实践能力，培养具有实际操作能力的专业人才。

3. 构建有效的劳动教育评价体系

建立健全的劳动教育评价体系，使学生在劳动教育过程中获得全面发展。学校将劳动观念、劳动知识、劳动技能和劳动实践作为劳动教育评价的一级指标，通过细化评价内容和权重分配，使评价更加科学、合理。此外，将创造性劳动作为额外加分指标，鼓励学生发挥自身特长。有效的劳动教育评价体系有助于激发学生参与劳动教育的积极性和主动性。

4. 加强政策保障和资源投入

加大对劳动教育的政策支持和资源投入，为劳动教育提供有力保障。可以设立专门的劳动教育与社会实践课程，将劳动教育纳入人才培养课程体系，确保劳动教育与其他教育形式相互融合。此外，还可以加大对劳动实践基地建设的资金投入，提供良好的实践环境。通过充足的资源保障和政策支持，使劳动教育能够顺利推进。

5. 深入开展教师培训与指导

注重提高教师队伍的劳动教育教学能力。开展教师培训，提升教师对劳动教育的认识和理解，同时加强教师的指导能力。还应鼓励教师结合自身专业特点，开发劳动特色选修课程，为学生提供丰富多样的劳动实践机会。通过教师队伍的培训与指导，劳动教育能更好地融入课堂教学和实践活动。

6. 搭建多元化的合作平台

积极开展校企合作、产学研合作，搭建多元化的合作平台。学校与各类企事业单位、社会组织开展合作，共建实践基地，共同培养具备劳动素养的人才。同时，学校还可以与其他高校分享劳动教育经验，开展交流与合作，共同推进劳动教育改革。通过多元化的合作平台，使劳动教育能更好地融入社会实践，提升人才培养质量。

第三节 大学生劳动教育的可提升空间

一、教育理念的更新与提升

（一）劳动教育与传统教育理念的差异

劳动教育注重培养学生的实践能力、创新精神和团队协作能力，而传统教育理念则更强调知识传授和理论学习。尽管知识储备是人才培养的基础，但随着社会经济的发展和市场需求的变化，实践能力、创新精神和团队协作能力等综合素质愈发受到重视。因此，劳动教育与传统教育理念的关系需要重新审视，以确保劳动教育在高校教育体系中的地位得到充分肯定。

1. 教育目标差异

劳动教育的目标是培养学生的实践能力、创新精神和团队协作能力，帮助学生形成正确的价值观和职业观，增强社会责任感。传统教育理念则更强调知识传授和理论学习，旨在培养学生掌握一定的学科知识和技能。

2. 教育内容差异

劳动教育的内容涵盖了劳动技能、劳动法律法规、职业道德、劳动安全等方面，注重培养学生全面发展的能力。而传统教育理念主要关注学科知识的传授，往往忽视实践能力、创新精神和团队协作能力等软实力的培养。

3. 教育方法差异

劳动教育注重实践教学，倡导通过实际操作、实地考察等方式培养学生的实践能力。传统教育理念则主要采用课堂教学、讲授等形式进行知识传授，较少涉及实践环节。

4. 评价标准差异

劳动教育评价体系更加全面，注重学生的实践能力、创新精神和团队协作能力，以及在实际操作中解决问题的能力。而传统教育理念的评价体系主要侧重学科知识的掌握程度和理论水平，可能过于关注分数和成绩。

（二）更新教育理念的必要性

随着时代的发展和社会需求的变化，教育理念的更新变得尤为重要。更新教育理念可以帮助劳动教育更好地适应社会发展需求，培养出更具综合素质的人才。

1. 适应社会发展需求

当今社会对人才的需求越来越多元化，除了专业知识，实践能力、创新精神和团队协作能力等综合素质也受到高度重视。更新教育理念，将劳动教育与其他教育方式相结合，有助于培养出更具竞争力的人才，以满足社会发展的需求。

2. 促进学生全面发展

更新教育理念意味着关注学生的全面发展，不仅关注学生的知识掌握和理论水平，还注重实践能力、创新精神和团队协作能力的培养。这有助于学生在面对复杂的社会环境时更好地应对挑战，实现自身价值。

3. 提高教育质量

教育理念的更新有助于提高教育质量。通过实施劳动教育，学生可以在实际操作中提高自己的技能和能力，从而使教育更加符合实际需求。同时，通过更新教育理念，教师可以更好地理解学生的需求和发展潜力，有针对性地开展教学活动。

4. 培养社会责任感

更新教育理念有助于培养学生的社会责任感。通过劳动教育，学生可以更好地认识到自己在社会发展中的角色，增强对社会的责任感。这对于培养具有良好品质和道德素养的人才具有重要意义。

（三）树立大学生劳动教育的"三育"理念

大学生劳动教育的"三育"理念是实现大学生立德树人的关键，它包括"劳其智""劳其身"和"劳其心"，旨在培养具有正确劳动价值观、劳动精神和劳动技能的社会主义建设者和接班人，如图2-3。

图2-3 "三育"理念

1. "劳其智"：新时代高校劳动教育的认识需求

"劳其智"涉及在认知层面加强大学生对劳动教育的认同，帮助他们正确理解劳动的价值，从而培养对劳动的热爱。这是新时代高校劳动教育的认知需求，也是基本要求。近年来部分大学生出现不珍视劳动成果、不愿意劳动、不屑劳动的现象。这些观念在大学校园中逐渐蔓延，导致劳动教育被忽视和削弱。受这些观念影响，部分大学生将劳动仅仅等同于体力劳动，忽视了劳动与个人成长之间的关系，未能将劳动教育视为个人发展的必要途径。

苏霍姆林斯基指出，劳动教育能够激发学生主动运用自己的智力、体力和创造力去认识、改造自然和社会，从而丰富他们的物质和精神生活，更好地认识自己，促进人类社会的发展。这被视为一种综合性的素质教育活动。因此，高校劳动教育首先需要从认知层面改变师生对劳动教育的片面认识，让学生理解劳动是人类发展、社会进步和个体成长的基本动力和必经途径，认识到劳动能创造人、创造价值、创造财富、创造美好生活。接着，让学生从被动地接受劳动教育转变为主动地参与劳动教育，将劳动意识和劳动观念内化为自身的劳动自觉，学会尊重劳动、热爱劳动。

2. "劳其身"：新时代高校劳动教育的实践要求与基本行动

"劳其身"代表着新时代高校劳动教育的实践要求，强调让大学生从行动和实践层面加强劳动知识应用和技能培养。这不仅是新时代高校劳动教育的行动要求，而且是其根本要求。劳动教育的实践性质强，学生参与劳动实践的过程可以不断强化理论认知、提升实践综合能力，并唤醒自身内在潜能。

劳动实践是连接改造世界的主体与被改造的世界客体的桥梁。人们通过劳动实践将世界变成自己的世界，从而实现从自然存在向社会存在的转变。因此，劳动是实践这一中介作用的核心体现。大学生劳动实践应面向真实的职业生活和工作场景，以便在认知世界的基础上将劳动认知转化为劳动行动。

劳动教育不仅需要培养学生的劳动意识，还应基于对劳动教育的认知认同，将认识转化为实践，将内在的劳动意识外化为实际的劳动行动。通过劳动实践，让学生面对真实的个人生活、生产和社会服务任务情境，亲身经历实际的劳动过程，并运用所学知识和掌握的劳动技能解决实际问题。这样，学生能够具备完成一定劳动任务所需的设计、操作能力和团队合作能力，从而实现劳动教育的根本要求。

3. "劳其心"：新时代高校劳动教育的价值要求

新时代高校劳动教育的价值要求——"劳其心"，即从精神层面加强对大学生劳动价值观的塑造，培养具有正确劳动价值观、劳动精神、劳动品质和劳动伦理道德的劳动者。这是劳动教育的最终指向，也是新时代高校"以劳育人"的价值体现与时代需求。

劳动教育的核心是培养学生劳动价值认同的过程，从认可到内化再到自觉遵循。通过劳动教育，可以让学生明确劳动的重要性和意义，将个人成长与国家、社会和民族的进步与发展相融合。缺乏劳动价值观的塑造会导致教育削弱人文的价值理性，培养出的学生可能只具备专业知识与能力但无法成为国家建设和民族复兴所需要的时代新人。因此，高校应该加强劳动教育的内容和形式，通过实践教学、社会实践、志愿服务等方式，让学生真正体会到劳动的重要性和意义。这样的教育可以让大学生养成乐于劳动、善于劳动的劳动品质和劳动习惯，从而内化为自身恒定的劳动价值追求。同时，大学生作为托举中国梦的主力军和生力军，更要培育崇本务实的劳动精神，领会"幸福是奋斗出来的"内涵要义，继承中华民族勤俭节约、敬业奉献的优良传统，弘扬开拓创新、砥砺奋进的时代精神。

二、教育工作体系的优化与丰富

随着时代的发展和社会经济的变革，高校劳动教育也面临着新的挑战和机遇。作为一项重要的育人工作，劳动教育不仅是人才培养的重要组成部分，也是提高学生综合素质和培养创新创业人才的重要途径。为了更好地发挥劳动教育的育人功能，高校应该加强劳动教育与思想政治教育、专业教育、创新创业教育和校园文化建设的融合发展，打造一个全方位、立体化的劳动教育体系，帮助学生形成正确的劳动观念，提高劳动技能和创造性思维能力。

（一）推进劳动教育与思想政治教育互动融合

马克思主义哲学认为，意识对人的发展具有能动作用。因此，高校劳动教育与思想政治教育应该相互融合，使学生形成正确的劳动观念和思想道德意识，激发学生在劳动实践中的创造性和积极性，帮助学生形成正确的劳动价值观。

1. 将劳动教育融入思想政治理论课的教学体系和教材体系

通过充分发挥思想政治理论课主渠道、主阵地作用，将劳动教育融入思想政治理论课的教学中，在相关课程中高质量地开展马克思主义劳动观、习近平总书记关于劳动教育系列重要论述等内容的学习。同时，也要注重挖掘本校鲜活的劳动育人案例，充分发挥校本特色。

2. 将劳动教育植入日常思想政治教育

一方面，要大力开展劳动教育主题教育，以各级党团学组织为主体，开展形式多样的劳动教育主题班会、主题团日和主题党日活动，增进学生对新时代开展劳动教育重大意义的价值认同。另一方面，要广泛开展日常生活劳动教育，组织开展"爱国卫生运动"和"宿管员""交管员""餐管员"等角色体验教育活动，推进文明公寓、寝室创建，定期开展寝室安全卫生检查评比，培养学生掌握日常生活劳动技能和形成良好行为习惯。

（二）推进劳动教育与专业教育有机衔接

推进劳动教育与专业教育有机衔接，是高校教育中的重要任务之一。在高校教育中，专业教育是核心和主体，学生在四年的大学生活中接触最多的是专业课程，而劳动教育是提高学生实践能力和劳动技能的重要途径之一。因此，高校应该将劳动教育与专业教育相结合，使学生具备专业的劳动知识和技能。

实现这个目标需要高校采取多种措施。首先，高校应该将劳动教育融入专业课程中，挖掘专业课程中的劳动教育内涵。例如，在课程设计和实验项目中加入劳动教育元素，让学生在实践中掌握专业知识和技能。其次，高校应该加强实践教学，将劳动教育与实践教学有机结合。例如，通过专业实习、社会实践、田野调查等方式，让学生在实践中接触真实的劳动环境和工作内容，提高他们的实践能力和劳动技能。再次，高校应该提高教师的劳动教育意识和能力，加强教师队伍的建设。例如，组织开展劳动教育交流研讨和专题培训，增强教师对劳动教育的认识和理解。同时，鼓励教师参与专业领域的相关实践活动，提高他们的实践技能和劳动知识。最后，高校应该加强对学生劳动教育的评价，将劳动教育的实效作为评价学生综合素质的一个重要指标。

推进劳动教育与专业教育有机衔接，不仅有助于提高学生的综合素质和职业竞争力，还有利于学生的职业发展和社会进步。高校应该采取具体措施，将劳动教育融入专业教育中，培养具有专业能力和实践能力的毕业生，适应社会需要和时代发展，为社会进步和创新发展作出积极贡献。

（三）推进劳动教育与创新创业教育有效互动

随着新一轮科技革命的迅猛兴起，创新人才的培养变得更加迫切。高校作为培养创新型人才的摇篮，需要推进劳动教育与创新创业教育的有效互动，促进大学生的创造性劳动和创新性实践的发展。

一方面，在创新创业课程中加强劳动教育。高校可以通过优化大学生职业发展与就业指导课程内容，将敬业精神、职业素质、职业技能等教育内容贯穿课程教学，以加强学生的劳动教育。同时，在大学生创业基础课程的教育环节中引入劳动教育实践环节，教育学生认识自我，树立正确的劳动观和择业就业创业观，引导学生理性面对就业和创新创业中的各种挑战。另一方面，在创新创业实践中强化劳动教育。高校可以加强众创空间和双创实践基地建设，拓展创新创业劳动教育实践场域，推进专业教育、科学研究和实习实训协同育人。同时，需要加大创新创业教育实践环节比重，在实践训练环节中重视新知识、新技术、新工艺、新方法应用，指引学生创造性地解决实际问题，引导学生创新创业实践活动中体会劳动的价值。

通过这些措施，高校可以推进劳动教育与创新创业教育的有效互动，促进大学生的创造性劳动和创新型实践，从而更好地培养创新型人才，抢占发展先机。

（四）推进劳动教育融入校园文化体系

校园文化是学校本身形成和发展的物质文化和精神文化的总和。劳动教育与校园文化的融合发展，能够在全校范围内形成崇尚劳动、热爱劳动的文化氛围，唤起大学生的劳动价值追求。因此，高校应该在校园文化建设中强化劳动教育，推进全校形成劳动最光荣、劳动最伟大的共生文化。

第一，高校可以推进大国工匠、劳动模范进校园活动的常态化和制度化建设，积极开展劳模工匠与青年学生面对面活动，充分发挥劳动模范、大国工匠在劳动教育中的示范引领作用。这样的活动可以让学生近距离接触劳动模范和大国工匠，感受到他们的职业精神和工匠精神，增强学生的劳动意识和劳动价值观念。

第二，在园区管理、清洁卫生、膳食服务等管理岗位中开辟劳动育人示范岗，组织后勤服务一线先进典型进园区、进班级、进课堂。这样的活动可以让学生认识到劳动是一项光荣的事业，让学生从身边的劳动者身上感受到劳动的价值和意义，增强学生的劳动热情和劳动技能。

第三，高校应该大力开展以"弘扬劳动精神、培养劳动情怀"为主题的劳动教育系列活动，充分利用海报、橱窗等传统媒体和"两微一端"等新媒体平台，打造"身边劳模""最美教师""青年劳动之声"等多媒体产品，营造劳动光荣、创造伟大的校园文化。这样的活动可以让学生通过多种形式、多种途径感受到劳动的价值和意义，从而树立正确的劳动观念，增强学生的劳动信念和劳动意识。

三、实践场域的拓展与整合

大学生劳动教育的实践场域仍有待拓展与整合。高校应积极与社会、企业等多方合作，共同搭建实践基地，为学生提供更多实践机会。同时，学校还应充分利用校内资源，整合各类实践场域，打造系统化、多元化的劳动实践平台。

（一）与社会、企业等多方合作，共同搭建实践基地

对于大学生劳动教育实践场域的拓展和整合，积极与社会、企业等多方合作共同搭建实践基地是非常重要的一环。这样可以帮助学生在真实的社会环境中，通过实践活动掌握知识和技能，增强自身的综合素质和就业竞争力，更好地适应未来的工作和生活。

与企业合作建立实习基地是一种非常有效的办法，可以帮助学生更好地了解企业文化、职业规划和行业趋势，提高自身的职业素养和实践能力。例如，学生可以在企业中参与实际的项目开发、产品设计、市场调研等工作，通过实践活动加深对专业知识的理解和应用，为今后的职业发展奠定坚实的基础。

与社区、非政府组织等合作，开展各种社会实践活动，也是一种有效的办法。例如，学生可以参加社区义务劳动、环保活动、文化传承等实践活动，通过与社区居民和志愿者合作，增强自身的团队协作能力和社交能力，同时了解社会的多样性和复杂性。

通过合作开展一些创新性的实践活动也是非常有意义的。例如，学生可以与当地企业、社区、学术机构合作，开展社会创新项目，解决社会问题，促进社会发展。这样的实践活动不仅可以帮助学生掌握专业知识和实践技能，还可以提升学生的社会责任感和创新能力。

（二）充分利用校内资源，整合各类实践场域，打造系统化、多元化的劳动实践平台

充分利用校内资源，整合各类实践场域，打造系统化、多元化的劳动实践平台，是高校推进大学生劳动教育的重要途径之一。这一途径不仅可以丰富和拓展劳动教育的内容和形式，同时也可以提高学生的实践能力和综合素质，使学生更好地适应未来的工作和生活。

首先，建立劳动教育训练基地是非常重要的一环。通过在校内建立劳动教育训练基地，可以给学生提供更多的实践机会，帮助他们锻炼自己的劳动习惯和技能。例如，在基地内组织学生开展园艺、农业、家政、手工等实践活动，通过卫生评比等形式培养学生劳动习惯，锻炼学生基础劳动能力。其次，鼓励学生参与各种志愿服务活动也是非常重要的。通过参与志愿服务活动，学生可以锻炼自己的社交能力和团队协作能力，同时了解社会的多样性

和复杂性，增强自己的公共服务意识和社会责任感。例如，学生可以参加环保活动、文化传承等实践活动，通过与社区居民和志愿者合作，为社会作出贡献。此外，开设劳动技能课程、组织劳动竞赛等形式也是非常有效的办法。通过这些形式，可以进一步丰富和拓展劳动教育的内容和形式，提高学生的劳动技能和实践能力。例如，可以开设木工、电工、焊工等技能课程，让学生在课程中学习实际的技能和知识；同时，可以组织学生参加各种劳动竞赛，通过比赛的形式提高学生的竞争意识和实践能力。

（三）将劳动教育与社会实践相融合，不断强化学生的实践认知和劳动育人目标

将劳动教育与社会实践相融合，是高校推进大学生劳动教育的重要途径之一。这一途径可以通过将劳动教育与社会实践相结合，让学生更好地认识社会，增强公共服务意识和爱国爱民情怀，同时也可以增强学生的实践认知和劳动育人目标意识。

（1）通过在社会实践中开展服务性劳动、植树造林、文化扶贫等活动，可以让学生将自己的人生理想与国家、民族、社会的需要相结合。通过这些活动，可以增强学生的社会责任感和爱国爱民情怀，让学生更好地认识社会。

（2）通过开展劳动竞赛、劳动技能和劳动成果展示等活动，可以增强学生的实践认知和劳动育人目标意识。这些活动可以让学生更深入地了解劳动的意义和价值，同时也可以让学生感受劳动的乐趣和成就感。通过这些活动，可以培养学生的创新意识和实践能力，增强学生的综合素质和就业竞争力。

（3）通过实践活动的方式，增强学生的公共服务意识和爱国爱民情怀。例如，可以在社区开展各种志愿服务活动，让学生更好地了解社区的需要，同时也可以通过这些活动增强学生的社交能力和团队协作能力。另外，还可以组织学生参加一些文化扶贫的活动，例如在贫困地区进行文化传承和扶贫帮困活动，通过这些活动让学生感受劳动的重要性和价值。

四、评价体系的完善与创新

当前大学生劳动教育评价体系在很多高校仍然存在一定的局限。传统评价体系过于注重成绩和知识水平，而忽略了学生在劳动教育中的实践能力、创新精神和团队协作能力等方面的发展。因此，高校应完善和创新评价体系，使之更加符合劳动教育的特点和目标。

（一）过程性评价和结果性评价相结合

过程性评价和结果性评价是评价体系中两个不可分割的部分。在劳动教育中，要注重学生在学习过程中的成长和进步，并根据过程中的表现给予适当的指导和帮助。同时，也要关注学生在劳动中所取得的成果和表现，将结果性评价与过程性评价相结合，综合考虑学生的实际表现和成果，从而更加全面地评价学生的劳动教育成果。

过程性评价强调学生在学习过程中的成长和进步，重点关注学生的劳动态度、劳动习惯、团队协作能力等方面的发展。通过过程性评价，可以及时了解学生在劳动教育中的表现，及时给予指导和帮助，促进学生的劳动能力和素养的全面发展。同时，过程性评价也有助于鼓励学生参与劳动教育，提高学生的参与度和积极性。而结果性评价则主要关注学生在劳动教育中所取得的成果和表现，包括学生的创新性、创造性、实践能力等方面的发展。通过结果性评价，可以更加全面地评价学生在劳动教育中的综合表现和成果。同时，结果性评价也是对学生参与劳动教育的一种鼓励和肯定，可以激发学生对劳动教育的兴趣和热情，促进学生劳动能力和素养的进一步提高。因此，将过程性评价和结果性评价相结合，不仅可以全面反映学生在劳动教育中的表现和成果，同时也可以更好地促进学生劳动能力和素养的全面发展。此外，在进行评价时，需要根据不同的劳动教育内容和目标，对过程性评价和结果性评价的权重进行合理的分配，以保证评价的全面性和公正性。

（二）多方位评价

劳动教育的评价不应该只由单一的评价者来完成，而应该是多方位评价的结果。包括学生自我评价、教师评价、家长评价、社会团体评价和同伴评价等，通过多种方式来获取评价结果，更加客观全面地评价学生在劳动教育中的表现和成果。

1. 学生自我评价

学生自我评价是学生对自己在劳动教育中表现和成果的评价，这种评价方式可以帮助学生了解自己的优势和不足，从而更好地调整自己的学习策略和行为方式。同时，学生自我评价还可以促进学生的自我反思和自我管理能力的培养。

2. 教师评价

教师评价是教师对学生在劳动教育中表现和成果的评价，教师可以从学生的实际表现、成果质量、学习态度等多个方面对学生进行评价。教师评价可以为学生提供及时的反馈和指导，帮助学生更好地理解和掌握劳动教育的知识和技能。

3. 家长评价

家长评价是家长对学生在劳动教育中表现和成果的评价，这种评价方式可以让家长更好地了解自己孩子在学校的表现和成长情况，同时也可以促进家校合作，共同关注学生的学习和成长。

4. 社会团体评价

社会团体评价是社会团体对学生在劳动教育中表现和成果的评价，这种评价方式可以帮助学生更好地了解社会对劳动教育的要求和期望，同时也可以促进学生对社会的认识和了解。

5. 同伴评价

同伴评价是同班同学对学生在劳动教育中表现和成果的评价，这种评价方式可以促进学生之间的交流和合作，同时也可以帮助学生更好地了解自己在同伴中的位置和优势。

（三）定性和定量评价相结合

在评价学生的劳动教育成果时，要同时注重定性和定量评价。以前的评价体系往往只注重定量评价，而忽略了学生的综合表现和劳动态度。应该将定性和定量评价相结合，从学生的劳动态度、劳动价值观、劳动精神、劳动素养、劳动技能和劳动次数等多个方面进行评价，更加全面地反映学生在劳动教育中的表现和成果。

定性评价是指对学生在劳动教育过程中表现的一些细节、态度、行为进行观察、记录、访谈等方式的评价。劳动教育的目标是培养学生的劳动技能、劳动态度和劳动素养，而这些方面往往不能仅通过数字化的定量数据来反映。例如，学生在劳动中是否有责任心，是否能够与他人合作，是否有创新精神，这些都是需要通过观察和访谈等方式进行定性评价的。定量评价是指通过数字化的方法来衡量学生在劳动教育中的成绩、数量等方面的评价。例如，学生在劳动中完成任务的数量、质量，或者是学生在某个时间段内参加劳动的次数等。定量评价能够反映学生在劳动中的一些量化指标，这对于一些需要量化分析的问题很有帮助。

在劳动教育中，定性和定量评价需要相结合，这样才能更加全面、准确地反映学生在劳动教育中的表现和成果。定性评价和定量评价相结合，可以更加客观、全面地反映学生在劳动教育中的态度、技能和素养等。定性评价能够反映学生在劳动中的一些细节和非数字化的方面，而定量评价则能够反映学生在劳动中的一些量化指标，这样两者结合起来，就能够更全面、准确地评价学生在劳动教育中的表现和成果。

（四）常态化评价和差异化评价结合起来

常态化评价是对学生在劳动教育中基础性要求的评价，包括但不限于学生的劳动态度、劳动习惯、安全意识等。这些要求是学生在劳动实践中必须具备的基本素养，也是他们日后生活和工作中必不可少的能力和素质。因此，对于这些基础性要求，学校应该建立相应的评价标准，通过常态化评价的方式对学生进行评价和指导，帮助他们养成良好的劳动习惯和行为规范。与此同时，差异化评价则是对学生在劳动教育中的特殊表现和成果的加分项评价。这些表现和成果可能包括学生在团队合作中发挥的作用、创新性、创造性等方面的表现。这些是学生在劳动实践中能够发挥个人特长和优势的方面，对于这些方面的表现，学校应该制定相应的评价标准，通过差异化评价的方式对学生进行鼓励和表扬，激发他们的学习热情和创新潜力。

将常态化评价和差异化评价结合起来，可以更全面地反映学生在劳动教育中的表现和成果。同时，这种评价方式也能够更好地激发学生的学习兴趣和创新能力，促进他们在劳动实践中不断进步和提高。为了这种评价方式的有效实施，学校应该建立相应的评价体系和评价标准，制定明确的评价流程和操作规范，确保评价的公正、客观和科学性。此外，还应该加强师生之间的沟通和合作，提高学生的参与度和积极性，激发他们的学习热情和创新潜力。

第三章 新时代大学生劳动教育的理论基础

新时代大学生劳动教育的理论从新时代大学生劳动教育的内涵与特征、新时代大学生劳动教育的价值引领以及新时代大学生劳动教育的理论支撑等方面进行了论述和指导。这一理论体系有助于培养具备正确的劳动观念和价值观、具备综合素质和实践能力的新时代大学生。它在推动大学生全面发展和社会主义现代化建设中具有重要的指导作用。

第一节 新时代大学生劳动教育的内涵与特征

一、新时代大学生劳动教育的内涵

新时代大学生劳动教育是一种全方位、多层次、深度融合的教育，旨在通过劳动教育，帮助大学生形成良好的劳动习惯和品质，提升他们的劳动创造能力和社会责任感，从而更好地服务于社会，为实现中国梦贡献力量。新时代大学生劳动教育的内涵如图 3-1 所示。

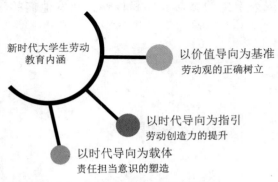

图 3-1 新时代大学生劳动教育的内涵

（一）以价值导向为基准：劳动观的正确树立

在新时代，大学生劳动教育的价值导向成为其中不可忽视的一环。劳动，作为财富和幸福的源泉，已经超越了其物质层面的含义，更是对大学生人生观、世界观、价值观塑造的重要方式。

第一，马克思主义劳动观在新时代大学生劳动教育中起到了关键引领作用。强化政治性、思想性和社会性，把握劳动的本质，坚持价值导向，是新时代大学生劳动教育的重要方向。在具体实施过程中，需要让大学生理解并认同劳动的目的、态度和品质，使他们在生活中能够自觉地崇尚劳动、尊重劳动、热爱劳动。这样，大学生才能在学习和生活中体现出劳动的价值，实现自我完善和全面发展。

第二，劳动教育已经成为大学生教育的重要组成部分，而非仅仅是教育的一个内容。高校需要将劳动教育的价值观念渗透到日常生活中，引导学生抛弃对享乐和不劳而获的错误追求。在当今大数据和物联网技术普及的社会环境中，劳动观念也在不断发展和演变。不论是从事传统体力劳动的人，还是使用智能化工具进行劳动的新型劳动者，都需要树立正确的价值观念，并发扬艰苦奋斗的精神。

第三，传承中华民族的优秀劳动文化，是新时代大学生劳动教育的重要内容。只有在理解和热爱自己民族文化的基础上，大学生才能真正理解劳动的价值，并在实践中实现自我价值的提升。

（二）以时代导向为指引：劳动创造力的提升

新时代的劳动教育，需要紧跟时代步伐，将创新创造的精神深入教育的各个环节中。从"中国制造"向"中国创造"的时代转变，迫切需要一支高素质的建设队伍和大批致力于技艺精进的中国工匠。因此，劳动教育在培养学生的基本技能的同时，更应注重提升他们的科学素养和实践能力，使他们能够将所学知识和技术转化为现实生活中的创新行动。

在这个过程中，需要根据大学生的成长规律和学习特点，有针对性地进行劳动教育。与小学阶段重在培养劳动习惯、中学阶段注重培养基本劳动技能不同，高校的劳动教育应着重于提升学生的创新思维和实践能力。实践出真知，空谈误国，实干兴邦。高校劳动教育应打破传统模式，让学生在专业实习、学科实践和社会劳动中，真正掌握并运用劳动技能。此外，高校的劳动教育还应与创新创业紧密结合，实现产教融合，将专业教育、就业指导和科研实践融为一体。

这样不仅可以激发学生的主体性，更能帮助他们更好地理解和掌握专业知识，培养系统的技能和能力，为社会输送更多的知识型、技术型、创新型人才。

（三）以实践导向为载体：责任担当意识的塑造

新时代的劳动教育注重实践导向，这是人类理解并改造世界的基本途径，也是新时代劳动教育的关键部分。新时代劳动教育的目标是培养能够承担民族复兴大任的新一代人，他们具有为国家服务、为社会奉献的使命感。在此背景下，高等教育应秉持社会主义办学理念，在制定人才培养方案及教育过程中，引领学生建立以劳动助力实现中国梦的理想，深刻理解劳动的意义和价值。期望学生以劳动品质为中心，以劳动技能为基础，以劳动精神为支柱，从而培养他们的责任感和担当精神。

高校的劳动教育不仅关乎生活世界，也涉及职业世界。因此，高校需要根据大学生的思想实际，引导他们在理论学习和实践活动中，建立正确的幸福观和择业观，提高他们的政治辨别力和价值判断力。在营造积极的社会氛围和舆论环境的过程中，学生们能够将对劳动的情感认同、理性认知和实践自觉等融入他们的学习生活中，借此培养他们吃苦耐劳、踏实奋斗、淡泊名利、勇于创新、甘于奉献的劳动精神。最终使他们成为新时代的青年，与历史同向、与祖国同行、与人民同在，具有强烈的服务意识和奉献情怀，为社会主义现代化强国的建设贡献自己的一份力量。这就是新时代大学生劳动教育的内涵和目标，也是人们对于新时代大学生的期待和要求。

二、新时代大学生劳动教育的特征

新时代大学生劳动教育的特征并非孤立存在，而是相互联系，共同构建出一套完整、有效的劳动教育系统。它们如同四根柱子，共同支撑起新时代大学生劳动教育的框架，如图3-2所示。

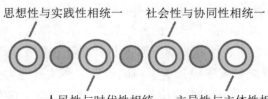

图3-2　新时代大学生劳动教育特征

（一）思想性与实践性相统一

思想性是劳动教育的核心。这一方面体现在需要引导学生理解并接受劳动是一切财富和价值的源泉，劳动者是国家的主人，应当得到鼓励和尊重。另一方面，也要对一切不劳而获、崇尚暴富、贪图享乐的错误观念进行批判。强化劳动教育的思想性，就是要始终弘扬社会主义核心价值观，让学生明白通过诚实劳动才能创造美好生活、实现人生梦想。

思想性的培养并不能脱离实践。马克思主义强调，人通过实践来确证自己的本质。因此，劳动教育的实践性是其不可或缺的一部分。高校要引导学生以动手实践为主要方式，在认识世界的基础上，更好地改造世界和塑造自我。劳动教育的实践性应该表现为一种面向真实生活世界和职业世界的实践，而不是简单地在课堂上听讲或者在网络上看视频。在实践中，学生可以切身感受劳动的过程和结果，理解劳动者的辛勤付出，同时也可以体会到通过自己的努力创造价值的成就感。这种实践性的体验对于学生形成正确的劳动观、人生观，甚至世界观都有着极其重要的作用。在新时代大学生劳动教育中，思想性与实践性的统一是其最基本的特征。只有真正做到这一点，劳动教育才能真正发挥其应有的作用，培养出既有正确劳动观念，又有实际劳动能力的大学生，为我国的社会主义现代化建设作出贡献。

（二）社会性与协同性相统一

社会性的体现在于，劳动教育的实施路径、培养目标以及基本内涵都是以社会为参照。劳动教育的目标是培养具有社会责任感和社会担当的公民，使他们能够充分发展个人的社会性，成为全面发展的人。为此，劳动教育需要将正确的劳动价值观、良好的劳动品质和高超的劳动技能有目的、有计划地传递给学生，使他们能够内化劳动精神，认同劳动，成为自觉践行社会主义核心价值观的社会成员。

协同性的体现在于，劳动教育的实施需要学校、家庭、社区以及其他社会组织的共同参与和协作。这一方面要求学校要与家庭、社区以及实践基地等进行紧密的合作，共同开发和实施劳动教育课程，从而更好地探索家庭、学校、社区三位一体的劳动育人模式。另一方面，学校还需要与市场、企业等进行联动，为学生提供更多的实践机会，使他们能够在实践中更好地理解和掌握劳动技能。

这种社会性与协同性的统一，使得劳动教育不仅是一个理论问题，也是一个实践问题，与经济、政治、文化以及民生等领域都有着密切的联系。因此，高校需要以党和国家的教育体系改革为契机，加快推进劳动教育改革创新，充分调动各方主体和资源，发挥协同优势，形成协同合力，从而在整体上推动中国特色社会主义教育制度的改革发展，建构具有中国特色的劳动教育模式。

（三）人民性与时代性相统一

人民性是一种核心理念，强调以人为本，注重人的全面发展。在新时代劳动教育中，学生通过体验和参与劳动活动，能够认识到人民创新精神无尽的智慧与力量，同时，也能从中学习到尊重劳动、热爱劳动的价值观。这种教育方式不仅让学生积极参与到社会服务型劳动、公益志愿活动和生产劳动中，也使他们能够将所学的知识和技能用于实践，更好地为人民服务。这种以人民为中心的劳动教育不仅关乎国家的发展和民族的复兴，也直接关系到人民群众对美好生活的向往和追求。因此，人民性是新时代大学生劳动教育的重要特征。

时代性则体现在新时代劳动教育的内容和方式上。随着科技进步和产业变革，劳动工具、劳动技术、劳动形态都在不断变化，这就要求学校不断创新劳动教育的内容和方式，以适应时代的发展。新时代的劳动教育需要紧密结合经济社会发展的变化和学生生活的实际，探索出具有中国特色的劳动教育模式，以适应新时代的发展。因此，时代性是新时代大学生劳动教育的另一重要特征。

新时代大学生劳动教育的人民性和时代性是其两大核心特征。这种教育方式不仅坚持了马克思主义的劳动观和中国特色社会主义的教育发展道路，而且还能够积极应对新时代的挑战，把握新时代的特点和规律，为高校的劳动教育事业提供了新的理论和实践指导。

（四）主导性与主体性相统一

主导性在于教师在劳动教育中的角色。教师需要引导学生理解劳动的价值，培养他们的劳动技能，提升他们对劳动的尊重和热爱。这需要教师具有丰富的实践经验，强烈的劳动意识和对劳动价值观的深入理解。因此，学校需要加强对劳动教育师资的培训，提高教师的专业化水平，以充分发挥他们在劳动教育中的主导作用。

主体性在于学生在劳动教育中的角色。学生不仅是劳动教育的接受者，更是劳动教育的参与者。他们需要在实践中学习和理解劳动，体验劳动的乐趣，感受劳动带来的满足感和成就感。这就要求学校开展各种实践活动，如暑期大学生农村"三下乡"实践活动等，让学生有机会参与到实际的劳动中，发挥他们的主体性。

新时代大学生劳动教育的主导性与主体性统一，就是在教师的引导下，学生积极参与到实际的劳动中，同时，教师也需要根据学生的反馈和需要，调整自己的教育方法和内容，以更好地满足学生的需求。这样，教师和学生就能在互动中共同推进劳动教育的进行，形成一种主导和主体相统一的教育模式。

第二节　新时代大学生劳动教育的精神引领

一、以劳模精神引领新时代大学生劳动教育

（一）解读劳模精神

1. 劳模精神的认识

劳模精神是一种在中国社会中广泛传播和普遍认可的价值观念和精神风貌。其核心内涵包括爱岗敬业、争创一流、艰苦奋斗、勇于创新、淡泊名利、甘于奉献等，这些内涵体现了对职业、社会和国家的道德感、责任感和使命感。劳动模范被认为是劳动者的优秀代表和广大人民群众的榜样，是时代的楷模和历史的丰碑，具有永恒的精神价值。在新时代，劳模精神具有更多的内涵和元素，但其核心价值始终不变。劳动模范和劳模精神在中国社会的发展历程中具有非常重要的意义。劳动模范是在生产、科研、教育、卫生、文化、体育等各个领域中，作出突出贡献的劳动者，他们是全社会学习的榜样，也是时代的精神符号和力量化身。而劳模精神则是劳动模范们所代表的一种工作态度和精神风貌，是他们在平凡岗位上，坚持坚守坚定的基本信念、价值追求、人生境界，展现出的整体精神风貌。

在新时代，劳模精神依然具有非常重要的现实意义和历史价值。当前，中国正处于经济社会发展的关键时期，各行各业需要更多具备劳模精神的人才，为实现中华民族伟大复兴中国梦贡献力量。同时，对于大学生而言，加强劳模精神的理论研究、深挖不同年代劳模精神的具体内容，探讨劳模精神

对劳动教育的价值引领，既是对劳模精神的有力传承和发扬，也是贯彻落实习近平总书记关于劳模精神、劳动教育重要论述的有力举措。在这个背景下，高校应该抓住新时代劳动教育的科学内涵和本质特征，深入挖掘劳动教育资源，创设劳动教育课程，打造劳动教育金课，发挥劳模精神在新时代的育人价值。同时，各行业也应该加强劳动教育，培养更多的具备劳模精神的人才，为实现中华民族伟大复兴中国梦作出更大的贡献。

2. 劳模精神的本质特征

"爱岗敬业、争创一流"是劳模精神的本质特征，包含着劳模对国家、社会、职业的高度责任感、使命感和舍我其谁的主人翁精神。这一特征源于劳模的职业道德和个人价值观，是劳模精神的重要组成部分。

"爱岗敬业"体现了劳模对职业的热爱和忠诚。劳模不仅在工作中尽职尽责，还把个人与职业融为一体，把职业视为人生的一部分，投身其中。他们不仅是自己职业的代表，更是职业精神的代表，展示了一种高尚的职业道德和精神追求。"争创一流"体现了劳模追求卓越、不断进步的精神品质。劳模不满足于现状，不断探寻新的突破和发展机会，致力于实现自身的全面发展和职业成长。他们以创新为核心，不断探索新的工作方式和思路，开创新的局面，为国家、社会、企业作出了杰出的贡献。

"爱岗敬业、争创一流"体现了劳模的主人翁精神和高度责任感。劳模不仅注重自身成长和发展，更重视对社会的贡献和回馈，具有强烈的社会责任感。他们以身作则，积极投身社会公益和志愿服务，为推动社会进步和发展作出了不可磨灭的贡献。

(二)"劳模精神"融入大学生劳动教育的时代价值

1. "劳模精神"实现大学生知识的内在化和劳动能力的增强

劳模精神生成于中国共产党的革命文化，内在于社会主义的先进文化。劳模精神中蕴含的担当精神、务实精神、奉献精神和进取精神，为新时代提供了崇尚劳动的价值引领，为丰富新时代劳动教育提供了生机与活力。以劳模精神引领劳动教育，有助于大学生端正人生态度、正确看待社会责任、树立人生目标、展现主人翁意识，实现大学生知识的内在化和劳动能力的增强，培育大学生自觉将劳模精神内化为人格品质。

2. "劳模精神"帮助大学生正确认识劳动价值

"劳模精神"是劳动模范在历史时期中探寻中国革命、建设和改革的实践道路上形成的优良品格，体现了艰苦奋斗、拼搏进取、无私奉献、求真务实的精神风貌。这种精神深受中华传统文化影响，吸收了中华民族热爱劳动的传统美德、重义轻利的道德准则、自强不息的精神追求，凝练了中华传统美德的精华。将劳模精神融入大学生劳动教育中，有利于帮助大学生正确认识劳动价值，纠偏不端正的劳动行为，克服浪费挥霍、不劳而获、生活懒散等恶习，培养笃实力行、艰苦奋斗的意志品质，激发爱国爱家情怀和勇于担当意识。

3. "劳模精神"丰富劳动教育课程的教学资源

劳动教育是高校实施"五育"并举和促进大学生自我价值实现的内在要求。然而，劳动教育缺乏科学系统的管理，导致劳动教育课程体系设计不规范、教学形式简单、教学方法缺乏创新，教学设备和劳动场地无法满足教学需要，从而导致教学效果不佳。劳模的典型事迹为高校劳动教育提供了生动形象的教科书。劳模所在单位和劳动的场所是学生劳动体验的重要场地，组织学生参观劳模劳动场地并进行情景模拟，可以让学生感同身受，从而引发学生对劳动教育的本质内涵和劳动价值的深入思考。因此，将劳模精神融入大学生劳动教育中，可以丰富劳动教育课程的教学资源，让学生更深入地了解劳动的重要性和劳动对个人成长的积极影响。

4. "劳模精神"为大学生职业规划提供参考和借鉴

劳模精神的重要体现是其对职业道德和职业精神的影响。劳模的精神风貌和职业道德对于大学生职业规划具有积极的意义。劳模的精神风貌如勤奋、拼搏、诚实、创新等，为大学生树立了正确的职业观念和职业道德规范，鼓励他们在职业生涯中树立追求卓越、做出成绩的目标。同时，劳模的职业精神如负责、奉献、敬业等也为大学生提供了职业道德和职业素养方面的借鉴，让他们更好地适应职业市场的需求，提高职业能力和素质。

5. "劳模精神"实现马克思主义劳动观在大学生中传承

劳模精神在新时代为大学生劳动教育注入了新的时代价值。这种精神是中华传统文化与马克思主义劳动观相结合的产物，体现了劳动者的自主性和创新性，同时也锤炼着人们的意志和品格。劳模精神具有重要的理论融合价值，可以让马克思主义劳动观在大学生中传承。通过学习劳模事迹，大学生可以充分认识到劳动在人类社会中的重要性和创造力，认识到只有社会主义制度下的劳动才能真正体现出劳动的自主性。

（三）劳模精神引领新时代大学生劳动教育路径选择

1. 打造多元化的劳动教育课程

高校应该着力开发高质量的劳动教育课程，这是高校课程体系的重要组成部分。这个课程体系应该具有综合性、实践性、开放性和针对性，而不同于一般的理论课程。劳动教育的目标是不仅要培养学生的劳动技能，还要培养学生的劳动态度、劳动习惯、劳动意识和劳动成果等。开展劳动教育需要业务指导教师的科学指导、规范管理和行为训练，并根据不同年级的学生身心发展特点，制定不同的教育内容。

对于大一和大二的学生，教师可以引导他们积极参与校园日常劳动，通过举办"身边的劳模"和"劳模事迹大家学"等活动来培养他们的劳动观念，使他们养成良好的劳动习惯。对于大三和大四的学生，教师应该重点安排社会实践和公益劳动，并根据学生的专业特点，重点宣传他们所学专业领域的劳动模范，使其在学习劳模精神的同时，也学习劳模的专业技能，为他们未来的就业做好准备。除了设置必修的劳动教育课程，学校还可以设置选修课程，如劳动教育概论、劳动教育与保障、劳动教育与劳模精神等，采用网上慕课和线下课程相结合的形式，邀请劳动模范线上或现场讲授，从而构建立体式劳动教育课程体系。高校应该将劳模精神融入课程教学的各个环节，融入立德树人、教学科研的各个方面，将劳模精神与大学生思想政治教育、专业教育、职业生涯规划与就业指导、校园文化建设等有机融合，将第一课堂教育与第二、第三课堂教育相结合，共同保障大学生劳动教育的实施效果，促进学生的全面发展。

2. 开展多层次的劳动教育实践

实践是教育的本质属性，而大学生的实践能力、创新精神和社会责任感的培养是加强高校劳动教育的重要内容。高校应当采取多种实践形式，以提高大学生的劳动教育素养。

（1）高校可以开展适当的志愿服务活动，引导大学生积极参加志愿服务，培养热爱劳动、热爱人民的高尚节操。在志愿服务中，学生可以提升自己的思想意识水平，参与公益活动，如组织学生深入社区、医院、福利机构等参加志愿服务，组织学生参与校园卫生保洁和绿化美化活动等。

（2）高校可以开展有针对性的社会调研活动，使大学生了解国情、党情、民情，了解劳动者的艰辛，帮助大学生树立正确的劳动价值观，增强其时代责任感和历史使命感。如利用暑期社会实践的契机深入城市和乡村，开展寻访劳动模范活动，通过实地走访、学习劳模事迹，感悟劳模精神。

（3）高校可以开展与本专业相关的创新性劳动实践，以劳动模范为榜样，指导大学生开展与本专业相关的创新创业活动，并积极举办各种技术比赛，激发大学生的内在驱动力，从而全面培养大学生的自主创新精神和精益求精精神。劳动模范在本职岗位上精益求精，为提高技术的核心竞争力、打破国外的垄断迎难而上，充分体现了勇于创新的精神。

（4）高校应当注重社会实践与劳模教育的充分结合，进一步优化实践教学内容，加强实践基地建设，打造专业理论知识与思政教育、技能提升相契合的实践育人模式。同时，探索"劳模+社会服务"培养模式，发挥劳动模范的责任担当，在经济和社会建设中不断发挥作用。高校可以依托劳模专业特长，开展实施产业带动、技术扶持、困难帮扶等社会服务活动，以此促进劳模精神的传承和发展。

3. 构建全社会劳动教育氛围

构建全社会劳动教育氛围是推进大学生劳动教育的重要途径，而劳模精神作为劳动教育的重要内容之一，是引领和激励大学生更加积极投身于劳动的强大思想动力。在宣传方面，应该重点关注劳模群体，通过各种媒体形式深入挖掘劳模的事迹，展示他们在劳动中的优秀品质和精神面貌，让大学生了解并学习劳模精神，进而产生尊重劳动、崇尚劳模的情感和态度；在激励机制方面，应该加大对劳模的奖励力度，提高劳模的地位和待遇。同时，要注重对困难劳模的关心和帮助，让大学生深刻体会到社会对于劳动的认可和尊重，激励他们更加积极地投身于劳动实践；在文化建设方面，应该将劳模精神纳入大学生的思想道德教育中，让大学生在课堂中和社会实践中深刻体验和领悟劳模精神，从而逐渐形成尊重劳动、崇尚劳模的良好风尚和价值观。

二、以工匠精神引领新时代大学生劳动教育

（一）领悟工匠精神

工匠精神源自古代手工艺人对技艺的极致追求，它包括对工作的热爱、对质量的坚守、对精益求精的执着，以及对社会责任的担当。在新时代背景下，工匠精神不仅仅局限于手工艺人，任何职业都可以展现工匠精神，这是一种尊重劳动、热爱劳动的精神状态，也是一种追求卓越、不断创新的行为

习惯。

"工匠精神"是一种职业精神，其内涵包括敬业、精益、专注、创新等。敬业是基于对职业的敬畏和热爱而产生的一种全身心投入的认真负责的职业精神状态；精益是对每件产品、每道工序都凝心聚力、精益求精、追求极致的职业品质；专注是指内心笃定而着眼于细节的耐心、执着、坚持的精神；创新是在传统技艺的基础上不断突破和革新的精神。这些元素相互交织，构成了"工匠精神"的内涵，代表着一种时代的精神气质：坚定、踏实、严谨、专注、坚持、敬业、精益求精。如果人人都能在内心沉淀这样的品质，有干一行爱一行、爱一行钻一行的韧劲，有对工作只管付出不求回报的奉献精神，就能在平凡的岗位上书写不平凡的人生。

1. 敬业

敬业是从业者基于对职业的敬畏和热爱而产生的一种职业精神状态。中华民族历来有"敬业乐群""忠于职守"的传统，也是当今社会主义核心价值观的基本要求之一。早在春秋时期，孔子就主张人在一生中始终要"执事敬""事思敬""修己以敬"，即行事要严肃认真不怠慢、临事要专心致志不懈怠、加强自身修养保持恭敬谦逊的态度。

爱岗敬业，是爱岗和敬业的合称，二者互为表里，相辅相成。爱岗是敬业的基础，而敬业是爱岗的升华。"爱岗"意味着要干一行，爱一行，热爱本职工作，不能见异思迁，贪图外面的诱惑。而"敬业"则是钻研一行，精通一行，对待自己的工作，要勤勤恳恳、兢兢业业、一丝不苟、认真负责。凡是获得"工匠"和"劳模"荣誉称号的工人，都是爱岗敬业的典范，很多人都在本职岗位上工作了二三十年之久，为自己的事业不断地努力着。

2. 精益

精益是一种追求卓越、追求完美的职业品质和精神。它强调对每个产品、每个工序精益求精的态度，即使在做一颗螺丝钉时也要做到最好。这种追求卓越的精神与工匠精神紧密相关，一个人成为"工匠"的关键在于他对产品品质的追求。产品的品质只有更好，没有最好，因此工匠会花费大量的时间和精力来反复改进产品，不断提高品质水平，永远在路上。这种追求卓越的态度成为"工匠"的共同特点，也是他们能够在各种技能大赛中获得荣誉的原因之一。在追求极致、精益求精的过程中，精益企业得以建立并获得成功，因为只有这样才能保持基业长青。

3. 专注

专注是一种精神状态，强调在时间和精神上的坚持和聚焦。执着专注是"大国工匠"所必须具备的精神特质之一，它包含耐心、执着、坚持的精神。工匠精神的实践经验表明，工匠们常常具有几十年如一日的专注和韧性，坚持扎根于自己的行业领域，集中精力积累经验，不断提高自己在细分产品领域的优势，成为该领域的"领头羊"。中国早就有"艺痴者技必良"的说法，它强调了在选定行业后的专攻和执着，这种执着能够帮助人们在自己的领域中游刃有余，做到"庖丁解牛"和与奇巧人王叔远一样在技能上卓越。总之，专注是工匠精神的重要组成部分，它强调在一个领域内的坚持和聚焦，是成为行业领袖和创新者的必要条件。

4. 创新

创新精神是新时代"工匠精神"的重要组成部分，甚至是灵魂。传统的"工匠精神"注重的是继承，是通过祖传父、父传子、子传孙等方式进行的。而新时代的"工匠精神"则更加强调在继承基础上的创新，追求卓越的创新精神是其内涵之一。在"工匠精神"中，追求突破和革新的创新内蕴也是非常重要的。自古以来，有着创新和发明精神的工匠们一直是推动世界科技进步的重要力量。在中华人民共和国成立初期，一批优秀的工匠如倪志福、郝建秀等涌现出来，他们为社会主义建设事业作出了突出贡献。随着改革开放的进行，王选、"中国第一、全球第二的充电电池制造商"王传福以及从事高铁研制生产的铁路工人和从事特高压、智能电网研究运行的电力工人等，成为"工匠精神"优秀传承者的代表。他们在不断探索中进行创新，让中国的创新重新影响了世界。这些工匠们的故事生动展现了"工匠精神"在实践中的重要意义，同时也展现了中国工匠的无限潜能和巨大贡献。他们在推进中国制造业创新发展的同时，也让世界看到了中国制造业的强大实力。这些工匠们的成就，证明了"工匠精神"对于个人和国家的发展都具有非常重要的作用，也成为更多有志于成为工匠的人们的榜样。

（二）工匠精神的时代价值

在当今的社会中，工匠精神的时代价值被广泛讨论和重视。工匠精神，简单来说，是对工作的尊重、热爱和执着，是追求卓越和精益求精的精神。工匠精神在不同的时代有着不同的表现形式，但其核心价值一直没有改变。

1. 工匠精神是质量的保证

在任何时代，质量都是产品和服务的生命线。工匠精神强调细致入微、精益求精，这恰恰是确保高质量的关键。工匠精神对于质量的坚守是其核心要素之一。在当今快节奏的生活中，人们对于商品和服务的需求变得越来越多元和精细，这就对提供商提出了更高的质量要求。工匠精神的本质就是追求卓越，无论是在制造业，还是在服务业，都需要这种精益求精的态度。

在制造业中，工匠精神是质量保证的基石。例如，在汽车制造行业中，每一辆汽车的生产都需要数千个零部件的精确配合，任何一个环节的疏忽都可能影响汽车的性能和安全。这就需要工匠精神，精益求精，对每一个零部件的生产都进行严格的质量控制。而这种对质量的追求，也会使得产品在市场上更具竞争力，赢得消费者的信赖。在服务业中，工匠精神同样重要。例如，在餐饮行业中，一道菜品的口感、色泽、香气等都需要厨师精心调配，这就体现了工匠精神。而这种对细节的追求，也会使得消费者在享受服务的过程中得到更好的体验，提升消费者满意度。

2. 工匠精神是创新的动力

在科技日新月异的今天，创新已经成为一个企业，甚至一个国家竞争力的关键因素。在这种背景下，工匠精神的重要性就显得尤为突出，因为它能够为创新提供强大的动力。工匠精神不仅仅是对完美的追求，更重要的是一种不断探索、试验和创新的精神。工匠精神代表的是一种挑战未知、勇于打破常规的态度。在快速发展的科技时代，这种对未知的探索和对现状的挑战，无疑为创新提供了源源不断的动力。

提到创新，人们首先会想到科技公司和研究机构。但实际上，工匠精神的创新力量并不仅限于这些领域。在任何行业，任何领域，只要有了工匠精神，就有可能产生创新。因为工匠精神代表的是一种不满足于现状，追求更高、更远的精神状态。这种精神状态，无论在哪个行业，都是推动创新的重要因素。此外，工匠精神还能够帮助人们在创新的过程中保持耐心和决心。创新并不是一蹴而就的过程，它需要时间，需要不断地尝试和改进。而工匠精神就是一种对细节的执着，一种对完美的追求。这种精神可以促使人们在面对困难和挫折时，保持决心，继续前进。

3. 工匠精神是责任的体现

具有工匠精神的人，他们的工作态度是敬业的，他们对待工作的精神是认真的，他们对待自己的职责是尽职尽责的。他们关注自己的每一项工作，无论大小，都要做到尽善尽美。这种对工作的敬业精神和尽职精神，实际上就是社会责任感的体现。他们的工作，无论是为了满足客户的需求，还是为了推动行业的进步，都是在为社会作贡献。同时，工匠精神也是对个人职业道德的坚守。工匠们用心对待自己的工作，他们追求的不仅仅是工作的完成，更是对自我价值的实现。他们在追求工作质量的同时，也在追求自身的价值提升，这就要求他们对自己的职业有着高度的责任感和使命感。

在现代社会，人们越来越需要这样的工匠精神。在快速发展和激烈竞争的社会环境下，人们很容易迷失，忘记自己的职业责任，忘记自己的社会责任。而工匠精神恰恰提醒人们，不论处在什么样的环境中，都需要有一种对工作的敬业精神，对社会的责任感，对个人职业的尊重和热爱。工匠精神是责任的体现，其体现在人们对工作的敬业，对社会的贡献，以及对个人职业的尊重和热爱。在当今社会，这种工匠精神更显重要。

（三）工匠精神引领新时代大学生劳动教育路径选择

1. 以"劳模工匠进校园"为载体，融入劳动教育必修课程

"劳模工匠进校园"是一种有效的劳动教育方法。通过邀请劳模工匠来校讲述他们的劳动故事和经验，学生可以从中体会工匠精神的魅力和价值。同时，这也是一种情感教育，通过鲜活的故事和亲身经历，可以触动学生的情感，引导他们对工匠精神产生向往和追求。

在课程设置上，可以将工匠精神作为劳动教育的重要内容纳入必修课程。在教学方法上，可以结合学生的年龄特点、专业特色和接受心理，灵活运用集中讲授、分组讨论、心得分享等方法，引导学生深入思考和实践工匠精神。同时，要注重课内和课外的结合，通过创新的教育方式，如微视频、公开课等现代传播方式，将工匠精神的教育延伸到课外，构建课内学习与课外延伸学习的共同体。为了让"工匠精神进校园"成为一种常态，学校需要建立与劳模工匠的长期联系机制。这可以通过定期邀请劳模工匠来校办讲座、组织学生参观劳模工匠的工作场所、与劳模工匠共同开展社会实践活动等方式实现。同时，学校也需要建立动态调整机制，根据学生的反馈和社会的发展，不断优化课程内容和教学方法，使工匠精神的教育更加符合时代的要求。

2. 以劳模工匠工作室为依托，建设劳动教育实践基地

根据全国总工会发布的《关于进一步深化劳模和工匠人才创新工作室创

建工作的意见》，全国各级创新工作室总数已超过 10 万家，全国示范性创新工作室总数达到 300 家。这些工作室具有数量大、质量高、系统性强和规范性高的特点，成为实施劳动教育的重要实践基地。因此，新时代大学生劳动教育的实践导向应以劳模工匠创新工作室为依托，充分利用这些工作室资源，为学生提供实践基地，开辟"第二课堂"。这不仅满足了《关于全面加强新时代大中小学劳动教育的意见》的要求，也为各级各类学校提供了丰富的劳动实践机会。在劳模工匠工作室的实践中，学生可以深入了解劳动的过程和结果，树立劳动光荣的观念，培育勤俭、奋斗、创新、奉献的劳动精神。同时，他们也可以通过动手实践，提升自己的劳动能力、实践能力、创新能力和就业创业能力。将学生与劳模工匠工作室紧密结合，不仅可以使学生深入了解劳动，还可以让他们在实践中提升自我，成为具有劳动精神和实践能力的新时代人才。

3. 弘扬工匠精神，营造劳动教育的良好氛围

要让学生能够深刻理解和体会工匠精神的内涵，需要在校园内创造一种强烈的劳动教育氛围。可以在学校中设置工艺品陈列室等展示区域，以及展示雕塑、园林等艺术品，让学生在日常生活中接触并感受工匠精神。通过设计校园建筑和景观，将工匠精神的元素融入其中。比如，可以在学校内设置标志性的工匠纪念碑或者雕塑，同时可以在学校的办公室、宿舍等地方贴上与工匠精神相关的画像或标语等，提醒学生时刻关注工匠精神。同时，要设计主题性校园文化活动，建设劳模工匠文化"场景圈"，让工匠精神元素融入学生学习生活环境中。在校园外，应以劳模工匠选树为契机，创新探索弘扬工匠精神的方法，以劳模和工匠人才为学习榜样，宣传劳动最光荣、劳动最崇高、劳动最伟大、劳动最美丽的理念，涵养劳模文化、工匠文化，厚植奋斗理念和劳动情怀，推动全社会形成尊重劳模工匠、爱护劳模工匠、学习劳模工匠、争当劳模工匠的良好风尚和社会氛围。通过全媒体的传播方式，将弘扬工匠精神的理念传递给更广泛的社会群体。

三、以劳动精神引领新时代大学生劳动教育

（一）劳动精神的认识

1. 劳动精神生成的历史因素

（1）马克思的劳动观是劳动精神的理论基础。马克思在《德意志意识形

态》中指出劳动是人类的本质活动。没有劳动就没有人类的生存和发展。劳动是人与自然界的中介，它改变了自然环境，也塑造了人自身。劳动使人的生活得以延续，使文明得以发展。然而，在资本主义社会中，劳动者的劳动成果被剥削，劳动变成了异化的劳动。马克思主张通过革命推翻资本主义制度，实现劳动者的解放，恢复劳动的本质特性。

（2）中华优秀传统文化是劳动精神的文化基础。中国传统文化崇尚勤劳、节俭，尊重劳动者。古人常说"民为邦本"，意味着人民是国家的基石，这是对劳动人民的高度赞扬。在神话、传说、诗词、散文中，都可以看到对劳动人民的讴歌，这些都是中华优秀传统文化的重要组成部分。这种文化传统赋予了劳动精神深厚的文化内涵，为劳动精神的形成和发展提供了丰富的精神土壤。

（3）中国共产党领导下的人民群众的劳动活动是劳动精神的实践基础。在中国共产党的领导下，中国人民在诸多的斗争中，形成了自力更生、艰苦奋斗的劳动精神。在抗日战争、解放战争以及社会主义建设和改革开放的过程中，中国人民积极投入劳动，创造了丰富的物质和精神财富。这种劳动精神是在中国共产党的领导下，通过实践活动培养和塑造出来的。

2. 劳动精神的内涵

劳动精神是中华民族传统美德之一，也是中国共产党一直倡导的价值观。劳动精神体现了人类对于自然的认识、利用和改造能力，同时也是一个人实现自我价值、促进社会进步的必要品质。将劳动教育纳入中国共产党人精神谱系，不仅彰显了劳动精神的重要性，更凸显了中国共产党人始终把人民利益放在首位的崇高精神追求。劳动精神的内涵包括崇尚劳动、热爱劳动、辛勤劳动、诚实劳动。

（1）崇尚劳动。崇尚劳动是对劳动的价值认识的提升。人类社会的一切物质和精神财富，都是由劳动者通过艰苦的劳动创造出来的。劳动不仅创造了物质财富，而且塑造了人的精神风貌和个性品质。这种对劳动价值的深刻理解，使人们意识到，每一个劳动者，无论其劳动形式和内容如何，都应该得到尊重和赞扬。崇尚劳动是对劳动精神的肯定。劳动精神是人类社会发展的动力，是人类文明进步的源泉。从使"烂泥湾"变得如"陕北好江南"的359旅，到将戈壁滩打造为"塞北明珠"的农垦部队，都离不开劳动者奋发有为的身影。航天工程的梦想实现，航空母舰的建造完成，都离不开劳动者的创新精神、团结协作、奋发有为和坚韧不拔。这种精神在中华民族的历史长河中有着深厚的积淀，是中华民族自强不息、锐意进取的象征。崇尚劳动是对劳动者的尊重。劳动者是社会的建设者，是国家的栋梁，他们通过辛勤劳动，为社会的进步和发展作出了巨大贡献。崇尚劳动，就是要尊重每一个劳动者，赞扬他们的辛勤付出，让他们得到应有的尊重和荣誉。

（2）热爱劳动。热爱劳动不仅仅是一个态度，它还象征着一种精神，一种生活的方式，一种人生的哲学。热爱劳动的人会在劳动中找到生活的乐趣，享受劳动带来的满足感，他们能够以乐观的态度面对生活的困难和挑战。劳动是生活的基础，也是人生的源泉。它不仅提供了人们的生活所需，而且还让人们拥有了实现自我价值的可能。

从个人层面来看，热爱劳动是对生活的积极态度和对自我价值的实现。劳动能使人获得物质生活的保障，更让人在完成任务的过程中感受成就感和满足感，从而产生对生活的热爱和对自我价值的肯定。热爱劳动也是个人技能和能力的提升途径。在劳动过程中，通过不断学习新知识，磨炼技能，提升自我，从而使人在社会中有更好的发展。从社会层面来看，热爱劳动是社会进步的动力和稳定的保障。每一份劳动都在为社会创造价值，推动社会的进步。社会的每一项发展和进步都离不开劳动者的辛勤付出。此外，劳动也是社会保持稳定的重要因素。只有人们都愿意通过正当的劳动来生活，社会才能保持公正和稳定。

个人与社会在热爱劳动这一主题上形成了有机的互动关系。社会通过各种方式，如教育、政策引导等，倡导热爱劳动的价值观，从而影响个人对劳动的态度和行为。反过来，个人的劳动热情和成果也反哺社会，推动社会进步，从而进一步塑造和强化了社会对热爱劳动的认同。

（3）辛勤劳动。《左传·宣公十二年》有言"民生在勤，勤则不匮"。"辛勤劳动"是一个相当深远的概念，它涵盖了人类的许多基本属性，如创新、毅力和努力。这个概念尊重并赞扬了那些愿意付出时间、精力和努力的人们。在现代社会，辛勤劳动更是被视为成功的关键要素。辛勤劳动是一种表现自我价值的方式。每个人都有自己的才能和潜能，通过努力工作，人们可以发掘并充分利用这些潜能。这不仅能让人们在个人和职业生活中取得成功，而且还能为社会作出贡献。人们的努力可以帮助社会创造新的产品或服务，改善人们的生活，推动社会进步；辛勤劳动可以培养个人的品格和道德。

通过努力工作，人们可以学会耐心、坚韧和自律。这些品质对于人们在生活中的成功至关重要。而且，辛勤劳动也可以增强人们的自尊和自信，因为人们知道成功是通过自己的努力获得的。辛勤劳动对社会也有着重要的影响。通过努力工作，人们可以创造财富，提高生活水平，推动经济发展。此外，辛勤劳动也是建设和维护公平社会的一种方式。在一个尊重辛勤劳动的社会里，每个人都有机会通过自己的努力实现成功。

（4）诚实劳动。诚实劳动是社会和个人进步的基石，也是评价一个人品格和素质的重要标准。诚实劳动不仅关乎一个人的工作态度，还体现出一个人的道德品质。这是因为诚实劳动不仅要求人们尽职尽责，更要求人们遵守职业道德和行业规范，以最真实的态度对待工作。

诚实劳动首先体现在工作态度上。诚实劳动者对待工作认真负责，不偷懒、不混日子。他们始终以最高的标准要求自己，不论是在大事上还是小事上，都能做到用心去完成，用实力去证明。这种工作态度不仅让人尊敬，也让人信任。诚实劳动者具有良好的职业道德。他们遵守法律法规，遵守职业道德和行业规范，尊重合同，尊重劳动成果。他们懂得，只有通过自己的努力工作，才能取得真正的成就。这种职业道德使他们在工作中始终保持诚实和公正，赢得了同事和客户的尊重和信任。此外，诚实劳动者还具有良好的品格。他们坚守信念，尊重他人，懂得感恩和回馈社会。他们知道，每一份劳动都值得尊重，每一份付出都将得到回报。他们以积极的态度面对生活，以坚韧的精神面对困难，以感恩的心态对待生活的每一份恩赐。

（二）塑造新时代大学生劳动精神的着力点

1. 重塑大学生崇尚劳动的认知

"富贵本无根，尽从勤里得。"[1]劳动，作为一种深入骨髓的中华文化传统，对于人类文明进步的贡献是无法忽视的。其提供的活力源泉使得中华文明得以持续繁荣。在这一传统中，可以解读到一个深远的理念：劳动具有无比的荣耀。对于大学生而言，劳动实践不仅有助于塑造道德品格，增长智慧，强健体魄，而且能够培养审美能力。然而，由于各种因素，当前一些大学生在劳动参与度和劳动精神上存在显著的缺失。在独生子女家庭的保护和溺爱中，或者在祖辈隔代教育的环境中，他们可能未能获得充分的劳动体验和认

---

〔1〕 傅德岷、卢晋主编：《诗词名句鉴赏辞典》，长江出版社 2010 年版，第 233 页。

知，导致他们的劳动意识淡薄，劳动习惯缺失，劳动精神弱化。

在新时代的背景下，需要通过教育来重新塑造大学生对劳动的认知。高等教育机构应当将劳动教育纳入其人才培养计划中，通过设置劳动学分，每年组织集体劳动周或劳动月等方式，引导大学生建立正确的劳动价值观，促使他们自觉地去欣赏劳动的力量，尊崇劳动的美，弘扬崇尚劳动的精神。

2. 重塑大学生热爱劳动的情感

"不惰者，众善之师也。"[1]习近平总书记的指导原则强调了劳动精神的价值和其在社会发展中的重要性，尤其是对于青年大学生群体的教育意义。在此背景下，高校需要深化和创新大学生对劳动的热爱，以使劳动精神成为他们日常学习生活的有机部分。这涉及三个主要方面的工作。

（1）需要设计和实施一系列的活动，使大学生有机会参与到各种形式的劳动中，例如日常生活劳动、生产性劳动以及服务性劳动。这将使他们有机会亲身参与，体验劳动的价值和乐趣。

（2）重视和关注大学生对劳动的情感反应和体验，以及通过劳动过程进行的教育。对那些积极参与和主动投入劳动的学生应给予赞扬和肯定，引导他们在实践中探索学习，形成劳动意识，养成良好的劳动习惯。

（3）大学生在进行专业实习、专业服务、社会实践以及勤工助学等活动时，应当通过劳动实现道德、智力、体质、审美和创新等多方面的提升。这样可以使他们在劳动中真实地体验到创造感、成就感和快乐感，从而激发他们的劳动热情。

3. 重塑大学生辛勤劳动的意志

"宝剑锋从磨砺出，梅花香自苦寒来。"[2]在当代教育环境中，提升大学生的劳动意志是一项至关重要的任务。这涉及通过实践活动，在认知、情感和行动三个层面进行深度引导，以塑造大学生对劳动的正确认识、积极情感和稳定行为习惯。大学生需要在实践中体验劳动的困难和甘甜，从而提高他们的劳动技能，塑造他们的劳动品格。同时，还应鼓励大学生珍视时光、积极学习、提升个人能力，从而在学习和劳动中全面提升自己的素质。此外，大学生也需要在这个过程中锻炼他们的坚韧不拔的意志力，学习如何乐观地

---

〔1〕 黄金贵主编：《中国古典诗文名句赏析辞典》，商务印书馆国际有限公司 2018 年版，第 553 页。

〔2〕 程杰、程宇静、胥树婷：《梅文化论集》，北京燕山出版社 2019 年版，第 421 页。

面对生活中的困难和挫折。为了更好地服务国家的发展，大学生应被引导将自己的视线投向国家的未来，将自己的精力投入艰苦的创业活动中甚至是去到国家最需要他们的地方，以此实现自身价值。

4. 重塑大学生诚实劳动的品格

"有节骨乃坚，无心品自端。"[1]诚实劳动是实现美好梦想、解决发展难题、铸就生命辉煌的关键因素。王进喜、邓稼先、吴登云、袁隆平等伟大的时代楷模，他们的生涯验证了这一观点，他们以诚实劳动创造出巨大的社会价值。因此，只有通过诚实劳动，才能真正肩负起历史的使命，才能对时代作出应有的贡献。

诚实劳动，作为劳动品格的核心属性，也是劳动者生存和发展的基础，是所有行业的劳动者的道德标准和责任。因此，加强青年一代的劳动观教育显得尤为重要。高校需要在广泛的范围内开展实践劳动教育活动，通过灵活多样的方式，结合各个学科的专业特点，引导大学生走出校门，参与社会实践，进行劳动锻炼，重塑大学生诚实劳动的品格。

（三）劳动精神引领新时代大学生劳动教育路径选择

在新时代，劳动精神是推动社会发展的重要驱动力，而大学生作为社会的未来，培养他们的劳动精神至关重要。以下笔者将从理论教育、实践教育和价值引导三个方面展开分析。

1. 理论教育层面

理论教育是劳动教育的基础，它为大学生提供了对劳动和劳动精神的基本认识和理解。

（1）课程设置。学校应在课程设置上融入劳动教育内容，比如设立劳动教育课程、社会实践课程等。这些课程能让学生在系统的学习中，理解劳动的基本概念，了解劳动的历史和现状，掌握劳动的基本技能和方法，理解劳动精神的内涵和价值。这种理论上的学习和理解，能够为大学生的实践活动提供指导，使他们在实践中更好地理解和实践劳动精神。

（2）教师角色。教师在理论教育中起到引导和启示的作用。他们不仅需要深入讲解劳动精神的内涵和价值，还需要通过自身的实际行动，展示对劳动的尊重和热爱，引导学生形成正确的劳动观。此外，教师还需要根据学生

---

[1]　张世珠：《一叶集》，贵州人民出版社 1983 年版，第 194 页。

的特点和需求，采取不同的教学方法，如讲座、研讨会、案例分析等，激发学生对劳动的兴趣和热情。

（3）学生角色。在理论教育中，学生不仅是知识的接受者，更是主动的学习者和实践者。他们需要积极参与到学习中，通过阅读、思考、讨论等方式，深化对劳动和劳动精神的理解。此外，学生还需要将理论知识与实际相结合，将所学的劳动精神融入实际的劳动活动中，从而提升自己的劳动能力和素养。

2. 实践教育层面

实践教育在引领新时代大学生劳动教育路径方面起着至关重要的作用。通过实践，学生能够亲身参与劳动活动，体验劳动的实际情况和价值，培养实际操作能力，并增强对劳动的认识和理解。

（1）学校应该鼓励和支持大学生参与各种劳动实践活动，如社会志愿者服务、社区实践、实习实训等。通过这些实践活动，学生可以接触真实的社会问题和需求，发挥自己的力量和才能，为社会作出贡献。这样的实践经历将使学生深刻认识到劳动的重要性和意义，培养对劳动的热爱和尊重。

（2）学校应将劳动实践纳入学分认定体系，将学生在实践中取得的成果纳入综合评价体系。这将激励更多的学生积极参与劳动实践，同时也能够为他们提供更多的机会去实践和体验劳动的过程，从而更好地领会劳动精神。

（3）学校还可以组织一些特色的劳动实践项目，如社会调研、社区服务、农村支教等，让学生深入社会的各个领域，与不同群体进行交流和互动。这样的实践活动将帮助学生拓宽眼界，增长见识，同时也能够加深对劳动的理解和认同。

3. 价值引导层面

在价值引导层面上，劳动精神的培养是非常重要的。学校应该通过道德教育和人文素质教育等途径，引导大学生树立尊重劳动、珍视劳动的价值观。

（1）学校可以通过课程设置和教学内容的安排，强调劳动的价值和意义。教师可以在各个学科中融入劳动教育的内容，让学生了解不同领域的劳动工作对社会的贡献，以及劳动者的努力和奉献。同时，学校还可以组织一些专题讲座、座谈会等活动，邀请成功的劳动者分享他们的经验和故事，激发学生对劳动的敬意和向往。

（2）学校应该注重培养学生的道德素质，强调劳动的道德层面。通过道德教育，引导学生树立诚实守信、勤劳勇敢、团结合作等与劳动精神相契合的价值观。学校可以组织一些社会实践活动，让学生亲身体验劳动者的辛勤努力和团队协作的重要性，从而增强他们对劳动的尊重和认同。

（3）学校还可以通过校园文化建设和活动组织，强调劳动的光荣和美丽。例如，组织劳动竞赛、劳动技能展示、劳动主题的艺术表演等，让学生通过实际参与和观摩，感受劳动所带来的成就感和快乐，从而培养他们对劳动的热爱和珍视。

第三节　新时代大学生劳动教育的理论支撑

一、马克思主义人学理论

马克思主义人学理论为新时代的劳动教育提供了坚实的理论基础和有效的培养路径。马克思人学的本质论，强调劳动教育应该传授学生基本的劳动知识与技能，培养他们树立正确的劳动价值观。通过学习和实践劳动，学生能够了解劳动的重要性和意义，掌握一定的劳动技能，培养劳动习惯和劳动精神。这有助于他们认识劳动是创造财富、服务社会的重要途径，并培养他们对劳动的尊重和热爱。马克思人学的需要论，强调劳动教育应该统一时代需求和学生需要，培养有创新、有理想、有信仰的社会主义接班人。劳动教育应该关注社会发展的需求，使学生能够适应和应对社会变革和发展的要求。同时，劳动教育也要关注学生的个人发展需求，鼓励他们在劳动实践中发现自己的潜能，培养创新精神和理想信念，以成为全面建设社会主义现代化国家的有志之士。马克思人学的发展论，强调劳动教育的根本价值在于培养德智体美劳全面发展的人。劳动教育不仅仅是为了传授知识和技能，更重要的是在发展中实现对自身的认识。通过劳动实践，学生可以发现自己的兴趣和特长，探索自己的发展方向。同时，劳动教育也可以帮助学生解决"为何而生"的困惑，使他们在劳动中获得快乐和幸福感。

（一）劳动教育是马克思人学本质论的内在要求

1. 劳动作为人的本质活动

根据马克思主义的观点，人的本质是劳动。马克思在《1844年经济学哲学手稿》中指出："一个种的全部特性、种的类特性就在于生命活动的性质，而自由的有意识的活动恰恰就是人的类特性。"[1]马克思所说的自由的、自觉的活动便是劳动。人类通过劳动改造自然、提供生活资料，并在劳动过程中表现出自己的能动性和创造性。劳动是人类与自然界相互作用的方式，也是人类社会存在和发展的基础。因此，劳动教育作为人学教育的一部分，必然是马克思人学本质论的内在要求。

2. 劳动教育与社会关系的调整

劳动不仅仅是个体与自然界的关系，更是个体与社会的关系。在劳动中，人不仅仅可以获取生活资料，还调整和改造着自身与社会的关系。劳动教育应该引导大学生正确认识和理解自身与他人、集体、社会以及国家间的关系，培养他们对劳动的尊重和热爱，形成积极向上的劳动态度。这种社会关系的调整正是马克思人学本质论所关注的内容之一。

3. 劳动教育与自我实现的路径

劳动教育不仅仅是为了传授知识和技能，更重要的是在劳动实践中实现对自身的认识和自我实现。通过劳动实践，大学生可以发现自己的兴趣和特长，探索自己的发展方向，解决"为何而生"的困惑。劳动教育有助于大学生在劳动中获得快乐和幸福感，并实现全面发展。这与马克思人学本质论强调的人的全面发展的理念是一致的。

（二）劳动教育是马克思人学需要论的客观要求

1. 人的本质是通过劳动实现自身的发展

根据马克思的人学本质论，人的本质是通过劳动来表达和实现自身的存在和发展。劳动是人与自然之间的有机联系，人类通过劳动改造自然，满足自身的物质和精神需求。劳动教育将大学生引导到实际的劳动实践中，使他们亲身体验劳动的过程和意义，从而帮助他们认识到劳动对个人发展的重要性，激发他们对劳动的兴趣和热情。

2. 劳动教育促进人的全面发展和自由实现

马克思强调劳动是人类自由发展的基础。劳动教育通过培养大学生的实际劳动技能和实践能力，使他们能够自主地进行劳动实践，并实现自身能力和潜力的全面发展。劳动教育追求的不仅是知识和技能的传授，更重要的是培养大学生的创造性思维、解决问题的能力和创新能力，使他们能够在劳动

---

[1]《马克思恩格斯选集》（第 1 款），人民出版社 1972 年版，第 56 页。

中实现个人的自由和自主。

3. 劳动教育强调个体与社会的有机统一

马克思人学本质论强调个体的存在是社会存在的基础，个体与社会是密不可分的。劳动教育通过将个人的劳动实践纳入社会生产和服务的范畴，使大学生深入了解和体验社会分工与合作的重要性。劳动教育教导大学生关心他人、协作合作的精神和行动，培养他们的社会责任感和集体意识，使个体的劳动与社会的需求相互融合和互为支撑。

（三）劳动教育是马克思人学发展论的必然要求

1. 人的劳动能力的全面发展

马克思在《资本论》中论述，劳动力或劳动能力指的是人体内存在的体力和智力，是人在生产使用价值时所运用的总体能力。劳动教育在促进大学生劳动能力的全面发展方面具有重要作用。体育和智育是劳动教育的重要组成部分，通过劳动实践来促进学生身体机能的发育，提高身体素质，同时通过传授劳动技能，使学生从被动接受知识转变为主动习得知识和技能。这样，学生能够更加积极主动地参与学习过程。

2. 人的社会关系的全面发展

劳动教育具备明显的实践性，因为劳动始终是在社会中进行的。劳动力的形成、发展和表现都紧密依赖于人们在社会交往中所建立的关系网络。社会关系的良好与否首要取决于人们是否恪守伦理道德，在劳动教育中，必须严格遵守社会中的伦理道德，并将其内化为个人品德修养的一部分，以构建稳定而和谐的社会关系。

3. 人的个性的全面发展

人的能力发展、社会关系发展与个性发展密不可分。个性是指人作为社会活动主体相对于他人的独特特征，体现为个体发展的独特性。在劳动过程中，个性表现为作为劳动主体能够根据"美的规律"来创造和改造事物。因此，劳动教育需要将美育与劳动教育相结合，培养学生发现美的眼睛和创造美的能力。劳动教育不是孤立存在的，它与德育、智育、体育、美育相互交织、有机联系，共同构成促进人的全面发展的现代人才培养体系。

二、习近平新时代中国特色社会主义思想指导

新时代加强劳动教育必须以习近平新时代中国特色社会主义思想为指导，

落实立德树人的根本任务。这意味着将劳动教育纳入人才培养的全过程中，贯穿大中小学各学段，并贯穿家庭、学校和社会的各个方面。同时，劳动教育要与德育、智育、体育和美育相结合，以综合的方式培养学生。

（一）培养担当民族复兴大任的时代新人的战略导向

培养担当民族复兴大任的时代新人是劳动教育的战略导向。劳动教育在中国特色社会主义教育制度中具有重要地位，它直接影响着社会主义建设者和接班人的劳动精神、劳动价值观和劳动技能水平。习近平总书记在全国教育大会上指出，要构建德智体美劳全面培养的教育体系，培养德智体美劳全面发展的社会主义建设者和接班人。因此，劳动教育的目标是培养大学生能够成为担当起民族复兴大任的时代新人。

然而，当前劳动教育存在被淡化、弱化和软化的趋势，一些大学生对劳动成果缺乏珍惜之心，不愿意从事劳动，也不具备相应的劳动能力。这与培养担当民族复兴大任的时代新人的目标相去甚远。因此，新时代劳动教育必须坚持党的领导，以习近平新时代中国特色社会主义思想为指导，将劳动教育纳入人才培养的全过程，贯穿大中小学各学段，贯穿家庭、学校和社会各个方面。在推进劳动教育时，需要遵循教育规律，创新体制机制，注重教育实效，实现知行合一，以达到立德树人的根本目标。这样的劳动教育导向强调培养大学生的劳动精神、劳动技能和劳动价值观，使他们成为全面发展的时代新人，能够担当起民族复兴的伟大责任。这一战略导向旨在引导大学生树立正确的世界观、人生观和价值观，增强他们的社会责任感和创新能力，为全面建成社会主义现代化强国奠定坚实的基础。

（二）坚持马克思主义劳动观的认知导向

马克思主义劳动观是关于劳动的理论基础，它对于人们认识劳动的本质和价值具有重要的指导作用。劳动是人类社会存在和发展的基础，是人们创造财富和实现自身发展的重要手段。马克思主义强调劳动是财富的源泉，也是幸福的源泉，这一观点在新时代仍然具有基本的原理性意义。

党的十八大以来，习近平总书记多次强调要弘扬劳模精神和劳动精神，倡导将劳动视为光荣、崇高、伟大和美丽的事业。这是对马克思主义劳动观的重要发展，也是新时代劳动教育对大学生的根本要求。因此，在劳动教育中，高校应始终坚持马克思主义劳动观的引领作用，加强对劳动价值的认同。让大学生深刻理解"劳动最光荣、劳动最崇高、劳动最伟大、劳动最美丽"

的真谛。这意味着要坚决反对一切不劳而获、贪图享乐、追求不劳而富的错误思想。通过劳动教育，引导新时代大学生树立正确的价值观，使他们明白只有通过辛勤努力和创造性的劳动，才能实现个人的价值和社会的发展。

（三）培育崇尚劳动和尊重劳动的情感导向

在培育崇尚劳动和尊重劳动的情感导向方面，习近平总书记强调了劳动人民的重要性以及劳动教育的重要作用。这一观点在整体上呼吁人们树立起崇尚劳动、尊重劳动的价值观和情感态度。

习近平总书记指出，工人阶级是中国共产党最坚实、最可靠的阶级基础。工人阶级和广大劳动人民是推动中国经济社会发展的重要力量，他们为社会创造财富，为国家进步作出了巨大贡献。因此，作为新时代大学生应当深刻认识到劳动人民的重要性，并从内心崇尚和尊重他们的劳动。

为了实现这一目标，劳动教育起到了关键的作用。新时代劳动教育应该提供给大学生更多参与劳动过程和收获劳动成果的机会，让他们亲身体验劳动的辛苦和劳动创造的美好。通过实践劳动，大学生能够更加珍视劳动的成果，增强对劳动的认同和尊重。同时，劳动教育也需要加强劳模精神的培养，通过劳模的榜样作用，激励和引导广大大学生树立起爱岗敬业、争创一流，艰苦奋斗、勇于创新，淡泊名利、甘于奉献的劳模精神。

通过劳动教育的实施，培养出崇尚劳动、热爱劳动的情感导向。这种情感导向将推动社会的发展，增进社会的团结和凝聚力。当大学生从内心认同和尊重劳动，他们会更加积极地投入劳动中，为社会的繁荣与进步贡献自己的力量。同时，这种情感导向也将促进大学生的自我价值实现和尊严保障，使他们在劳动过程中得到应有的尊重和回报。因此，培育崇尚劳动和尊重劳动的情感导向是至关重要的。通过加强劳动教育，提升大学生对劳动的认同和尊重，进而建设一个崇尚劳动、尊重劳动的社会，让劳动成为人们价值观的重要组成部分。这将促进社会的和谐发展，激励大学生更加积极地参与劳动，推动经济的繁荣和社会的进步。在这样的社会氛围中，大学生将更加珍视劳动的成果，尊重从事劳动的人们。大学生将深刻理解劳动的辛苦与价值，通过劳动实现自我价值的同时，也将关注和支持他人的劳动。这种崇尚劳动和尊重劳动的情感导向将构建起大学生对劳动的正面态度，使劳动不再被看作一种负担，而是一种充满意义和尊严的活动。

（四）强化报效国家和奉献社会的实践导向

习近平总书记指出，人世间的美好梦想，只有通过诚实劳动才能实现；发展中的各种难题，只有通过诚实劳动才能破解。劳动教育的实践导向在于引导新时代大学生报效国家、奉献社会。这一导向体现了中华民族的传统美德和现代社会的要求。

劳动教育要培养时代大学生勤劳、诚实和创新的劳动品质。勤劳是中华民族的传统美德，劳动教育应引导大学生养成辛勤劳动、勤俭节约的习惯。同时，诚实劳动是为人之根本，劳动教育要强调诚实合法劳动的重要性，让大学生明白通过诚实劳动才能实现梦想和突破困难。此外，创新能力是引领发展的关键，劳动教育应关注产业转型升级，培养大学生的创新创业精神，使他们成为推动社会进步的力量。

劳动教育要培育大学生的公共服务意识，强化家国情怀。大学生应该利用所学知识、技能和资源，为他人和社会提供服务。劳动教育应鼓励大学生参与公益劳动和志愿服务，从中培养其社会责任感和奉献精神。尤其在重大事件中，劳动教育应引导大学生与人民同呼吸、与祖国共命运，激发他们的家国情怀和爱国热情。

第四章　新时代大学生劳动教育与学生全面发展

新时代大学生劳动教育（简称"劳育"，下同）与学生全面发展密切相关，通过劳动教育可以促进学生在各个方面的全面发展。这种劳动教育不仅仅是为了培养学生的实践能力和技能，更是为了培养学生的品德、智力、身心和审美等多个维度的全面素质。

第一节　在劳育中塑造学生良好品德

一、劳动教育何以"树德"

（一）劳动教育让"德育"的根基更加坚实

德育，这个看似传统的教育概念，其实质在于为人们的社会形成一个健康的价值观和人格塑造。一直以来，人们将德育视为传授道德准则和社会规范的一种方式。然而，这种教育模式的本质目标却在于通过培养学生的理想信念，使其能够成为有道德的公民，成为社会主义建设者和接班人。

在这个过程中，劳动教育的作用不容忽视。它不仅教导学生通过实践来实现自己的理想，而且强调通过劳动来获得价值，使德育的根基更加坚实。劳动教育就是让学生理解和体验劳动的价值，形成积极的工作态度，提升职业技能，以此来实现自己的理想。大学生是我国未来发展的重要力量。他们正处于生命中的关键时期，需要对自己的未来有明确的规划和理想。因此，通过劳动教育的方式，可以帮助他们明确目标，提升能力，最终实现个人和国家的目标。

大学生需要了解和认识劳动的价值，形成正确的劳动观念。这意味着他们需要理解劳动是实现个人理想的必要手段，而不是一种负担。无论是日常生活中的家务劳动，还是学习过程中的学术劳动，都是对个人能力的锻炼和提升，都是实现个人理想的重要步骤；大学生需要通过劳动提升自己的职业技能。这包括实习实训、专业服务、社会实践、勤工助学等各种形式。这些都能帮助他们在实践中积累经验，提升能力，提高就业和创业的竞争力；大学生需要形成积极的工作态度和良好的工作习惯。这包括树立劳动自立意识，主动服务他人和社会，具有到艰苦地区和行业工作的奋斗精神。这些都是为了让他们能够在未来的工作中发挥出更大的作用，更好地服务社会。

（二）劳动教育让"德育"的内容更加生动

劳动教育在大学生的德育过程中起着至关重要的作用。这种教育不仅让大学生对人生观和价值观的理解更为具体、鲜活，而且在培养他们的劳动价值观方面也起着推动作用。在劳动中，他们可以深入体验集体和社会的整体需要，理解事物对人的效用，从而将人生的真正意义看作合法诚实的劳动。这种理解将有利于他们形成对劳动创造价值的评价。在这个过程中，大学生可以认识劳动的价值，从而形成正确的劳动价值观。在实践中，他们可以了解自己的能力和潜力，树立起正确的人生观和价值观。这种教育不仅对他们在大学阶段的学习和生活产生影响，更关系到他们走向工作岗位以后的就业倾向、价值取向和社会责任感。在劳动中，他们可以体验劳动创造美好生活的过程，认识劳动的价值并不分贵贱，热爱劳动，并尊重普通劳动者。这种教育可以培养他们勤俭、奋斗、创新、奉献的劳动精神和劳动品质。

（三）劳动教育让"德育"的途径更具厚度

针对德育的实现途径，劳动教育的援引及其在道德教育中的"塑造德性"功能，成为关键的基石。为提升道德教育的有效性，劳动实践的引入被视为提升德育厚度的有效手段。一方面，诸如说服教育、榜样示范、品德修养指导等方式均基于外在的引导，即从外部向内部进行塑造；而以劳动为主体的实践锻炼，则实现了"内外兼修""知行合一"的理想状态。

对于劳动的角色，首要的是将其视为理论知识与客观实际的连接点。通过劳动生活和实践，学生们能够将理论知识内化为自身认知，进一步提升对学术理论的理解，拓宽个人视野，培育创新意识，激发学习热情和创新能力，并提升在具体情境中创造性地分析问题、解决问题的能力。

劳动同样也是体现个人道德品质的重要载体。在实际劳动过程中，学生们可以培养劳动习惯，形成以劳动为荣、以懒惰为耻的品质，抵制好逸恶劳、贪图享受、不劳而获、奢侈浪费等不良习惯。同时，劳动使得学生们能够体验生活的甘苦，理解劳动的价值和乐趣，更深刻地领悟生命、人生、价值等层面的道理，将道德观念转化为实实在在的行动，从而实现个体的全面发展。

二、在劳育中塑造学生良好品德的途径

（一）培养学生的责任感、团队合作精神和道德品质

1. 劳动实践中的责任感

劳动实践作为教育的重要组成部分，对于学生的责任感培养起到至关重要的作用。劳育活动通过要求学生承担特定的责任和任务，进而培养他们的责任感。这是因为，责任感的培养往往需要在实际的工作和生活中进行，而劳动实践正好为此提供了广阔的场所和丰富的实践材料。

劳动实践能够让学生了解责任的重要性。在劳动实践中，学生需要承担起某项任务的责任，如种植、照料、清扫等，这些任务对于团队的成功或者环境的整洁都有直接影响。学生必须认真负责，否则就会对整个团队或环境造成影响，他们会明白，每个人的责任对于整体的影响是巨大的。这种认识使得学生更加理解责任的重要性。劳动实践能够通过具体的任务，让学生体验到责任的压力和满足感。学生需要按时完成任务，而这就需要他们有良好的时间管理能力，有对任务的深入理解，有解决问题的能力。这种压力，会使他们更加明白责任的重要性。同时，当他们完成任务时，也会有一种满足感和成就感，这也会增强他们的责任感。劳动实践还能让学生学会对他人负责。在团队劳动中，学生需要学会与他人合作，这就需要他们学会尊重他人、理解他人、帮助他人。他们会明白，一个人的责任并不仅仅是对自己负责，更是对他人、对团队负责。这种认识会使他们在以后的生活和工作中，更加注重团队合作，更加愿意去帮助他人。

2. 团队合作精神的构建

团队合作精神不仅是一种能力，更是一种态度，一种对待他人和工作的态度。它要求人们尊重他人，听取他人的意见，愿意与他人分享自己的想法和经验，以及愿意为了共同的目标而努力。在团队中，每个人都是重要的，每个人的贡献都是不可或缺的。因此，团队合作精神的培养，对于学生来说，不仅可以提升他们的社交技能，也可以帮助他们建立自尊和自信。

在学校中，劳育活动是培养学生团队合作精神的重要方式。在这类活动中，学生需要与他人合作，共同完成任务。他们不仅要学习如何做好自己的

工作，还要学习如何与他人沟通，如何协调不同的意见和观点，以及如何解决团队中出现的问题。在这个过程中，学生可以学习到团队合作的基本原则和技巧，比如倾听、沟通、协调和解决问题等。团队合作的精神，尤其是在团队中的积极参与，可以使学生们学会尊重别人，理解别人，以及接纳不同的观点和想法。同时，这也可以帮助他们建立良好的人际关系，培养他们的社会责任感。更重要的是，通过团队合作，学生们可以学到如何在困难和压力面前保持冷静，如何在失败面前保持坚韧，以及如何在成功面前保持谦逊。这些都是他们在未来生活和工作中必须具备的重要素质。

3. 道德品质的培养

道德品质的培养是每个人从小到大需要经历的过程。它涉及学生的日常行为和决策，影响着学生如何看待自己，如何看待他人，以及学生如何与社会互动。特别是在学校中，劳育活动为学生提供了一个很好的平台，能够在实践中培养他们的道德品质。道德是关于学生应该如何行事的理念和原则，它引导学生作出什么样的决策，以及为什么要这样做。而劳育活动，就是把道德原则应用到实际的生活情境中。在劳动中，学生需要诚实、守时、尊重他人，遵守规则，这些都是基本的道德品质。他们也会逐渐认识到这些原则的重要性，因为这些原则不仅关乎他们自身的声誉和荣誉，也关乎他们与他人的关系，以及他们在社会中的地位和角色。

在劳育活动中，学生会经历各种挑战和困难。他们可能会遇到工作压力、时间压力、人际关系压力等。在这些情况下，他们需要坚持诚实，尊重他人，遵守规则。这种情况会强化他们的道德品质，让他们明白道德品质对于个人和社会的重要性。通过劳育活动，学生也能培养责任感。他们需要完成分配给他们的任务，这需要他们尽职尽责，这是责任感的体现。同时，他们也会明白，如果他们不履行他们的责任，那么整个团队的效率和成功就会受到影响。这种责任感的培养，有助于他们形成良好的道德品质。此外，劳育活动还能帮助学生培养尊重和理解他人的能力。在活动中，他们需要与不同的人合作，理解他们的想法和观点，这需要他们尊重他人的权利和尊严。这种尊重的能力，是道德品质的重要组成部分。

（二）培养学生的社会责任感、公民意识和职业道德

1. 社会责任感的培养

社会责任感，简单地说，就是个人对于社会所承担的义务和责任的理解

和接受。它是一种对社会正义、公平和环境保护等重要问题的关心和贡献。社会责任感的培养对于塑造学生的品格和社会价值观具有重要意义。在此背景下，劳育活动成为培养学生社会责任感的重要途径。

劳育活动通过为社会贡献个人努力来让学生认识到自己是社会的一部分。学生通过参与社区服务、环保活动等，实际感受自己的行为可以对社会产生积极影响。例如，清理公园的垃圾、帮助老人过马路、为孤寡老人煮饭等活动，使学生认识到自己的行为对于社会的重要性，从而树立起对社会有所贡献的决心；劳育活动通过实践来提醒学生社会的复杂性和多样性。当学生在不同的社区服务项目中与不同的人群互动时，他们能够更深入地理解社会的多元化和包容性。这种理解能够帮助他们建立起对他人和环境的尊重和保护的责任感。然而，劳育活动只是培养社会责任感的一种方式，还需要通过家庭教育、学校教育、媒体等多种方式，全方位地培养学生的社会责任感。

2. 公民意识的培养

劳育可以帮助学生了解国家法律、公民权利和义务，培养他们作为公民的认同感和责任感。学生通过劳育活动中的公民参与，了解自己在社会中的地位和作用。公民意识，也被称为公民身份意识，是个体对自己作为公民所承担的权利和义务的认知和理解。公民意识的培养至关重要，因为它关乎一个国家的稳定、进步与和谐，以及公民自身的发展与自由。许多学校和教育机构都认识到，劳动教育是一种培养公民意识的有效方式，这是因为劳育可以帮助学生了解和理解他们作为公民的权利和义务，同时也能提高他们的社会参与度。

劳育可以帮助学生了解国家法律。在劳育活动中，学生会接触一些与法律相关的问题，例如劳动法、环保法等。这些实际经验不仅能让学生对法律有更直观的理解，而且也能帮助他们认识到遵守法律的重要性。遵守法律是公民的基本义务，也是构成公民意识的关键一环。劳育可以帮助学生了解公民的权利和义务。在劳育活动中，学生会参与到各种社区服务中去，这不仅能让他们了解社会的多样性，也能让他们明白自己作为公民的权利和义务。例如，通过参与环保活动，学生可以明白保护环境是每个公民的义务，同时也是他们享有的权利。这种理解可以帮助他们更好地认识自己的公民身份，从而培养他们的公民意识。劳育可以提高学生的社会参与度。通过参与劳育活动，学生会有机会接触社会的各个方面，包括政府、企业、非政府组织等。

这种接触可以增强他们对社会的认识和理解，同时也能让他们感受到自己作为公民的责任感和使命感。这种责任感和使命感是公民意识的重要组成部分，也是培养公民意识的关键。

3. 职业道德的培养

劳育是一种培养职业道德的重要方式，它能够帮助学生理解职业道德的重要性，提升他们的职业素养，并培养他们的职业道德观。在这个过程中，学生能够通过实践和模拟不同职业的情境，了解并培养出适应不同职业环境的道德行为和职业道德。职业道德是一种道德规范，它规定了职业活动中应当遵守的行为准则。这些准则包括公正、诚信、尊重、专业精神等。它们是社会公认的职业行为规范，对于维护社会公平、保障消费者权益、促进职业发展具有重要作用。

劳育活动可以使学生深入了解职业活动的本质和价值。通过参与劳动，学生可以亲身体验职业活动的辛苦与乐趣，对职业活动有更深的理解和认识。这有助于他们形成对职业的尊重和理解，从而树立正确的职业道德观；劳育活动可以通过模拟不同职业的情境，使学生在实践中学习和掌握职业道德。例如，通过模拟医生的角色，学生可以了解医生的职业道德包括敬业精神、爱心和奉献精神等；通过模拟教师的角色，学生可以了解教师的职业道德包括尊重学生、公正无私、潜心教育等；劳育活动可以通过实践培养学生的职业素养。职业素养不仅包括职业技能，还包括职业道德、职业习惯、职业态度等。学生通过参与劳育活动，可以锻炼自己的职业技能，同时也能培养自己的职业习惯和职业态度，如团队协作精神、责任心、创新意识等。这些都是职业道德的重要组成部分，对于他们未来的职业生涯有着重要的影响。

实施劳育，让学生通过实践活动，理解职业道德的内涵和重要性，这是对学生的全面教育和人格培养的需要。劳育不仅可以帮助学生了解和尊重各种职业，还可以让他们体验职业活动的乐趣和价值，增强他们的社会责任感和使命感。通过劳育，学生可以认识到，每一种职业都有其特殊的道德要求和行为规范。这些道德要求和行为规范是确保职业活动顺利进行、维护社会公平、保障消费者权益的重要手段。学生通过劳育活动，可以认识到这一点，从而树立起尊重职业、尊重劳动的道德观念。

（三）劳动实践中的品德培养

在人类社会的发展中，劳动是一种不可或缺的实践活动。劳动不仅创造了物质财富，而且在这个过程中，学生的精神面貌也得到了锻炼和提升。特别是在教育过程中，通过劳动实践，学生的品德得到了培养和提升。

1. 诚实与诚信是劳动实践中的重要品质

在实际的劳动过程中，无论是个体劳动还是集体劳动，都需要学生真实地对待劳动，真实地对待自己的成果，真实地对待同伴。不能够夸大自己的贡献，也不能够贬低他人的贡献。要对自己的劳动结果负责，对自己的错误承认，这就是诚实。而诚信则体现在学生对劳动的态度和对待工作的责任感上。诚信意味着按时完成任务，遵守规则，不找借口。这种诚实和诚信的品质，不仅仅在劳动实践中得到了培养，而且在日常生活中，也会发挥重要的作用。

2. 勤劳与毅力是劳动实践中的另一种重要品质

在劳动中，需要付出实际的努力，需要投入时间和精力，这就是勤劳。而在面对困难和挫折时，需要坚持下去，不放弃，这就是毅力。劳动实践中的勤劳和毅力，是学生面对生活挑战的重要武器。通过劳动实践，可以培养这种勤劳和毅力的品质，使学生在未来的生活和工作中，都能够坚持不懈，勇往直前。

3. 坚持价值观是劳动实践中的另一重要方面

在劳动实践中，学生不仅仅是在做一项任务，还在实践自身的价值观。学生的价值观决定了他们对待劳动的态度，决定了他们如何对待他人，决定了他们如何看待世界。在劳动实践中，学生通过实际的行动，实践自我的价值观，如尊重他人，助人为乐等。学生在劳动中体验付出的快乐，体验合作的重要，体验尊重他人的必要，这些都是学生的价值观在实践中的体现。坚持这些价值观，不仅会在劳动中表现出来，更会影响到学生的生活态度和人生观。

从更广泛的角度看，劳动实践中的品德培养不仅仅是对个体的塑造，更是对社会的塑造。一个社会，如果每个人都能诚实、勤劳、坚持，那么这个社会就会更加和谐、更加进步。可以想象，如果一个社会中的每个人都诚实对待自己的工作，都对自己的行为负责，都愿意勤劳努力，都有坚持不懈的精神，那么这个社会将会如何。这就是劳动实践中品德培养的力量。

第二节 在劳育中促进学生智力开发

一、劳动教育与智育教育的区别和联系

（一）劳动教育与智育教育的区别

劳动教育和智育教育是教育的两个重要组成部分，它们之间存在着密切的联系，但同时也有着明显的区别。现在本书将详细分析和论述这两种教育的差异。

首先最重要的一点便是要理解劳动教育和智育教育的定义。劳动教育是指通过有意识、有目的、有组织的劳动活动，使学生在体验劳动、参与劳动中培养劳动观念、劳动技能和劳动习惯，形成良好的劳动道德和劳动精神的一种教育。而智育教育则是指通过各种学习活动，训练学生的智力，提高其认知能力，形成科学的思维方式和方法的一种教育。

从两者的定义中可以看出，劳动教育和智育教育的最大区别在于其教育目的和方法。智育教育的目的是提高学生的智力水平，其主要方法是通过课堂教学、阅读、研究等形式，让学生掌握各种知识，锻炼其思维能力，培养其分析问题、解决问题的能力。而劳动教育的目的则是培养学生的劳动观念、劳动技能和劳动习惯，其主要方法是通过各种劳动实践活动，让学生在实际操作中学习和体验，从而形成对劳动的尊重和热爱。

智育教育强调的是理性的、知识的掌握和运用，它注重的是对知识的传授和对思维的训练。这是一种理智的、内心的活动，是一种理论的、抽象的认识过程。而劳动教育强调的是感性的、实践的经验和技能的获取，它注重的是通过亲身实践来体验和理解劳动的价值和意义，是一种动手的、实践的活动，是一种具体的、实在的体验过程。

尽管劳动教育和智育教育有着这些区别，但在教育过程中，两者是相互联系、相互作用的。智育教育可以为劳动教育提供理论知识和思维方法，帮助学生更好地理解和掌握劳动的技能和方法。而劳动教育则可以让学生将智育教育中学习的知识应用到实际生活中，从而验证和加深对知识的理解。

（二）劳动教育与智育教育的联系

1. 智育教育和劳动教育都是为了培养全面发展的人才

智育教育旨在提高学生的知识水平和思维能力，而劳动教育则是为了培养学生的实践能力和劳动技能。这两种教育在不同的层面上对学生进行塑造，以期培养出既有理论知识又有实践技能，既有创新思维又有实干精神的全面发展的人才。

2. 劳动教育和智育教育之间存在着相互促进的关系

智育教育提供了理论知识和思维方法，为劳动教育提供了理论支撑和指导。学生在智育教育中所学到的知识和技能，可以在劳动教育中得到应用和实践。反过来，劳动教育则能够将理论知识转化为实践技能，让学生在实践中深化对知识的理解，提高解决实际问题的能力。这样，智育教育和劳动教育就形成了一个相互促进、相互补充的良性循环。

3. 劳动教育和智育教育在培养学生情感态度和价值观上紧密联系

劳动教育和智育教育在培养学生的情感态度和价值观上也有着紧密的联系。智育教育通过传授知识，培养学生对世界的理性认识和对问题的独立思考能力，从而培养学生的正确价值观。而劳动教育则通过实践活动，让学生亲身体验劳动的艰辛和乐趣，理解劳动的价值，培养他们尊重劳动、热爱劳动的情感态度。

4. 劳动教育和智育教育在提升学生社会适应能力上相辅相成

智育教育能让学生掌握丰富的知识和技能，提高他们解决问题的能力，培养他们的思维能力和创新精神。而劳动教育则能让学生理解社会的运作机制，让他们明白劳动的价值，通过实际操作提高他们的实践能力，培养他们的团队精神和责任感。这两种教育方式都对学生的全面发展有着重要的影响。

智育教育和劳动教育相结合，可以帮助学生更好地理解和适应社会。智育教育提供了理论知识和技能，使学生在学习中理解世界，解决问题；劳动教育则提供了实践的机会，让学生在实际操作中学习和成长，理解劳动的价值，体验团队合作，培养责任感。这两者相结合，既能培养学生的智力，又能培养他们的道德品质和社会适应能力。

因此，智育教育和劳动教育应该在教育系统中并重，相互补充，共同促进学生的全面发展。

二、劳育中促进学生智力开发的重要性

（一）增强问题解决能力

在当今社会，问题解决能力已经成为一项必不可少的技能，无论是在学习、工作，还是生活中，都需要人们有独立解决问题的能力。劳动教育，作为一种独特而富有价值的教育方式，能够在很大程度上提升学生的问题解决能力。这种教育方式让学生们深入实际操作中，不仅让他们在理论知识和实践操作之间建立桥梁，更能让他们在实际问题的解决过程中，锻炼并提升自己的问题解决能力。

劳动教育的首要目标是促进学生的全面发展，特别是他们的智力发展。在劳动教育的过程中，学生们需要面对各种问题，这些问题可能涉及计算材料的量，确定正确的工具和技术，或者解决团队协作中的冲突等。这些问题的解决需要学生们运用逻辑思考，创新思维和批判性思考。例如，当学生在完成一个手工制作项目时，他们需要计算所需材料的量，选择合适的工具，采用正确的技术，并且需要协调团队成员之间的合作。这个过程实际上就是一个问题解决的过程，学生们不仅需要理解问题，分析问题，还需要找出解决问题的方法，并实际操作出来。

此外，劳动教育也是一种情境教学，让学生在实际操作中遇到问题，自己去寻找解决问题的方法。这不仅能让学生积累丰富的实践经验，还能提升他们的动手能力和创新能力。因为在这个过程中，学生们需要不断尝试，不断调整，才能找到最适合的解决方案。这种从实践中学习、从失败中总结经验的过程，能够大大提升学生的问题解决能力。更重要的是，劳动教育能够提升学生的社会适应能力和团队合作能力。在劳动教育的过程中，学生们需要与他人协作，共同完成任务。在这个过程中，他们会遇到各种人际关系问题，例如团队协作中的冲突等。这就需要他们学会理解他人，尊重他人，与他人沟通和协商，以解决问题。这些人际交往中的问题解决经验将对他们的未来生活和工作产生深远影响。

通过劳动教育，学生们不仅可以学到课本上的知识，而且还能学到如何运用这些知识去解决实际问题。他们在实践中学习，通过解决实际问题来提升自己的问题解决能力。这种实践性的学习方式能够让学生更深刻地理解知识，更有效地运用知识，从而提升他们的问题解决能力。

（二）拓展创新思维

劳动教育是培养学生创新思维的重要途径。21 世纪，全球社会面临的挑战和问题日益复杂，需要新的思维模式和创新的解决方案。因此，创新思维的培养在现代教育中显得尤为重要。

劳动教育并不仅仅是体力劳动，它包括一系列手工艺、科学实验、团队合作项目等。这些活动通过实践，使学生对理论知识有更深入的理解和应用，同时也锻炼了他们的创新思维。

劳动教育鼓励学生使用各种不同的工具和材料来设计和制造产品。这种实践活动让学生有机会亲手创造，鼓励他们去尝试不同的方法，去探索新的可能。在这个过程中，学生不仅需要应用他们已经学到的知识，还需要创新思考，寻找更好的解决方案。例如，学生在制作一个小型风车的过程中，可能会尝试使用不同的材料，不同的设计，以达到最优的效果。这种过程就是创新思维的体现。同时，劳动教育也鼓励学生不断尝试和改进。在这个过程中会遇到失败，但是，失败并不是终点，而是通向成功的必经之路。大学生通过不断的试验和改进，逐渐找到正确的解决方案，这个过程培养了他们的毅力，同时也激发了他们的创新思维。他们学会了在问题面前不轻易放弃，持续寻找新的解决方案，这种思维方式对他们的未来生活和职业生涯都是非常有益的。

劳动教育是一种促进学生智力开发的有效方法。在劳动教育的过程中，学生需要理解问题，制定计划，执行计划，然后评估结果。这些步骤都需要学生运用他们的思维能力，从而提高他们的认知能力和解决问题的能力。同时，这种实践活动也有助于学生将抽象的理论知识转化为具体的实践操作，从而更深入地理解和掌握知识。

（三）激发学习动机

在当今的教育领域，劳动教育的价值被越来越多的教育者和家长所认识。实践性的劳动教育不仅能够提升学生的实践技能，更能够通过使学生看到学习的实际应用，从而提高他们的学习动机。因此，这种教育方式对于学生的智力开发具有重要的推动作用。

通过劳动教育，学生可以亲身体验学习的实际应用。例如，通过测量和制造的实践活动，学生可以将数学和科学的知识应用于实际，从而深化对这些知识的理解。这种直接的、实践的学习方式，能够让学生明白学习的价值并不仅仅在于考试和评分，而是在于能够解决实际问题，满足生活需要。因此，这种学习方式能够激发学生的学习动机，使他们更愿意主动学习，深入学习。

实践性的劳动教育也可以帮助学生理解劳动的社会价值和影响。通过社会科学的知识，学生可以认识到劳动是社会运行的基础，是人类社会发展的动力。这种理解可以帮助学生建立正确的劳动观，认识到自己的学习和劳动对于社会的重要性，从而提高他们的学习动机。此外，通过劳动，学生还可以体验劳动的辛苦和收获劳动成果的喜悦，从而更加珍视和尊重劳动。

（四）提高自我效能感

自我效能感，也被称为自我能力感，是人们对自己执行特定行动以达到特定结果的信心。它是由人们对自己能否成功完成某项任务的信念所决定的，是人行为的一个重要动力。提高自我效能感能帮助人们在面临挑战和困难时保持积极和乐观，更好地应对生活中的各种压力和困难。劳动教育正是一个非常有效地提高学生自我效能感的途径。

劳动教育不仅能教会学生一些实用的技能，还能帮助他们建立自我效能感。通过参与各种形式的劳动活动，学生可以看到他们的努力如何转化为实际的产品或服务。这种经验可以让他们深深了解自己的价值和能力，从而增强他们的自我效能感。在劳动教育中，学生通过实践活动，如制作物品、解决问题、完成任务等，可以直接看到自己的努力成果。这种体验可以让他们认识到自己的能力，明白只要付出努力，就能实现目标。这种理解和体验可以极大地提升他们的自我效能感，让他们更有信心去面对生活中的挑战和困难。

当学生通过劳动教育成功完成任务时，他们会有成就感，这种成就感会进一步增强他们的自我效能感。他们会认识到自己有能力去完成任务，有能力去实现目标。这种认识和感觉会让他们更有信心去尝试新的事物，去挑战自己的极限。此外，劳动教育也可以帮助学生建立自我效能感的社会化过程。通过与同伴的合作，他们可以学习如何在团队中发挥自己的作用，如何与他人合作以实现共同的目标。这种经验可以让他们认识到自己在团队中的价值和能力，从而增强他们的自我效能感。

三、以思维训练促进劳动教育"增智"

（一）与理论课程进行结合，为问题解决提供信息

劳动教育作为学生成长过程中重要的一环，旨在提高他们的实践能力，提升生活技能，并激发他们的创新精神。近年来，高校开始认识到，劳动教育不仅仅是手工技巧的训练，更在于通过这一过程，促进学生的思维能力的提升，实现"增智"。这种"增智"不是指单纯的知识积累，更是指思维方式、思维逻辑和思维能力的提高。然而，要实现这个目标，需要将劳动教育与学科教育有机结合，创造出一种新的教育模式。

劳动教育应与理论课程，如历史和地理等，进行深度融合。思维的过程需要依赖丰富的信息和知识。观察、阅读和交流是获取这些信息和知识的重要渠道。在现实生活中，学生的观察范围是有限的，因此，这就需要依靠阅读和交流来获取更多的信息和知识。当学生阅读或交流时，是在获取别人的观察和推理结果。这就意味着，如果学生能通过阅读和交流获得更多的知识，学生的思维就能得到更好的训练，进而提高学生的思维能力。因此，劳动教育应该注重培养学生的阅读和交流能力，使他们能够从中获取更多的信息和知识，为他们的思维提供"食物"。

劳动过程中的每一项活动都不是孤立存在的，它们都与自然和人存在着千丝万缕的联系。劳动的意义取决于它被置于何种关系和背景之中。同样的劳动，可能是纯粹的体力支出，也可能包含丰富的智力和社会内涵，这取决于劳动者对劳动过程中的事实、原理、意义和背景的认识程度。因此，在劳动教育中，要借助理论课程帮助学生认识到这些关系和联系，从而使他们能够从劳动中获取更多的知识和信息，提高他们的思维能力。

如果过分强调技术技能的培养，可能会牺牲思维力和创新力。因此，需在劳动教育中寻找一个平衡点，既培养学生的技术技能，又激发他们的思维能力和创新力。在这个过程中，理论课程的知识可以为学生提供一个理论框架，帮助他们理解劳动的意义，理解他们正在做的事情与社会、自然的关系。只有这样，劳动才不再是简单的体力劳动，而是一种具有深度思考和内涵的智力劳动。

（二）配备相应的实验室、图书馆、博物馆等资源

在 21 世纪的教育环境中，劳动教育成了教育实践的重要一环。然而，传

统的劳动教育方式往往忽视了对学生思维能力的培养，导致劳动教育过于机械，缺乏智力深度。然而，通过一些有效的方法，可以把思维训练引入劳动教育中，使劳动教育不仅能够提升学生的实践能力，还能够提高学生的思维能力，从而达到劳动教育"增智"的目标。

配备实验室、图书馆、博物馆等资源，是提升劳动教育智力含量的重要手段。这些资源能够提供大量的知识和信息，为学生的思维活动提供材料，同时也能够激发学生的好奇心，引导他们主动去探索、去思考。例如，实验室为学生提供了一个动手实践的环境，让学生能够亲自操作，观察实验结果，验证理论知识。在现代教育中，强调理论与实践的结合，知识与行动的结合，这在劳动教育中尤为重要。图书馆和博物馆在这个过程中发挥着无可替代的作用，它们不仅是知识的宝库，也是推动学生思维发展的重要场所。

博物馆，作为实物类证据的提供者，是连接理论与实践的桥梁。通过展示各种实物，博物馆为学生提供了直观的学习材料，帮助他们理解和记忆抽象的概念和理论。同时，博物馆也是一个让学生亲身参与，亲自动手，发现和解决问题的场所。在这里，学生可以亲自观察，实地体验，对理论知识进行实践验证，从而增强对知识的理解和记忆。图书馆，作为文字类证据的提供者，是知识的海洋。在这里，学生可以阅读各种书籍，获取大量的知识和信息，拓宽知识视野。图书馆的文字资料，更能促使学生进行深度思考，培养他们的分析能力、批判能力、解决问题的能力。同时，通过阅读，学生也可以了解各种观点，理解不同的文化，提高他们的综合素质。

从田间地头、工厂车间到图书馆、博物馆，这一过程是理论与实践、知与行的相互阐释、相互强化的过程。在这个过程中，学生不仅学会了怎么劳动，更重要的是，他们学会了如何通过劳动去理解世界、解决问题、创新思维。他们了解了劳动的知识和原理，获得了劳动的智力概念，能够解释劳动现象，指导劳动过程，理解劳动的意义。这样的劳动教育，不仅避免了劳动的机械性，更是让学生在劳动中提升了自我，实现了自我价值。

只有资源的提供，并不能保证学生的思维能力得到提升。重要的是如何利用这些资源，培养学生的主动学习能力，形成自主思考的习惯。教师应该引导学生主动去探索，去寻找问题的答案，而不是直接提供答案。这样，学生在解决问题或困难的过程中，不仅能够获得知识，还能够提高思维能力。

思维训练应该贯穿劳动教育的全过程。从理论学习到实践操作，从问题的提出到问题的解决，都应该充分思考。让学生不仅知道怎么劳动，而且了解劳动的知识和原理，能够解释劳动现象，指导劳动过程，理解劳动的意义。这样，劳动教育就不再是简单的机械性劳动，而是一种富有智力深度的活动。

（三）实施目的明确、时间集中、具有时间跨度的劳动项目

在今天的教育环境中，最不能忽视的便是劳动教育的价值，尤其是其对思维训练的促进作用。但是，如果要实现这一目标，需要明确的目的、集中的时间以及具有较长时间跨度的劳动项目。这样，学生才能够充分研究和探究遇到的问题或困难。需要明确的是，连续性是好的思维的核心。这是因为思维的连续性来源于劳动行为的连续性。如果学生的行为是盲目的、零乱的，那么他们思维也将是盲目的、零乱的。因此，为了保证学生的思维具有目的性、条理性和连续性，最重要的一点便是确保他们的劳动行为是有目的的、有条理的和连续的。

然而，实践中，一些学校在劳动教育的管理上却显得僵化、死板。课时不仅少，而且不集中，这导致劳动项目不能得到充分地展开，学生也无法将其彻底实现和探究清楚。因此，充足的时间保证是必需的，这是将劳动教育从漫无目的的一时冲动或消遣娱乐中解放出来的根本前提。

在此期间需要考虑的是时间跨度的问题。如果时间跨度过短，劳动的目的就无法得到充分的实现，劳动过程也无法得到充分的展开。由一些互不关联的、零碎的、随意的行为组成的活动或劳动，绝对不是真正的劳动教育。因为这样的活动只会破坏思维的集中性、彻底性和连续性，而非增加它们。这样的活动会使学生形成追求感官刺激和浅尝辄止、敷衍塞责的习惯。因此，劳动教育需要的是具有足够长的时间跨度的劳动项目，这样才能确保思维在深层次上的完成。如果做不到这一点，那么对于思维而言，要确保连续从而形成有根据的结论，是无法实现的。

第三节 在劳育中塑造学生强健体魄

一、劳动教育与体育教育的结合点

（一）提高学生的实践能力

实践能力是学生成功的关键因素之一。它涵盖了一系列技能，包括操作

技能、问题解决技能、团队合作能力和适应能力等。劳动教育和体育教育都能提高学生的实践能力。

劳动教育能使学生体验实实在在的工作过程，了解实际操作的各个环节以及劳动的价值和意义。它有助于培养学生的操作技能，使他们在未来的工作中能够更好地完成各种任务。此外，参与劳动也能提高学生的团队合作能力，因为大多数劳动都需要集体合作才能完成。通过参与劳动，学生还能学习如何与他人协作、如何解决实际问题、如何面对挫折和困难等重要的生活技能。

体育教育同样强调实践，它不仅能提高学生的身体素质，还能提高他们的团队合作能力。在体育活动中，学生需要与队友协作，共同完成目标，这对提高他们的团队合作能力非常有帮助。同时，体育活动中充满了各种挑战，学生需要不断克服困难，提高自己的技能，这也有助于提高他们的适应能力。

无论是劳动教育还是体育教育，都能帮助学生提高实践能力，这对他们的未来发展非常重要。因此，学校和教育工作者应当重视这两方面的教育，为学生提供更多的实践机会，让他们能够在实践中学习和成长。

（二）提升身心健康水平

劳动教育和体育教育都强调身心健康。劳动教育通过实际的劳动活动，让学生保持身体活动，缓解学习的压力。体育教育则更直接地通过运动来强身健体，培养良好的运动习惯和体质。

劳动教育通过让学生参与实际的劳动活动提高他们的体能素质。劳动活动需要消耗能量，这对于提高学生的体质，防止过度肥胖和相关的健康问题有着积极的影响。此外，劳动教育还可以培养学生的责任感和独立性。通过参与劳动，学生可以更好地理解和体会努力工作的价值，这对于他们的心理成长和社会适应性是非常有益的。劳动教育可以为学生提供一个释放学习压力的途径。现代的学习压力对学生的心理健康构成了严重的威胁，而劳动教育提供了一种有效的压力释放方式。

体育教育通过有组织的体育活动，直接提高学生的体质和运动能力。定期的运动可以提高心肺功能，强化肌肉骨骼，提高免疫力，预防各种疾病。同时，体育教育也能培养学生的团队合作精神和竞争意识。在体育活动中，学生可以学习如何与他人合作，如何公平竞赛，这些对于他们的心理健康和社会适应性都有积极的影响。体育教育还能培养学生的运动习惯，对于预防青少年期久坐不动和过度使用电子产品等问题具有重要作用。

劳动教育和体育教育都是通过不同的方式来提升学生的身心健康水平。这两种教育方式各有侧重，都是为了培养学生的全面发展，提升他们的生活质量。

（三）培养良好的习惯和态度

劳动教育和体育教育都可以帮助学生培养良好的习惯和态度。比如，劳动教育可以帮助学生形成勤劳、积极、负责任的态度。体育教育则可以培养学生的竞争精神、公平公正的原则和尊重他人的态度。

劳动教育能够帮助学生形成勤劳、积极、负责任的态度。通过参与劳动，学生可以理解并体会劳动的价值和尊严，从而培养他们的勤劳精神。同时，劳动教育也有助于激发学生的主动性和积极性，因为他们需要找到问题，解决问题，以完成所分配的任务。此外，劳动教育还能培养学生的责任心。他们需要对自己的工作负责，不论结果如何，都要全力以赴。

体育教育可以培养学生的竞争精神、公平公正的原则和尊重他人的态度。体育比赛是一种有组织、有规则的竞争，它能够培养学生的竞争意识和团队合作精神。在比赛中，学生需要遵循公平公正的原则，这将有助于他们理解并接受这一原则，将其应用到生活的其他领域。此外，体育教育还能培养学生尊重他人的态度，因为在比赛中，他们需要尊重对手、尊重裁判、尊重比赛结果。

（四）强调团队协作

劳动教育和体育教育在团队协作方面有许多相似之处。两者都强调向共同目标努力的重要性。在劳动教育中，团队可能致力于完成一个具体的任务或项目，而在体育教育中，团队可能在竞技场上追求胜利。在这两种情况下，团队成员必须共同努力，以实现他们的目标。此外，无论在劳动教育还是体育教育中，成功的团队协作都需要有效的沟通。团队成员需要明确了解他们的任务和责任，同时也需要表达自己的想法和问题。只有通过良好的沟通，团队才能确保所有人都在同一层面上，同时解决可能出现的冲突。同时，劳动教育和体育教育也都强调互相支持的重要性。在团队中，每个人都可能遇到困难，这时他们需要能够依靠团队中的其他人。这种互相支持不仅可以帮助个人克服困难，也可以增强团队的凝聚力。

无论是在劳动教育还是体育教育中，团队协作都需要成员能够灵活地调整自己的行动，以适应团队的需求和情况。这可能需要他们在特定的时刻承担更多的责任，或者在其他时候愿意退到后台。

二、在劳育中塑造学生强健体魄的途径

（一）通过劳动教育活动增强体能和抗压能力

在学校教育中，劳动教育活动是非常重要的一部分，它不仅可以培养学生的体魄素质，增强体能和抗压能力，还可以使学生理解和体验劳动的辛勤和重要性，从而培养其良好的品格和习惯。在学生的成长过程中，体力活动不仅可以锻炼身体、增强体质，还可以对心理和社会发展产生积极的影响。体力活动可以帮助学生克服困难、提高抗压能力，同时也可以帮助他们在团队中找到自己的位置，学习协作和沟通。这对于他们的个人发展和社会适应能力都有很大的帮助。

一项有效的劳动教育活动应该包含一定的体力活动。这些活动可以是简单的如打扫卫生、种植花草，也可以是复杂的如建筑小屋、修理设备等。这些活动不仅能够锻炼学生的体能，同时也能让他们在实践中学到新的技能和知识。例如，在校园内进行绿化活动，比如种树、修剪植物、除草等，这些活动需要学生们动手动脑，同时对身体的力量和耐力有很高的要求。在这个过程中，学生们的体质将得到增强，他们也可学会面对困难和压力。例如，种树活动可能会遇到很多挑战，比如天气变化、虫害等，通过面对和解决这些问题，学生们的抗压能力也将得到提升；组织学生们参与到社区的清洁和保养中，比如打扫街道、帮助老人做家务等，这些活动不仅可以锻炼学生的体能，也可以帮助他们学会尊重他人、理解他人、从而提升他们的情绪管理能力和抗压能力。例如，在帮助老人做家务的过程中，学生们可能会遇到很多挑战，但是通过面对和解决这些问题，他们的抗压能力也会得到提升；组织学生们到农田里进行实践活动，比如种植、收割、照顾动物等。这些活动需要大量的体力和耐力，同时也需要耐心和决心。在这个过程中，学生们的体能将得到锻炼，同时他们也可学会如何在面对困难和挫折时保持冷静和坚韧，从而增强了抗压能力。

在实施劳动教育活动时，需要注意以下几点：

（1）劳动教育应该是多元化的。应该根据学生的年龄、性别、兴趣和体质来设计和选择劳动教育活动。这样可以确保每个学生都能找到适合自己的

活动，从而更好地参与和享受劳动。

（2）劳动教育应该是实践性的。应该让学生在实践中学习和提高，而不是仅仅在理论上了解劳动。这样不仅能够锻炼他们的体能，还能提高他们的动手能力和创新能力。

（3）劳动教育应该是安全的。应该确保所有的劳动教育活动都在安全的环境下进行，避免学生在活动中受伤。同时，也应该教育学生在活动中如何保护自己，如何遵守安全规则。

（二）在劳育中塑造学生的强健体魄和提高身体素质

在理论教育和实践教育的融合中，劳动教育以其独特的价值和功能，成为大学教育的重要组成部分。但是，要使劳动教育真正实现其教育目标，就需要将其具体化，落实到具体的实践活动中，特别是那些可以提高大学生身体素质和塑造强健体魄的活动中。

体力劳动是劳动教育的重要组成部分。通过一些如打扫校园、种植花草、修复设施等体力劳动，大学生可以锻炼身体，提高身体素质。同时，这些活动还可以使他们体验到通过自己的努力创造价值的满足感，从而培养他们的劳动观念和责任感。另外，通过提供一些劳动技能的培训，如基础木工、园艺、烹饪等，大学生既可以在实践中锻炼身体，提升身体素质，也可以掌握一些实用的生活技能，增强自我生活能力。这种技能的学习和实践，也会对他们的职业发展产生积极的影响。

在劳动教育的过程中，也应该提供足够的体育运动机会。通过组织一些团队运动，如篮球、足球、排球等，或者个人运动，如跑步、游泳、瑜伽等，可以在提高学生的身体素质的同时，培养他们的团队精神和领导力。此外，学校还可以通过与社区或企业合作，为学生提供实习或志愿者的机会，让他们在实际的工作中锻炼身体，增强体质。这种劳动实践既可以提高学生的身体素质，也有助于他们更好地理解社会、了解职业，为他们的未来生活和工作做好准备。

第四节 在劳育中提升学生审美素养

一、劳动教育与美育的一致性

(一) 教育目标一致性

劳动教育和美育在教育目标上都强调个体全面发展的重要性，无论是劳动技能的提升还是审美能力的培养，其核心都是以人为本，注重个体的发展。通过培养学生在实践中获得技能和在审美过程中提升感知，促进学生的个性化发展，增强他们的自我意识和自我价值。

劳动教育和美育都注重学生的实践能力和创新思维的培养。劳动教育通过参与实际的劳动活动，使学生了解和掌握劳动技能，同时也锻炼他们解决问题的能力。美育通过对艺术和文化的学习，提升学生的审美能力，同时也激发他们的创新思维。在这个过程中，学生不仅可学习知识，更重要的是他们可学会如何运用知识，如何在实际生活中解决问题。

劳动教育和美育在培养学生的社会责任感上也有一致性。劳动教育通过让学生参与社区服务等公益活动，使他们理解社会责任的重要性。而美育通过对艺术和文化的欣赏和创作，使学生理解和尊重他人的文化，增强他们的社会公民意识。

劳动教育和美育都强调个体的独立性和主体性。无论是参与劳动还是进行艺术创作，学生都需要独立思考，作出自己的决定。这样的教育过程有助于培养学生的主体性，使他们在未来社会中具有独立生活和工作的能力。

所以说，劳动教育和美育的教育目标在提升学生的全面能力、实践能力、创新思维、社会责任感以及独立性和主体性上有着显著的一致性。

(二) 教育功能一致性

劳动教育的价值观塑造主要体现在让学生认识到劳动的价值和尊严，理解劳动的意义和重要性。通过实践活动，学生可以亲身体验劳动的过程，感受劳动带来的满足和自豪，从而对劳动产生尊重和热爱。这种价值观的塑造对于培养学生的社会责任感、职业道德和团队合作精神有着重要影响。在现代社会，需要既有知识技能，又有良好价值观的全面型人才。

美育的价值观塑造则主要体现在培养学生的审美能力和创新思维。美育通过艺术活动，让学生感受艺术的魅力和力量，从而培养他们追求美、创造美的价值观。这种价值观的塑造不仅能提高学生的艺术素养，还能激发他们的创新思维，培养他们的创造力和想象力。在现代社会，需要的是既有技术能力，又有创新精神的人才。

这两种价值观的塑造在现代社会中是相辅相成的。劳动教育培养的尊重劳动、珍惜成果的价值观，能让人们更好地投入社会生产中，提高社会的生产效率；而美育培养的追求美、创造美的价值观，能让人们在追求物质生活的同时，不忘追求精神生活，提高社会的文化素养。这两种价值观的共同作用，有助于塑造一个既具有高效生产力，又具有丰富精神生活的现代社会。

（三）教育实践一致性

教育实践一致性是劳动教育与美育共享的显著特征，它们都强调实践的重要性，并通过各种实践活动促进学生的学习。

劳动教育的实践活动，通常涵盖了一系列生产劳动的过程，如种植、制作、修理等。这些活动使学生有机会参与到实际的劳动中，亲身体验劳动的过程和结果，理解劳动的价值。这种实践活动不仅提高了学生的技能水平，更重要的是使他们在实践中理解和领悟劳动的意义，形成尊重劳动、珍惜劳动成果的价值观。与此同时，美育的实践活动，如绘画、雕塑、音乐创作等，让学生有机会参与到艺术创作中，体验艺术创作的过程和结果，感受到艺术的魅力。这种实践活动不仅提高了学生的艺术素养，更重要的是使他们在创作中发现美、理解美，形成追求美、创造美的价值观。

劳动教育与美育的实践一致性体现在它们都认为实践是学习的重要方式。它们都通过实践活动，让学生在实际操作中学习知识、技能，形成价值观，从而实现知行合一。实践活动也能让学生在实际操作中，发现问题、解决问题，培养他们的问题解决能力和创新思维。这种以实践为导向的教育方式，有助于学生具备深厚的实践基础，提高他们的实践能力。

二、在劳育中提升学生审美素养的途径

（一）培养学生对美的感知和欣赏能力

1. 劳动实践中的美感体验

劳育，简单来说，是通过具体的劳动实践，让学生从中获取知识和技能，体验劳动的价值和尊严。然而，劳育的价值远不止于此。在劳育的过程中，

学生还能体会美的存在，对美的感知能力得到提升，形成较高的审美素养。

从两个层面来分析劳育中的美感体验。一方面，它涉及具体的劳动过程，例如手工制作，通过对材料的选择和处理，对色彩的搭配和运用，让学生在动手的过程中体验创造美的乐趣。另一方面，它涉及劳动成果的欣赏，例如欣赏自己亲手制作的艺术品，感受自己劳动的价值，同时也能培养学生对美的感知和欣赏能力。手工制作中的美感体验，是通过直观和亲身的感受，让学生对美有更深入的理解。在这个过程中，学生不仅需要对材料、色彩进行选择和搭配，更需要对整个制作过程进行规划和设计。这些都需要学生具有较高的审美素养，也可以通过这个过程提高学生的审美素养。手工制作的材料选择，是对美的第一次感知。不同的材料有不同的质地、颜色和形状，选择合适的材料，能使最终的作品更加美观。这需要学生对各种材料有深入的了解，能够从众多的材料中选出最适合的。这种选择，既是对美的感知，也是对美的创造。手工制作中的色彩搭配，是对美的再次感知。色彩丰富了作品的表现力，通过不同色彩的搭配，可以展现出不同的情感和主题。这需要学生有较高的色彩搭配能力，能够根据作品的主题，选择合适的色彩。这种选择，不仅能够提高作品的美感，也能够提高学生的审美素养。整个手工制作过程的规划和设计，是对美的全面感知。一个成功的作品，不仅需要良好的材料和色彩，还需要合理的设计和规划。这需要学生对作品有全面的认识，能够从整体上把握作品的美感。在设计和规划的过程中，学生可以运用自己的想象力和创造力，体验到从无到有，从粗糙到精致的过程。这个过程，既是对美的塑造，也是对美的实践，让学生在实践中体验美的创造过程，提高自己的审美素养。

当一个作品完成时，学生可以通过欣赏自己的作品，进一步提升对美的感知和欣赏能力。他们能够从自己的作品中看到自己的努力，看到自己的创新，看到自己对美的追求。这种自我欣赏，是对美的最高程度的感知，也是对美的最深度的理解。通过欣赏自己的作品，学生不仅可以提高自己的自信心，也可以提高自己的审美素养。

2. 环境美的观察与欣赏

在劳动教育中，环境美的观察与欣赏扮演着至关重要的角色。它不仅是一种培养学生审美素养的方法，同时也是一种增强学生对大自然的理解和欣赏的重要方式。这种方法的重要性在于，它通过直接的体验和接触，让学生在参与劳动的同时，体验大自然的美，并从中提升自身的审美素养。

环境美的观察与欣赏能帮助学生开发他们的感知能力。在进行户外实地考察或农田劳动等活动时，学生会接触各种自然环境，如山水、草地、森林、田野等。这些环境为学生提供了丰富的视觉、听觉、嗅觉、触觉和味觉体验。通过直接的感知和体验，学生可以学会观察和欣赏自然环境的各种细节，如植物的形态和颜色、动物的行为和声音以及各种自然现象的美。

环境美的观察与欣赏能帮助学生提高他们的欣赏能力。环境美不仅包括物质层面的美，也包括精神层面的美。物质层面的美主要是指自然环境的视觉美，如山水的壮丽、花朵的艳丽、云朵的形状等。精神层面的美主要是指自然环境所寓含的哲理和情感，如山的坚韧、水的柔韧等。通过欣赏这两种美，学生可以提高他们的审美鉴赏能力，也可以提高他们的心理素质和情感修养。

环境美的观察与欣赏能帮助学生提升他们的创新思维和实践能力。在观察和欣赏自然环境的过程中，学生可以从中获取灵感，激发他们的创新思维。例如，他们可以通过观察植物的生长过程，来思考如何改善农田的管理方法。他们也可以通过欣赏自然景色，来创作画作或写作。此外，学生还可以通过实地考察和农田劳动等活动，将他们的理论知识应用到实践中，从而提升他们的实践能力。

在自然环境中进行劳动教育，也能够帮助学生理解和尊重自然。在观察和欣赏自然美的过程中，学生可以感受自然的力量和生命的奇迹，从而激发他们对自然的敬畏之心。他们会意识到人类是自然的一部分，必须尊重自然、保护环境。这种理解和尊重是提升学生道德素养的重要一环，也是他们成为负责任的公民的基础。

（二）提高学生的审美能力和艺术修养

1. 将艺术元素融入劳育

劳育活动中融入艺术元素，无疑为学生的全面发展提供了新的视角与实践场域。在艺术与劳育的交汇点上，艺术的审美性与劳育的实践性得以相互碰撞与融合，进而为学生提供了丰富多样的学习体验和发展机遇。

（1）通过课程设计将艺术元素融入劳育。这包括在课程内容中加入艺术活动，如绘画、雕塑和音乐，通过艺术活动的设计和组织，让学生在实践中感受艺术的魅力，提高审美能力。例如，将制作陶艺、木雕等劳动技能训练与艺术创作相结合，让学生在劳动中体验艺术创作的乐趣。

（2）通过教学方法的创新，将艺术引入劳育。例如，使用剧本、歌曲或舞蹈等艺术形式，激发学生的学习兴趣，提高他们的参与度。将学生们的劳动成果以艺术的方式进行展示，让他们在展示中获得成就感，增强他们的自信心。

（3）通过环境营造，营造艺术化的劳育环境。例如，布置艺术化的劳育场所，使用色彩、音乐等艺术元素，营造出富有艺术气息的劳育环境，让学生在艺术化的环境中进行劳育活动，提高他们的审美水平和艺术修养。

2. 艺术与实践的结合

劳育可以通过创意的任务和项目，鼓励学生进行艺术创作和表达，将艺术与实际劳动相结合。这种融合有助于提高学生的审美能力，使他们能够在实践中发挥艺术创造力。

（1）创设一个包容、开放和鼓励创新的环境。这个环境需要满足学生实验和创新的需求，提供丰富的艺术材料，以及允许存在错误和失败的空间。此外，这个环境还需要能够让学生进行实际操作和实践，例如提供工具和设备，设置实践基地等。

（2）设计和实施一些结合艺术和实践的项目和任务。这些项目和任务应该有明确的目标，鼓励学生运用他们的艺术知识和技能去解决实际问题。例如，可以设计一些需要学生在完成实际任务的同时，创作和展示艺术作品的项目。这样的项目不仅可以提高学生的实践能力，也可以提升他们的艺术审美和创造力。

（3）对学生的艺术创作和实践成果进行有效的反馈和评价。评价应该是公正、客观的，旨在帮助学生了解他们的优点和需要改进的地方，而不仅仅是对他们的成果进行评分。高校应该鼓励学生对自己和同伴的作品进行反思和评论，以此提高他们的批判性思维和自我反馈能力。

第五节 在劳育中培育学生健康心理

一、劳动教育对健康心理的促进作用

（一）劳动教育有助于建立积极的心理状态

劳动活动可以提供即时的反馈和满足感，帮助学生建立自尊和自我效能

感。此外，通过完成劳动任务，学生可以看到他们的努力如何转化为实际的成果，从而增强他们的成就感和自信心。这种积极的心理状态有助于促进学生的心理健康，使他们更有能力应对生活中的压力和挑战。

在全面解析劳动教育如何有助于建立积极的心理状态之前，有必要理解什么是积极的心理状态。积极的心理状态，通常指一种健康、乐观、活跃的心理状态，包括自尊、自我效能感、自信心、成就感等要素。这些要素不仅直接影响个体的心理健康，也对个体的行为、情感以及社会关系产生深远影响。

1. 劳动教育有助于提高自尊感

自尊是个体对自身价值的评价，是一种基于内心深处的自我认知和自我接纳的感情。劳动教育通过提供具体的、可见的劳动成果，让学生能够看到自己的价值在实践中得到体现，从而提高自尊感。例如，一位学生在学习木工技能时，做了一个小凳子，他会感到自己的努力有了实物的体现，这就是他的价值得到了实现。这种价值实现的感觉，能够极大提高学生的自尊感。

2. 劳动教育有助于建立自我效能感

自我效能感是个体对自己能够完成特定任务的信心，是个体对自己能力的信念。劳动教育通过让学生参与实际的劳动活动，让他们通过自己的努力，完成具体的劳动任务，从而建立自我效能感。例如，一位学生在劳动中学会了种植蔬菜，他会感到自己通过努力，有能力完成特定的任务，这就是自我效能感的建立。

3. 劳动教育有助于增强自信心

自信心是一种对自己能力的信任，是一种对自己成功的期待。劳动教育通过提供成功的体验，让学生在实践中看到自己的能力，从而增强自信心。例如，一位学生在绘画活动中完成了一幅画，他会感到自己的能力得到了验证，这就是自信心的增强。

4. 劳动教育有助于建立成就感

成就感是一种对自己努力得到回报的满足感，是一种对自己成功的确认。劳动教育通过让学生参与劳动，让他们在完成任务的过程中，感受自己的努力得到了回报，从而建立成就感。例如，一位学生在劳动中，经过一段时间的照料，看到自己种的植物苗壮成长，这种实实在在的成果会让他感到满足，体验自己的付出得到了回报，这就是成就感的产生。

这些积极的心理状态是相辅相成、相互关联的。自尊感、自我效能感、自信心和成就感在劳动教育中得以建立和增强，形成了一个积极的循环。学生在劳动中得到满足和快乐，这会促使他们更愿意参与到劳动中去，更愿意接受挑战，从而进一步提高自我效能感和自信心，再次获得成功，提高成就感，如此往复，形成一个良性循环。此外，这些积极的心理状态还会影响学生的行为和情感。自尊感、自我效能感和自信心的增强会使学生更愿意接受挑战，更有决心去克服困难，这有助于培养他们的毅力和韧性。同时，成就感的产生可以给学生带来快乐和满足感，有助于他们保持良好的情绪状态。

（二）劳动教育可以促进社会情感的发展

在劳动中，学生需要与他人合作，以完成任务。这种合作可以帮助学生建立良好的人际关系，提高他们的社会技巧。此外，劳动还可以使学生体验团队合作的乐趣，提高他们的团队精神和集体责任感。这些社会情感的发展对学生的心理健康有着积极的影响。

1. 通过劳动教育，学生可以体验团队合作的乐趣

在劳动中，学生需要与同伴一起完成任务，这意味着他们必须学会与人合作，协调彼此的工作，解决团队中出现的问题。这种经历可以使学生明白，团队合作并不仅仅是个人的努力，而是需要所有团队成员的共同努力。这种体验可以让学生感受团队合作的乐趣，从而提高他们的团队精神。

2. 劳动教育可以提高学生的集体责任感

在劳动活动中，学生不仅要对自己的工作负责，还要对整个团队的成果负责。这样，他们就会更加注意自己的行为，因为他们知道自己的行为会直接影响团队的整体表现。这种情况会让学生有更强的集体责任感，从而使他们在日后的社会生活中更加重视团队的利益，而不仅仅是个人的利益。

3. 劳动教育可以帮助学生建立良好的人际关系

在劳动活动中，学生需要与各种不同的人进行交流，包括同伴、教师，或是其他工作人员。这样的交流可以让学生学习如何与人相处，如何处理人际关系。这种经历可以提高他们的社交技巧，使他们更好地适应社会。

4. 劳动教育可以提高学生的社会技巧

在劳动活动中，学生需要学习如何有效地与他人沟通，如何解决问题，如何决策。这些都是非常重要的社会技巧，对学生日后的生活和工作都有着非常大的帮助。

（三）劳动教育可以帮助学生认识和管理情绪

劳动活动经常涉及困难和挫折，这为学生提供了理解和处理情绪的机会。这些情绪管理的技巧对学生的心理健康有着重要的意义。

1. 劳动教育能够帮助学生认识情绪

众所周知，情绪是人类行为的重要驱动力，负面情绪如果不加以理解和管理，可能导致行为偏离正常轨道，产生不良后果。在劳动过程中，学生可能会遇到各种困难和挫折，如任务艰巨、时间紧迫、成果不如预期等，这些都可能引发负面情绪，如焦虑、恐惧、沮丧等。而这些情绪的出现，正是学生认识情绪的机会。他们可以通过实际体验，了解情绪的来源、形式和影响，从而更深入地理解情绪。

2. 劳动教育可以帮助学生管理情绪

在劳动过程中，学生需要学习如何处理和调整自己的情绪。例如，当他们面临困难时，如何保持冷静，坚持下去；当他们感到压力大时，如何调整心态，放松自己；当他们完成任务后，如何感到满足，从中获得正能量。这些都是情绪管理的重要技巧。学生通过劳动教育，可以在实际中锻炼和提升这些技巧，从而更好地管理自己的情绪。

3. 劳动教育对学生的心理健康有重要意义

学生在劳动过程中，不仅可以认识和管理情绪，还可以通过劳动获得成就感，提高自尊和自信，从而促进心理健康。此外，劳动教育也可以帮助学生建立良好的人际关系，增强团队协作能力，这也是心理健康的重要组成部分。

劳动教育并不是情绪问题的万能解决方案。有时，学生可能因为个人的生理、心理问题，或者家庭、社会环境的影响，产生无法通过劳动教育解决的情绪问题。在这种情况下，就需要引导学生寻求专业的心理咨询和治疗。

二、在劳育中培育学生健康心理的路径

（一）劳动教育嵌入第二课堂教学传授心理健康知识

劳动教育是一个实质性的、全面的教育过程，它在培养学生的心理健康方面起着至关重要的作用。特别是当劳动教育被嵌入第二课堂教学中时，它提供了一个极好的机会传授心理健康知识。

第二课堂是学生自我发展和自我实现的平台，它弥补了传统课堂教学的

不足，使学生能够接触到真实的生活情境。例如，在园艺劳动中，学生不仅学习到了种植和照顾植物的技能，同时也能体验生命的成长和自然的循环。这一过程使学生体验到成功的喜悦，增强了他们的自我肯定感。此外，当面临挑战，比如植物生病或者天气变化，学生需要调整他们的策略和应对方式，这也间接培养了他们的心理韧性和应对压力的能力。再如，在家务劳动中，比如清洁或烹饪，学生可以学习到日常生活中必备的生活技能，同时也能理解完成这些任务的重要性和价值。这一过程可以帮助学生培养责任感，也能提高他们的自尊心和自信心。同时，老师可以在这个过程中传授相关的心理健康知识，比如正确处理压力，建立积极的人际关系等。在社区服务中，学生可以通过提供实际帮助来满足社区的需求。例如，他们可以帮助清理公园，或者为老年人提供帮助。这些活动不仅可以提高学生的社会责任感，也能让他们体验帮助他人的乐趣，从而增强他们的自我价值感。同时，这也是一个传授心理健康知识的好机会，老师可以引导学生学习如何处理人际关系，如何面对挫折等。

（二）劳动教育与志愿服务相结合培育积极心理品质

劳动教育是一种教育方式，通过参与实际的劳动活动，培养学生的劳动技能和劳动观念，使他们能够理解和尊重劳动，认识劳动的价值和意义。在这个过程中，学生会接触各种困难和挑战，学习如何合理规划时间，解决实际问题，这对于培养他们的自我效能感和毅力十分重要。志愿服务则是一种无偿为他人或社区提供服务的行为，其目的在于帮助他人和改善社区环境。在参与志愿服务的过程中，学生可以更好地理解和体验助人为乐的喜悦，同时也能提高他们的同理心和责任感。他们不仅可以看到自己的付出得到了回报，也可以看到自己的行为对他人和社区产生了积极的影响。

将劳动教育与志愿服务相结合，有助于培养学生的积极心理品质。在参与劳动和服务的过程中，学生会面临各种困难和挑战，这需要他们有坚韧不拔的精神和积极向上的态度。同时，他们也会感受到自我价值的实现，这对于增强他们的自信心和自尊感十分重要。此外，通过参与志愿服务，学生可以增强同理心和责任感。他们在帮助他人的过程中，可以更深入地理解和体验他人的困难和痛苦，从而增强对他人的理解和尊重。同时，他们也会意识到自己的行为可以对他人和社区产生积极的影响，从而提高他们的社会责任感。

（三）构建"志愿者—家庭—学校—社区"预防干预机制

在当今的教育环境中，人们越来越认识到心理健康的重要性，尤其是在学生群体中。学生在成长过程中会面临各种压力和挑战，他们需要正确的心理导向和健康的心理状态来应对。因此，建立一套有效的预防干预机制是至关重要的，构建"志愿者—家庭—学校—社区"预防干预机制，可以有效预防和干预学生的心理健康问题。

志愿者在这个机制中扮演着积极的角色。他们可以是学生的同龄人，也可以是成年人，他们的主要任务是在学生的日常生活中提供支持。这种支持可以是日常的生活指导，也可以是在学生遇到心理困扰时提供的帮助。志愿者可以通过劳动教育的方式，向学生传授价值观，如责任感、团队精神和解决问题的能力。

家庭是学生的基础和避风港，是他们心理健康的重要保障。父母和其他家庭成员应该理解和接受劳动教育的重要性，并将其融入家庭生活中。例如，通过分派家务任务，让孩子了解责任和努力的重要性，同时也能使其从中学习到解决实际问题的技能。

学校是学生成长的重要场所，也是他们获取知识和技能的主要来源。学校应该将劳动教育纳入课程中，让学生在实际操作中学习和成长。通过这样的方式，学生可以在实践中学习到团队合作、解决问题以及处理压力的方法，这对他们的心理健康有着极大的帮助。

社区是学生生活的一部分，也是他们接触社会的重要途径。社区应该提供丰富的劳动教育机会，让学生在实践中了解社会，提高他们的社会技能。同时，社区也应该提供必要的心理支持，比如心理咨询服务，以帮助那些可能面临心理问题的学生。

第五章 新时代大学生劳动教育
课程体系构建

新时代大学生劳动教育课程体系的构建是为了实现大学生全面发展的目标，通过系统有序地组织和安排劳动教育内容和活动，提供学生全面发展所需的知识、技能和素质培养。

第一节 课程体系构建的基础

一、新时代大学生劳动教育课程体系构建的理念

（一）以整体主义为灵魂的劳动教育课程全局观

整体主义作为劳动教育课程的核心理念，源自古希腊哲学家赫拉克利特的思想，并得到了亚里士多德、康德、黑格尔和马克思等哲学家的进一步发展和阐述。马克思主义哲学中的整体观念以物质范畴为基础，强调人与自然的整体性，认为世界是基于物质统一性的统一体。在教育领域，整体主义的观念逐渐被引入，教育家们意识到传统的二元对立思维对课程的限制和伤害，因此开始探索基于整体主义的新课程模式。傅敏指出，整体课程范式是学科课程范式和经验课程范式的革命性转变，符合课程价值观本身的发展趋势。[1] 整体课程不是指特定的课程形式，而是一种课程愿景，旨在用整体主义思维重新审视课程、教师、学生以及他们之间的关系。

劳动教育课程在整体主义的视野下，以关系思维、转化思维和灵性思维为指导，被赋予了全新的观点和维度。整体主义的影响对劳动教育课程来说是全局性、根本性的，并具有变革性的特征。本书将重新分析和梳理整体主义对劳动教育课程的全局观。整体主义通过联结的概念，旨在消解劳动教育

---

〔1〕 傅敏："论学校课程范式及其转型"，载《教育研究》2005 年第 7 期，第 6 页。

课程可能存在的二元对立现象。这包括劳动与教育的关系对立、工具性价值与存在性价值的对立、固守与创新的对立，以及教师与学生之间可能存在的对立。整体主义认为一切事物都处于关系中，变化和实践会引发整个模式的重组。在课程领域，劳动教育课程的各个要素应当紧密关联，课程目标、内容和评价之间应该建立多元交互关系，而非简单的线性关系。整体主义强调转化的概念，意味着事物相互交融、嵌入和渗透。劳动教育课程不应该孤立存在，而是与其他课程相互渗透，互相转化。在学校课程体系中，不同类型的课程都可以进行劳动教育，同时劳动教育课程也可以实现德育、美育、体育等其他任务。此外，劳动教育课程本身也不是单一的形态，学者们提出了不同的课程分类，如必修课程、渗透课程、活动课程等，这些形态是相互渗透和转化的。整体主义追求超越，恢复人类存在的灵性维度，超越对理性的过度追求。劳动教育课程应该关注人的精神世界，引入情感、身体感知、直觉、移情、关爱、同情、联结和灵性的认知方式，以恢复人的完整性，并还原课程的超验品质。

（二）以实践导向为准则的劳动教育课程本质观

实践导向的劳动教育课程本质观强调将实践置于教育的核心地位。相对于知识中心课程观的理论导向，实践导向关注学生在实际劳动中的经验积累和能力培养，强调劳动教育的实践属性和与现实生活的紧密联系。转向实践导向的劳动教育课程反映了从知识本位向能力与素养本位的转变，以及课程价值取向的变革。实践导向并非要将教育完全陷入实践中，也不是从一个极端过渡到另一个极端，而是强调回归生活与现实世界。这种回归生活世界的理念源于20世纪西方哲学的重要转向，特别是马克思的生活世界理论。

马克思的生活世界理论将注意力放在实践上，强调生活世界是人们通过实践创造的人化世界，是基于实践而产生的。根据这一理论，劳动教育课程应以实践导向为准则，因为社会生活在本质上是实践的。劳动作为实践活动的一部分，是社会实践的一种特殊形式，对于现实世界和生活世界具有重要意义。因此，以实践导向为准则的劳动教育课程本质观认识到了劳动与实践的紧密关系，强调学生在劳动中获得的经验和能力培养，同时也意识到了劳动与实践对于现实世界和生活世界的重要性。这样的课程设计注重技能性目标，关注生活化的课程内容和实践性的课程结构，以培养学生的劳动能力、劳动思维和劳动创造力为目标，使学生能够更好地理解自我与社会的关系。

劳动教育课程的本质就是经验，注重名词和动词含义上的经验，为课程赋予了更深刻和更丰富的内涵。作为实践劳动教育的重要载体，劳动教育课程旨在通过学校教育环境提升学生的劳动素养，并为学生选择劳动教育经验体系和经验过程提供支持。以实践导向为准则的劳动教育课程具有具身性、应用性和社会性等特征。具身性强调学生在劳动中身与心的同时在场，强调学生通过手脑结合、知行统一来提升劳动素养。应用性关注理论与实践的紧密结合，通过运用知识和技能解决问题，创造性地发现新问题或制造新工具。社会性关注教育与生活的紧密联系，指向真实的劳动情境，以促进学生更好地理解自我与社会的关系。技能性目标在实践导向的劳动教育课程中具有重要性，它是提升学生劳动能力、锻炼劳动思维和激发劳动创造力的有效途径。劳动教育除了在认知和情感领域设定目标，技能领域的目标同样重要。生活化的课程内容将社会生活纳入课程范畴，使课程与真实的劳动场景联系起来。劳动模范、普通劳动者、日常劳动场景等都是生活化课程的资源，通过聆听劳模故事、观察普通劳动者、走近日常劳动场景，学生可以对劳动和劳动者的价值与意义产生情感认同。

（三）以自主创新为追求的劳动教育课程价值观

以自主创新为追求的劳动教育课程价值观体现了劳动教育的时代要求和发展需要。劳动教育课程价值观认识到创新是事物发展的实质，是民族进步和国家繁荣的灵魂。劳动是创新的手段和途径，而创新则是劳动的理想追求。劳动教育课程应该培养学生的创新意识和创造能力，使他们能够在劳动中不断创造新事物、新方法和新技能。劳动教育指导纲要鼓励学生在已有经验和技艺的基础上尝试新方法、探索新技能。学校作为劳动教育的主阵地，劳动教育课程作为重要载体，自主创新是促进学校发展和劳动教育活力的重要途径。通过自主创新，劳动教育课程能够适应时代的发展需求，满足学生的学习需求。

自主创新的劳动教育课程应遵循科学性、借鉴性、实际性和面向未来的原则。科学性意味着课程设计应遵循劳动教育的发展规律，结合学生现有的劳动水平，构建科学的课程体系。借鉴性要求在实践中积极借鉴典型地区学校的经验，但同时也要避免盲目照搬。实际性意味着根据实际情况进行由浅入深的探索，结合学校教师和学生的劳动水平进行实践。面向未来要求劳动教育课程能够为学生未来的发展打下坚实的基础，具有前瞻性和可持续性。

自主创新是学校劳动教育课程构建的价值追求，也是以学校为本的重要保证。通过自主创新，学校可以根据自身实际情况和劳动教育的特点，定制适合自己的劳动教育课程，满足学生的需求，并提供更具吸引力和有效性的教学内容和方法。自主创新可以促使学校在劳动教育领域不断提升和改进，实现劳动教育的持续发展。

二、新时代大学生劳动教育课程构建的价值表征

（一）异化到回归：实现劳动教育实践的新生

要实现劳动教育实践的新生，需要解决劳动教育中的认识与实践的异化问题。这种异化表现为对劳动及劳动与教育关系的认识异化，以及体力劳动和脑力劳动在教育实践中的异化。

回归劳动教育的本质，需要深刻理解劳动的本质，并在劳动与教育之间重新建立平衡，使二者相互融合，相互促进。劳动教育课程作为一种常规的育人途径，具有重要作用。通过精心设计劳动教育课程，可以实现劳动教育的优质和高效发展，培养学生适应时代需求的劳动习惯和态度，促进理念、知识、技能等方面的综合发展，使体力劳动和脑力劳动相互促进，促进学生身心全面发展和人格健全。劳动教育课程的设计需要综合运用课程要素，以系统化的方式实现综合育人的目标。在构建课程理念、课程设计、课程实施和课程评价等方面，应消除认识和实践上的异化成分，促进劳动与教育关系的良性复归，实现劳动教育实践的新生。因此，通过深入理解劳动的本质，重新平衡劳动与教育的关系，并通过综合运用课程要素设计劳动教育课程，可以促进劳动教育实践的新生，实现劳动教育的综合育人价值。这将为学生的全面发展和人格形成提供重要支持。

（二）祛魅到超越：实现劳动教育意识的唤醒

随着时代的变迁，人们对于劳动及劳动教育的认识也经历了从"附魅"到"祛魅"再到"超越"的历程。"祛魅"意味着消除神秘主义，走向理性化。在现代社会中，劳动及劳动教育的认识也逐渐摆脱了神秘化的观念。从过去对体力劳动的重视，到近代对劳动教育的提出，再到如今对劳动与教育关系的深入认识，人们的认知逐渐清晰，劳动教育的发展也趋向理性。

马克思的教育与生产劳动相结合的思想，作为我党坚持的基本教育方针，经历了百年历程，并日益凸显社会主义制度中劳动教育的独特价值以及对马

克思劳动教育思想在中国的实践意义。然而，正如事物中包含着其反面一样，"祛魅"带来的理性也存在着工具理性与价值理性、形式理性与实质理性之间的矛盾与分裂。当过度强调工具理性而忽视价值理性时，教育乃至社会发展往往会受到严重扭曲的影响。在中华人民共和国成立的70多年里，劳动教育课程的实践经历了从单一追求工具性价值到兼顾工具性价值和存在性价值的演变。在这个过程中，人们有时会忽视劳动教育的本质"育人"的价值，而过于强调其为国家工农业服务的角色。

当前，仍需警惕学校劳动教育实践中工具理性的过度和由此导致的劳动美学和劳动意义的丧失。劳动美学是研究劳动活动中审美关系和美的规律的科学，旨在使劳动活动更加愉悦和科学。"超越"意味着对"祛魅"的批判性反思，通过理性认识劳动教育的理论和实践，平衡好工具理性和价值理性的关系。面对当前劳动教育面临的目的外在化、方法规训化、途径去身体化、环境去自然化等价值危机，需要超越这些问题。"超越"意味着从价值理性的角度重新塑造劳动教育的目标、方法、途径和环境等要素，以唤醒劳动教育意识并恢复劳动教育的本质"育人"价值。

（三）坚守到创新：实现劳动教育精神的传递

在劳动教育的发展中，面临着"守"与"变"的难题。要实现劳动教育精神的传递，需要在"守"和"变"之间找到平衡点。

在"守"的方面，需要坚守马克思教育与生产劳动相结合的重要指导思想。这意味着要坚持劳动教育的核心观念，即劳动是全面发展的重要途径。还应该坚守劳动教育教学发展的客观规律，平衡传授劳动知识和技能以及传递劳动情感、态度和价值观的统一。此外，也需要坚守中华民族历史悠久的劳动教育精神文化传统，汲取其中的宝贵经验和智慧。

在"变"的方面，需要进行创新。首先，劳动教育课程目标需要进行创新。劳动教育课程应该培养符合时代需求的新一代人，传承劳动精神和文化，培养正确的劳动价值观和劳动品质。其次，劳动教育课程内容需要进行创新。不断更新劳动教育课程内容，以适应时代的发展和新兴劳动形态的出现。同时，劳动教育教学方法和模式也需要进行创新，充分利用智慧教育和互联网技术，实现教学方法和模式的创新。最后，劳动教育课程评价也需要进行创新，以适应教育目标的变化，落实核心素养发展的要求。

要认识"守"与"变"之间的关系。坚守是创新的基础和根脉，而创新则是坚守的动力和保障。只有在坚守劳动教育的核心价值和原则的基础上进行创新，才能不断推动劳动教育的发展。坚守与创新是一个相互依存的过程，它既扎根于历史，又立足于时代。

三、新时代大学生劳动教育课程体系构建的目标

（一）思想目标：立德树人的价值引领

劳动教育作为高校教育的重要组成部分，应该在立德树人的价值观引领下进行。高校的根本任务是培养德智体美劳全面发展的人才，而劳动教育在其中起到了至关重要的作用。通过劳动教育课程，学校可以引导学生树立正确的劳动价值观，弘扬劳动的光荣和重要性。学生应当认识到劳动是人生的一部分，通过劳动可以实现自身的价值，同时也为社会和国家的发展作出贡献。

中华民族历来重视劳动，崇尚勤劳、诚实和科学的劳动精神。通过劳动教育，学校可以引导学生学习和传承中华民族的优秀劳动传统，强化他们对劳动的认同感和自豪感。这包括培养学生辛勤劳动、诚实劳动、科学劳动的态度，以及将劳动视为一种光荣的事业。

劳动教育的目标是使学生在劳动中实现全面发展和人生的价值。劳动不仅仅是一种经济活动，更是一种人生的体验和实践。通过劳动实践，学生可以提升自身的劳动技能，培养实践能力和创新精神。劳动教育应该注重学生的实际参与和亲身体验，通过实践活动和实践环节，让学生深刻理解劳动的价值和意义，将劳动的思想和品格内化为他们的行动和生活方式。

（二）技能目标："理实"融合的知识传播

大学生劳动教育课程体系的技能目标是实现"理实"融合的知识传播。这一目标要求课程在理论知识和实践教学之间建立有机的联系，以提升学生的劳动技能和知识应用能力，实现理论与实践的统一。

通过第一课堂的教学活动，学生可以系统地学习劳动的理论知识，包括劳动原理、方法和技巧等方面的内容。理论知识的传授有助于学生理解劳动的基本概念和理论框架，提升他们对劳动的认知和思考能力。劳动教育课程应注重实践教学的开展。通过第二课堂的实践活动，学生能够运用所学的理论知识，培养劳动技能和实践能力。实践教学的形式可以是实地考察、实验操作、工作实习等，通过亲身参与劳动实践，学生可以在实际操作中提升技

能，加深对劳动的理解，并积累实践经验。

劳动教育课程体系应强调"理实"融合的方式，将理论知识与实践教学相结合，实现知识在实际应用中的传播。在第一课堂中，可以引入案例分析、模拟演练等教学方法，使学生将理论知识与实际问题相结合，培养解决实际问题的能力。在第二课堂中，可以强调理论知识的指导，使学生在实践中更好地理解和应用所学的理论知识。

（三）实践目标：品格内化的劳动实践

高校劳动教育的最终目标是通过劳动实践使学生真正树立正确的劳动价值观，并在这一价值观的引导下主动参与劳动实践，培养他们尊重劳动、热爱劳动、崇尚劳动的自觉意识。劳动实践是劳动教育的落地点和目标实现的归宿。劳动实践的形式多种多样，包括体验式、参与式、生存式、发展式等，这为劳动品格的内化提供了丰富的机会和平台。因此，高校劳动教育课程应将学生的劳动实践环节和实践活动作为课程的重要组成部分，进行优化设计和系统开发。

为了实现这一目标，劳动教育课程需要强调实践性指向。在第一课堂的劳动教育过程中，可以适度增加与理论知识相配套的实践教学环节。同时，在第二课堂中，应重点开展实践活动，充分发挥第二课堂的时空宽泛和活动多样的特点，通过项目活动等形式来扩大劳动教育的实践阵地。在劳动实践的参与中，学生能够深刻理解劳动价值观的内涵和意义，实现品格的内化和价值观的塑造。

第二节　课程体系构建的路径

一、由各自孤立走向动态联系的劳动教育课程要素生成

劳动教育课程是一个有机的整体，由课程目标、课程内容、课程实施和课程评价等要素构成。然而，当前的劳动教育实践存在要素割裂的问题，即各要素之间缺乏动态联系，存在着内部矛盾和冲突。从要素内部看，课程目标存在自相矛盾的情况。在制定课程目标时，由于缺乏科学的划分依据，目标设置不合理。这可能影响整体课程的成效。例如，在课程目标的维度和指标划分中，可能存在不一致或冲突的情况，使得课程目标无法有效地达成。

从要素间关系看，各要素之间存在孤立和各自为政的现象。这意味着在课程设计和实施过程中，缺乏对整体的关注和协调，而是单独地处理各个要素。这样的做法忽略了"整体"这一核心概念，导致课程领域的实践陷入困境。要素之间的孤立和矛盾可能会影响课程的一致性和协同性，阻碍学生综合能力的全面发展。因此，为了解决劳动教育课程要素割裂的问题，需要采取有效措施。其中，重要的一步是建立动态联系的劳动教育课程要素生成机制。这意味着要素之间的关系应该是相互协调和相互促进的，而不是孤立存在或简单叠加。这需要对课程目标、内容、实施和评价进行系统性的思考和整合，确保它们相互支持和相互促进，形成一个有机统一的整体。劳动教育课程要素包括课程目标、课程内容、课程实施和课程评价。这些要素是有机相关的，相互影响和相互促进。

课程目标是课程的导向和目的，需要体现纵向的层次性和横向的全面性。纵向层次性意味着课程目标要根据不同学段的特点和学生发展需求来设定。例如，在初始阶段，课程目标可以着重让学生感受劳动的美好，认识到劳动需要适当的方法；而在中高段阶段，课程目标可以注重让学生通过劳动获得成长，热爱劳动与劳动者，体验劳动的快乐与成就感。横向的全面性意味着课程目标应覆盖劳动教育的认知、动作技能和情感三个领域。认知层面包括劳动观念与劳动知识，帮助学生形成正确的劳动态度和价值观念。动作技能层面包括劳动技能与劳动创新，培养学生实际动手能力和创新思维。情感层面包括劳动品质与劳动情感，培养学生对劳动的热爱和认同感。此外，劳动教育课程内容的生成也需要注重整体性和知行统一。

课程内容应根据课程目标的要求进行划分，分为涵养观念类和实践活动类两个方面。涵养观念类内容以知为核心，以生活化、审美化的形式表现，旨在落实认知与情感领域的目标。实践活动类内容以行为核心，以日常生活劳动、生产劳动和服务性劳动为表现形式，重在培养学生的动作技能领域目标。

在劳动教育课程实施方面，需要充分发挥实施主体的积极性，提升教师的课程意识和能力。教师在课程实施过程中应注重整体目标的统一，灵活运用不同的教学方式和方法，使学生能够全面参与劳动活动。同时，改善劳动教育课程实施的物质和文化环境，为学生提供良好的实践条件和资源支持。此外，应从教学目的、方式、时间和空间上改善已有的实施途径，拓宽课程实施的形态，使学生能够在不同环境和场景中进行劳动实践。

劳动教育课程评价体系的构建也至关重要。评价应关注评价主体的多元性，包括学生、教师和家长等多个参与评价的角色。评价内容应全面覆盖劳动教育的认知、动作技能和情感领域，以综合评价学生的综合素养。评价方法应注重过程性，包括评价过程中的反馈和指导，帮助学生不断提升。评价结果应具有发展性，作为劳动教育课程改进和优化的参考，推动课程的持续发展。

二、由形态单一走向形态多元的劳动教育课程结构共生

在过去，学界对课程结构的关注度相对较低，更多的关注点放在课程内容、课程载体、课程实施和课程评价上。这可能与课程结构相对稳定的特点以及研究者的研究兴趣和倾向有关。然而，随着新一轮课程改革的推进，人们逐渐开始关注课程结构。三级课程理念和综合实践活动课程的提出使人们对课程结构产生了兴趣。尽管如此，学界对于课程结构仍然没有形成统一的看法。

课程结构具有以下几个特征：①课程结构并非完全抽象化，而是可以感知的，通过课程类型、课程载体等方式来呈现；②课程结构并不是孤立存在的，作为一种表现形式，无法与课程内容分离开来；③课程结构并非静止不变的，随着时代的进展，它会经历一定的变革。本书认为课程结构反映了同一历史阶段内出现的不同课程形态，例如基础课程、活动课程、探究课程等。这些形态的本质目标都是实现人的全面发展。在此背景下，课程结构被视为一种重要的组成要素，它通过呈现和供给精神营养来支持学习者的成长和发展。

劳动教育课程作为实施劳动教育的重要载体，具有多样的形态。2001年，基础教育课程改革将劳动技术教育纳入必修课程的综合实践活动内容之一，从那时起，劳动教育便以综合的方式呈现。2015年，《关于加强中小学劳动教育的意见》的发布进一步明确了劳动教育课程独立性的要求。2020年，《大中小学劳动教育指导纲要（试行）》明确指出劳动教育途径包括学科专业渗透，劳动教育与学科交融的特点使劳动教育课程具有跨界形态。

根据劳动教育课程的存在和组织形式，可以将劳动教育课程结构划分为独立形态、跨界形态和综合形态三类。独立形态的劳动教育课程是指由国家规定，由地方或学校开发的包含具体劳动教育课程目标、内容、载体、实施

方式和评价等要素的必修课程。在确保劳动教育独立地位和发挥独立育人价值方面，独立形态的劳动教育课程发挥着重要作用。

跨界形态的劳动教育课程是根据劳动教育学科交叉特点和教育发展趋势而言的。劳动无法与其他学科分离，因为任何学科教学都离不开劳动，任何问题的解决也离不开劳动过程。在教育发展趋势下，跨界整合已成为时代潮流，不仅在教育领域，而且在经济、政治、文化等领域都倡导跨界整合。作为新兴潮流的一部分，劳动教育需要整合内外因素，以推动其发展。

综合形态的劳动教育课程以综合实践活动课程为基础，以校内外活动课程为载体。相较于独立形态和跨界形态，综合形态的劳动教育课程更注重实践属性。

三、由生活匮乏走向回归生活的劳动教育课程动态实施

面对现代教育模式中劳动教育的异化，其基本表现为理论与实践、主观与客观的割裂，学生在此背景下难以深入理解劳动对个体、社会以及自然环境的深远意义。由此导致，即使是美好的劳动教育设想也只能化为虚无。若任其发展，劳动教育将沦为失去生命力的、空洞的教育形式。求教于杜威经验自然主义哲学以及胡塞尔的现象学，教育应该回归至生活本源。杜威的教育观点以"教育即生活"为基本理念，强调生活的核心地位，教育活动必须源于生活，深植生活。胡塞尔则从解决教育的科学主义困境出发，提倡回归生活世界，即主观的经验世界。

作为教育的一部分，劳动教育无论从其通性还是个性来看，都强调与生活世界的紧密联系。特别是从劳动教育的特性来看，其目的在于挖掘劳动的育人价值，实现在劳动中的教育，通过劳动进行教育，以及为了劳动而进行的教育。劳动本身无法脱离生活世界，这一点从劳动的要素——面向真实现象就可以看出。因此，回归生活世界也是实践导向赋予劳动教育课程的重要目标。

为了让教育重新回归生活世界，首先，需要通过劳动教育建立人与生活世界的联系，即便利桥梁——劳动。劳动包括了手脑协同、劳动工具的使用与创造以及面向实际世界的要素，这些都应被纳入劳动教育的范畴。其次，要找寻劳动教育的实践途径，这里的途径即是课程。从理想的课程构想转变为实际可操作的课程需要依赖课程的实施，这个实施过程具有动态性、开放

性和整体性等特征。

现阶段的劳动教育课程实施现状中，普遍存在着脱离生活实际和去身化（与具身化对立）的现象。而想要让劳动教育课程实施重新回归生活，从特征角度看，必须做到生活化和具身化。这两者可以通过劳动建立联系，劳动内容的选择应符合学生身心发展、社会生活需求以及时代变革的需求。

具体的实施方式，可以根据课程形态，独立课程中可以对不同类型的劳动活动进行专题总结，并使用直线式或螺旋式的组织方式，也可以在内部整合不同类型的劳动；跨界形态课程中则可以通过不同层次的整合，实现劳动教育资源的横向拓展，比如与学科课程、学科领域、社会文化、家庭社会等的整合，在实施上可以借鉴聚合式教学或采取主题中心的发散式教学；综合形态课程中可以通过校内外活动课程、研学课程等形式加以展现。此外，还可以在多元场域中实现劳动教育向生活的复归，劳动教育不应仅局限于学校，家庭和社会也是劳动教育的重要实践场域。

四、由学用脱离走向学以致用的劳动教育课程实践转化

教育理论与教育实践应该处于和谐的状态，既相互融合，又各自保持优势。然而，实际情况是这两者经常呈现出矛盾对立的态势。目前，劳动教育研究面临着理论脱离实践的风险。在我国，劳动教育的发展历史悠久，然而，到目前为止，劳动教育研究已经趋于成熟，理论研究变得越来越抽象化，因此更需要进行理论到实践的转化工作。

劳动教育课程的理论到实践的转变是一种复杂的过程，需先界定转变的场域、主体、内容与路径。首先，课程转变的主要场域应是学校，这里既是课程开发、设计与实施的主战场，也是理论成果的吸纳、梳理与应用之地。这个过程应当采取"自上而下"与"自下而上"的双向探索模式，前者指的是从劳动教育课程理论探讨到实践应用的过渡，后者则是从实践经验的总结升华到理论的精练。

转变的主体应为教师，他们是劳动教育的主导者，负责通过劳动育人。因此，教师应该承担起从劳动教育课程理论到实践的转变过程，这不仅需要他们从教学者向研究者的角色转变，还需要他们与理论研究者进行深入的交流。转化的内容应包括劳动教育的相关理论与实践成果、政策文件，以及地域与学校文化等，这些元素对劳动教育课程实践的影响至关重要。这些内容

应该是转化的核心，基于学校劳动教育实践的基础和特色资源，开展校本化的自主创新实践，从而实现劳动教育课程的特色化发展。转化的路径应该明确。"条条大路通罗马"，劳动教育课程实践转化的路径同样多样。校本化的自主研发路径，有利于学校劳动教育的内涵式发展；校际的合作式发展路径，可实现劳动教育的协同化发展。以区域为中心的 U—A—S（高校—教育行政部门—中小学校）合作研究模式是一种具有代表性的路径，此模式能够充分利用三方的优势，为劳动教育的校本化研究提供理论及实践的指导，实现劳动教育研究的实践转化。

第三节　劳育教学方法的创新

一、构建多元化劳动教育课程体系

在教育实践中，显性和隐性的劳动教育均被赋予了极其重要的地位。大学在研究并教授有关劳动科学的知识的同时，在专业教育、思政教育以及各种第二课堂活动中挖掘并深化劳动教育的资源，旨在构建一个多元化的劳动教育课程体系。

劳动教育应被整合进专业人才培养计划中，开设名为"劳动教育理论与实践"的通识必修课程。这一课程包含四个模块：劳动教育理论、日常生活劳动实践、生产劳动实践（学年劳动周）以及服务性劳动实践，每个模块占0.5学分，总计2学分。这四个模块不仅系统地传授了劳动法律、劳动关系、劳动经济、劳动社会保障、劳动安全、职业卫生等劳动科学基础知识，也对学生进行了日常生活劳动、专业生产劳动和服务性劳动实践训练，以实践劳动教育。此外，鼓励教师将劳动教育融入大学生的专业课程学习过程中，既帮助了学生树立正确的择业观、创业观和劳动观，又将劳动教育与专业理论课程教学相结合，实施"课程劳育"，将劳动教育的实践环节融入了专业实践教育。

将劳动教育融入思想政治教育中。在思想政治理论课的教学中，注重阐述劳动的内涵，阐明社会历史发展规律，帮助学生树立唯物史观，唤醒青年学生对劳动的担当意识，培育大学生的社会主义劳动观。

二、探索"以学生为中心"的劳动实践教育教学新方式

在大学生全面发展过程中，劳动教育的实践性和行动性起着至关重要的作用。本书提倡在校内建立劳动教育共享平台，以整合现有的劳动教育资源，并建立起一个劳动文化育人的基地。这一基地将作为学生创作劳动育人文化产品的场所，从而广泛传播劳动文化，弘扬劳动精神。此外，建议设立服务型劳动教育基地，借助各种规模性活动，如会议、国际交流、志愿者活动等，以开展职业礼仪、会议会展策划、困难帮扶等劳动实践。同时，劳动技能培养基地在实验、实训环节中，可提供丰富的劳动教育情境。

对于校外劳动教育实践基地的建设，应积极与企业合作，建立实习和实践基地，以便学生可以进行职业劳动体验和劳动实践锻炼。这种合作将有助于劳动教育主动服务于产教融合，为社会发展和产业升级培养出具备良好劳动素质的高素质人才。此外，建立"引企入教"的联动机制，允许企业参与到学校的教育教学改革、专业发展规划、课程设计、实验实训等环节中，使劳动教育能够更好地与社会生产相结合。通过这种方式，可以有效提升大学生的沟通协调能力，激发其探索创新创造的精神，增强其脑体结合的能力，使其能够适应未来社会需求，形成现代劳动观。

三、健全劳动活动体系，开发多元化劳动教育活动

在高等教育阶段，对大学生的劳动教育需要构建一个健全的劳动活动体系，开发一系列多元化的劳动教育活动。只有通过全面系统地开发劳动教育活动，才能真正激发大学生的劳动教育参与热情，最大限度地展现劳动教育的价值，引导他们积极投身于劳动实践。这样，才能针对大学生的劳动素质进行有效的培养。创新劳动教育活动的过程中，应秉持理论性与开放性并重的原则，推动实践性活动的有效实施，并在教育工作中为学生提供合理的教育引导，凸显劳动教育在人才培养方面的核心价值。

对于第一课堂教学，应以劳动教育需求为导向，对教学内容进行改革和设计。建立劳动教育情境教学活动、小组探究活动等，让劳动教育思想渗透到各个学科的教学活动中，从而提升劳动教育的综合影响力，同时也能够促进学生对课程知识的深入探索。对于第二课堂教学，可以着重开展社会实践活动、社团活动以及创新创业教育校园文化活动等，将劳动教育与第二课堂

育人活动紧密结合，从而创造良好的教育氛围。这种方式不仅能显著提升劳动教育的综合影响力，也能引导学生对劳动形成深刻的认识，展现劳动教育的价值和作用。

设计多元化的阶段性劳动教育活动，以适应不同年龄段大学生对劳动教育的认识和理解。例如，可以针对大一学生设计劳动理论教育、劳动体验教育，针对大三大四的学生开展劳动技能教育、劳动品质教育、劳动创新教育等。这些丰富的教育内容能够激发大学生的劳动情怀，显著提升他们的劳动认知力和综合实践力，为高等教育阶段的劳动教育实现高效化发展提供有效的推动力。这些多元化的劳动教育活动，不仅涵盖了理论教学、实践体验、技能培训等多个方面，也体现了劳动教育在人才培养中的关键作用，对于提升大学生的综合素质、提高他们的劳动参与热情以及培养他们的劳动创新能力等都具有重要意义。

在此过程中，教育者需要紧跟时代步伐，关注学生的需求和期待，结合他们的个人特点和实际情况，设计出有针对性、有效性的劳动教育活动，从而确保劳动教育的质量和效果。而且，这些劳动教育活动的开展也需要得到学校、社会、家庭等多方面的支持和配合，形成一种全社会共同参与的劳动教育大环境，才能真正实现劳动教育的目标，达到预期的效果。

第四节　劳动教育课程的管理

一、劳动教育课程中学分认定管理

（一）理论教学考核

理论教学考核是劳动教育课程中的首要环节。理论教学是劳动教育的基础，它为学生提供了关于劳动和劳动技能的必要知识。

理论教学的首要任务是传授知识。无论是劳动法规、劳动安全，还是具体的劳动技能，都需要教师通过理论教学向学生清晰地解释和讲解。劳动法规可以帮助学生了解在劳动过程中应遵守的规则和法律，明确权益和义务，以便在实践中避免违法行为。劳动安全知识则可以帮助学生避免在劳动过程中出现伤害，确保他们的人身安全。具体的劳动技能则是学生在实践活动中所需要的技术能力，即如何操作工具、如何完成任务等。

通过理论教学后，就是理论考核。这是对学生理论学习成果的检验，也是学生是否可以进入实践阶段的重要参考。理论考核通常包括笔试和口试两部分。笔试主要测试学生的记忆力和理解力，看他们是否能准确记忆并理解所学知识。口试则主要测试学生的思考能力和应用能力，看他们是否能将所学知识应用到实际问题中去。只有通过了考核，学生才能进入下一阶段的实践活动。因为只有当学生理解并掌握了所学的理论知识，他们才能在实践中正确、安全地进行劳动。如果学生在理论考核中未能达标，说明他们对理论知识的掌握还不够，需要进一步学习和提高。因此，考核的通过是对学生理论知识掌握情况的确认，也是他们具备实践能力的重要标准。

在劳动教育中，理论教学和考核的重要性不容忽视。它们既是学生学习劳动技能的基础，也是学生进行安全劳动的保障。因此，必须重视理论教学和考核，确保学生能够在理论学习中做好充分的准备，为接下来的实践活动打好坚实的基础。

（二）学分认定

学分认定在劳动教育课程中扮演着重要角色，它是对学生学习成果的认可和评价。学生在理论教学中获取的知识，必须通过实践活动去实践，验证和进一步理解。而这个转化的过程需要投入大量时间和精力，因此学分认定就成了评价这个过程的重要依据。

学分认定的基本标准是学生在实践活动中累计 2 小时，可以认定获得 1 个劳动教育学分。这个标准是基于对学生劳动实践能力的培养和考察。2 小时的实践活动时间，既可以保证学生有足够的时间去实践和体验，也可以避免学生因为过大的时间压力而影响其他学业。

学分认定的过程需要公正、公平和透明。学校需要设定明确的学分认定规则，所有的学生都应当按照同样的规则去进行学分的申请和认定。同时，学校也需要对学分认定的过程进行监督，防止任何可能的不公正现象。

学分认定不仅仅是对学生学习成果的认可，更是对学生劳动技能和劳动精神的肯定。通过学分认定，学生可以明确知道自己的学习成果，也能激发他们更加积极地参与到劳动教育中去。同时，学分认定也是学校对劳动教育的重视和推动，通过学分认定，可以使劳动教育在学校教育体系中占据重要的位置。

二、劳动教育课程中实践活动管理

（一）实践活动安全管理

1. 预先规划和准备

在活动开始之前，教师和管理员应该详细规划活动，了解可能存在的安全隐患，并进行适当的预防措施。这可能包括检查工具和设备，提供个人防护装备，以及准备应急救援设备和程序。

2. 安全训练和教育

在活动开始之前，学生应接受安全训练，了解可能出现的危险和应对方法。这应包括对特定工具和设备的正确使用方式的教育，以及对一般的安全准则的明确。

3. 实时监控和指导

在活动期间，教师或者管理员应始终在场，以监控活动的进行并在必要时提供指导。他们应能够识别可能的安全问题，并及时采取措施防止事故发生。

4. 应急响应计划

如果发生安全事故，应有明确的应急响应计划。这可能包括首先保证所有学生的安全，然后调用医疗援助，报告事故，并进行事后分析以防止类似事故的再次发生。

5. 持续的安全评估

实践活动的安全管理是一个持续的过程。每次活动结束后，应评估其安全性，记录任何问题或事故，并寻找改进安全管理的方法。

（二）实践活动过程管理

1. 明确目标

在进行任何实践活动之前，需要明确活动的目标。明确的目标能够帮助学生理解他们在实践活动中所要达到的期望。这样，他们就可以清晰地知道他们的努力方向，避免无目的性的行为。在教育过程中，明确的目标是驱动学生行为和提高学习动机的关键因素。无论是在短期内的单个活动，还是在长期的整个课程中，学生需要知道他们为何要做这件事，以及完成后将得到什么。这种明确性能够激发学生的主动性和积极性，让他们更愿意投入活动中。

明确的目标也有助于老师更有效地规划和组织实践活动。明确的目标可以作为教学活动设计的基础，从活动的内容、形式，到所需的资源和时间安排，都需要围绕这个目标进行。这种以目标为导向的教学设计，能够使活动更加有针对性，从而提高教学效果。同时，明确的目标也使得教师在实践活动过程中的指导和监督工作更具有针对性和效果。

明确的目标可以帮助培养学生的目标导向思维和自我管理能力。在活动中，学生需要根据目标进行自我监控和行为调整，这是培养他们自我管理能力和解决问题的重要途径。同时，明确的目标也有助于培养他们的目标设定和规划能力，这对他们的未来学习和生活都具有积极影响。

2. 规划

无论是单次的活动还是一系列的项目，事先的规划都是实践活动能够顺利进行的关键。详细的规划有助于保证实践活动的流程顺畅。规划包括确定活动所需的资源（如材料、设备等），安排适当的时间，以及对学生进行有效的分组等。所有这些因素都需要在活动开始之前予以考虑。这种规划可以避免在活动过程中遇到不必要的中断或延迟，从而提高活动的效率。

规划可以帮助老师和学生对实践活动有一个清晰的预期。当学生了解了活动的整体流程和他们在其中的角色时，他们就更有可能全身心地投入活动中。此外，当老师对活动的运行有一个明确的理解时，他们就能够更好地进行指导和监督，以确保活动的顺利进行。规划的过程本身也是一种重要的学习活动。在规划阶段，老师和学生需要对活动的各个方面进行思考和讨论，包括潜在的问题和解决方案。这种过程可以提高学生的问题解决能力，同时也能培养他们的合作和沟通技巧。

3. 指导和支持

在劳动教育的实践活动中，老师的指导和支持是极其重要的。这种指导和支持不仅有助于学生成功完成活动，更能让他们从活动中获得更深层次的学习体验。老师的指导和支持可以帮助学生理解和掌握实践活动中所需要的知识和技能。虽然学生在活动中可以通过尝试和错误来学习，但老师的指导可以提供更直接、更有效的学习途径。老师可以通过解释、示范、提示等方式，帮助学生理解活动的步骤和方法，从而提高学习效率。此外，老师的指导和支持可以鼓励学生参与活动，提高他们的学习积极性。实践活动常常需要学生面对新的挑战和困难，这可能会引发他们的焦虑和抗拒。然而，老师的支持和鼓励可以帮助他们克服这些负面情绪，增强他们的自信心和动力。

老师的指导和支持对于培养学生的问题解决能力和批判性思维具有重要作用。在活动中，老师不仅可以提供问题的答案，更可以引导学生找到答案，分析问题，作出判断。这种指导方式可以让学生从被动接受知识变为主动探索知识，从而深化他们的理解和应用。

（三）实践活动评价管理

1. 明确评价标准

明确的评价标准是评价管理的基础。这些标准应该清晰地列出期望学生在实践活动中达到的目标和标准。这些标准应该与劳动教育课程的目标和要求相一致，同时也要考虑学生的年龄和能力差异。

（1）技能掌握。评价学生是否掌握了所教授的技能，例如，如果实践活动是园艺，那么应该关注学生是否了解植物的生长需要，是否能够正确地种植和照顾植物。

（2）团队协作。劳动教育中往往需要团队协作，因此评价标准应该包括学生的团队协作能力，例如，他们是否能够有效地与团队成员沟通，是否能够分工合作。

（3）问题解决。在实践活动中，学生往往会遇到各种问题，评价标准应该包括学生的问题解决能力，例如，他们是否能够找到解决问题的方法，是否能够从错误中学习。

（4）责任感和主动性。劳动教育的目标之一是培养学生的责任感和主动性，评价标准应该包括这些方面，例如，学生是否能够按时完成任务，是否能够主动承担责任。

明确的评价标准不仅可以帮助学生了解他们需要达到的目标，也可以为教师提供评价学生表现的依据。此外，明确的评价标准也可以帮助避免评价的主观性，保证评价的公正性。

2. 过程性评价

过程性评价是对学生在劳动教育实践活动中的表现进行连续、系统的评价。这是一种形式性评价，它涵盖了从活动开始到结束的整个过程。

在劳动教育中，过程性评价的重要性在于：

（1）监测学生的学习进度。过程性评价可以帮助教师了解学生在实践活动中的学习进度，及时发现学生的困难和问题，为他们提供必要的帮助。

（2）提供及时反馈。过程性评价可以为学生提供及时的反馈，让他们了解自己的优点和不足，及时调整学习策略。

（3）培养学生的自我监控能力。过程性评价可以让学生参与到自我评价中来，培养他们的自我监控能力。

（4）促进教学的调整。过程性评价的结果可以为教师提供信息，帮助他们调整教学策略，以提高教学效果。

过程性评价应该包括对学生的参与度、团队协作能力、问题解决能力、责任感等方面的评价。这些评价标准应当根据实践活动的具体内容和目标进行调整。例如，如果实践活动是园艺，那么评价标准应该包括学生是否积极参与，他们是否能够有效地与团队成员合作，他们是否能够解决种植过程中的问题，他们是否对自己的任务负责。

过程性评价的实施需要教师进行持续的观察和记录，需要有一套系统的评价方法和工具，例如，可以使用评价表格、日志、学生自我评价等方法进行评价。

3. 自我评价和同伴评价

让学生参与到评价中来，他们可以对自己和同伴的表现进行评价。这样的评价方式可以提高学生的自我监控能力，同时也可以提高他们的批判性思维和互相学习的能力。

自我评价是指学生对自己在劳动教育实践活动中的表现进行评价。这种评价方式可以帮助学生了解自己的优点和不足，提高他们的自我认知能力。此外，自我评价也可以促进学生的自我反思，让他们从中学习如何改进自己的行为和技能。

同伴评价是指学生对同伴在劳动教育实践活动中的表现进行评价。同伴评价可以提高学生的批判性思维能力，同时也可以增强他们的团队协作能力。同伴评价需要在尊重和友好的环境中进行，教师需要引导学生给出建设性的反馈，接受和处理来自同伴的评价。

4. 综合评价

综合评价是一个多元化、全面的评价策略，它不只是关注学生在劳动教育课程中实践活动的最后成果，而是着重评估学生在整个过程中的表现，包括学生的技能应用、知识理解、学习态度、团队协作和问题解决能力等各方面。

综合评价的目标是提供一个更为全面、公正的评价，让每一个参与实践活动的学生都得到公正的对待。这是因为，只关注最后的成果可能会忽视那些在过程中付出努力、积极参与但最终成果可能不尽如人意的学生。综合评价则能认可他们在过程中展现的积极态度、团队协作能力以及解决问题的能力。此外，综合评价还能帮助教师更好地了解学生的学习过程，以便提供更具针对性的指导和反馈。例如，如果一个学生在团队合作中表现出色，但在技能应用上有所欠缺，教师就可以针对这个学生的具体问题，提供更为个性化的指导和帮助。

综合评价也能促进学生的自我反思和自我提升。学生可以通过教师的综合评价了解自己的优点和不足，从而调整自己的学习策略，提高自己的学习效果。

第六章　在实践中推进新时代
大学生劳动教育

　　在实践中推进新时代大学生劳动教育是一种有效的教育方法，通过实际的劳动实践活动来促进学生的全面发展。这种实践教育方法能够使学生在实践中感受劳动的价值和意义，培养实际操作能力和综合素质。

第一节　生活技能实践

一、洗衣与熨烫技能

（一）洗衣必备常识

　　洗衣技能在大学生的生活中，占据了重要的一环。掌握洗衣技能，能够帮助大学生在生活中建立独立性，这是大学生劳动教育的一项关键目标。通过洗衣，学生们可以学习生活自理的基本技能，这对于他们未来的独立生活有着实际的帮助。同时，自己动手洗衣，也能培养学生对劳动的尊重和理解，使他们了解生活的不易，增强他们的社会责任感。

　　洗衣是生活中不可或缺的技能，对于大学生来说，能够自己清洁和保养衣物，不仅对于个人卫生至关重要，也是自我生活能力的体现。在洗衣的过程中，学生需要了解不同种类的衣物如何清洗，如何正确使用洗衣机，如何区分不同颜色和材质的衣物以避免染色等。学习和实践这些技能，可以增强他们的自我管理能力，培养他们的细心和耐心，同时也可以让他们理解并体会劳动的价值。

　　在大学生劳动教育中，提供洗衣教育，可以帮助学生们理解生活中基本的责任和规则，让他们在照顾自己的同时，学会尊重他人和环境。同时，洗衣作为一项基本的生活技能，对于培养学生的独立生活能力和自我管理能力有着重要作用。

（二）熨烫实用技巧

熨烫是另一种重要的生活技能。对于大学生来说，掌握熨烫技巧不仅能保持他们的衣物平整干净，提升个人形象，也能帮助他们理解并尊重劳动。在熨烫的过程中，学生们需要了解如何安全使用熨斗，如何针对不同的衣物材质调整熨烫的温度，以及如何正确地熨烫衣物。

在大学生劳动教育中，熨烫教育可以帮助学生们提高他们的耐心和专注力，培养他们的细心和责任感。同时，熨烫技巧的学习和实践也可以提高他们的生活质量，提升他们对个人形象的认识，增强他们的自我管理能力。

二、饮食与烹饪技能

（一）饮食营养与健康

理解饮食营养对于维护健康至关重要。大学生应该知道，健康的饮食习惯是他们身心健康的基础。大学生需要了解基础的营养知识，包括不同类型的营养素（如蛋白质、脂肪、碳水化合物、维生素和矿物质）的功能和来源，以及健康的饮食模式（如均衡饮食、适量饮食）。此外，大学生还需要学习如何根据自己的生活方式和身体需求来选择和配餐。这种能力不仅可以帮助他们维持健康的体重，还可以防止营养不良和相关的健康问题，如心脏病、糖尿病、高血压等。

在新时代的大学生劳动教育中，饮食营养教育可以提高他们的健康意识，让他们了解和尊重自己的身体，培养他们的自我管理和决策能力。同时，饮食营养教育也可以帮助他们培养健康的生活习惯和态度，对他们的身心健康和生活质量产生积极的影响。

（二）烹饪基础与安全

除了饮食营养，烹饪技能也是大学生生活技能实践中的重要部分。学习烹饪，大学生不仅可以独立制作美味和营养的食物，满足他们的生活需要，还可以享受烹饪的乐趣，释放压力，提高生活质量。

在烹饪的过程中，大学生需要了解各种烹饪方法（如炒、煮、烤、蒸等），学习如何处理和保存食物，以及如何保持厨房的清洁和安全。这些技能可以帮助他们避免食物中毒和意外伤害，保证他们的安全和健康。同时，烹饪的实践也可以帮助他们提高创新思维和解决问题的能力，因为烹饪往往需要他们根据食材和设备的特性，创造出美味的食物。

在新时代的大学生劳动教育中，烹饪教育可以让他们体验劳动的乐趣和成就感，提高他们的自我价值感和自我效能感。同时，烹饪教育也可以帮助他们培养责任感和团队协作能力，因为在烹饪的过程中，他们需要考虑他人的口味和需求，需要与他人合作完成复杂的烹饪任务。

三、针线与收纳技能

（一）针线拿手绝活

针线技能是生活中的基本技能，大学生应该掌握基本的针线操作，如缝补破洞、替换纽扣、调整衣物大小等。这些技能不仅可以帮助他们节省金钱，还可以让他们体会劳动的价值，提高他们的自我管理能力。

在新时代的大学生劳动教育中，针线教育可以培养他们的耐心和细心，因为针线操作需要他们专注和精确。同时，针线教育也可以提高他们创新思维和解决问题的能力，因为他们需要根据衣物的材质和设计，选择合适的修补方法。此外，针线教育也可以帮助他们培养责任感和独立性，因为他们需要自己维护和修补自己的衣物。同时，针线操作也可以让他们体验劳动的乐趣和成就感，提高他们的自我价值感和自尊心。

（二）收纳操作指南

收纳技能也是生活中的重要技能，大学生应该知道如何有效地组织和存储他们的物品，如衣物、书籍、文具等。这些技能可以帮助他们保持生活环境的整洁和有序，提高他们的生活质量和学习效率。

在新时代的大学生劳动教育中，收纳教育可以培养他们的组织能力和决策能力，因为收纳需要他们根据物品的大小、用途和频率，制定出合理的存储方法。同时，收纳教育也可以提高他们的责任感和自我管理能力，因为他们需要自己改善自己的生活环境。此外，收纳教育也可以帮助他们培养尊重和感恩的态度，因为他们需要珍惜自己的物品，感谢他人的帮助和支持。同时，收纳操作也可以让他们体验劳动的乐趣和成就感，提高他们的自我价值感和自尊心。

针线与收纳技能的学习和实践，不仅有利于提高大学生的生活质量和自我管理能力，还有利于他们的个人成长和发展。它们可以帮助大学生理解和尊重劳动，提高他们的责任感和尊重他人的态度，培养他们的耐心、细心和创新思维。在新时代的大学生劳动教育中，应该重视针线与收纳技能的教育，让大学生通过学习和实践这些技能，体验劳动的乐趣和成就感，提高他们的自我价值感和自我效能感。同时，也应该鼓励大学生将这些技能应用到他们的日常生活中，以提高他们的生活质量和学习效率。

通过这样的劳动教育，不仅可以培养大学生的生活技能，还可以培养他们的品格和精神，让他们在未来的生活和工作中，能够以积极的态度和有责任感的行为，为社会作出贡献。这是新时代大学生劳动教育的目标和价值，也是作为教育者的责任和使命。

第二节　学校劳动实践

一、校园垃圾分类

（一）垃圾分类劳动实践的重要性

垃圾分类是指将废弃物按照其属性、性质或特征进行分类和处理的过程。这一实践旨在降低对环境的负面影响，保护自然资源，减少废弃物的产生并降低处理成本。在当今社会，垃圾问题日益突出，对环境和人类健康造成了巨大威胁。因此，大学生应该具备垃圾分类知识和技能，通过实践参与垃圾分类劳动，积极推动环保行动的开展。

1. 垃圾分类原理

垃圾分类的原理是将废弃物按照其属性、性质或特征进行分类，以便采取相应的处理方法。常见的垃圾类别包括可回收物、有害垃圾、湿垃圾和干垃圾四大类别。可回收物包括废纸、塑料、玻璃和金属等可以再利用的物品；有害垃圾包括废电池、废荧光灯和过期药品等对人体和环境有害的物质；湿垃圾主要指食物残渣和厨余垃圾，可用于有机肥料的制作；而干垃圾则是指无法回收或再利用的物品，如瓷器和纺织品等。通过将废弃物进行分类，可以更有效地进行资源回收和废物处理，减少对环境的负面影响。

2. 垃圾分类对环保的重要性

（1）资源利用与循环经济。垃圾分类有助于提高废弃物的回收利用率，减少资源的浪费。可回收物的再利用有助于节约能源和原材料，降低对自然资源的需求。垃圾分类能够促进资源的循环利用，减少资源的开采和环境破坏。

（2）减少废弃物排放与处理成本。垃圾分类可以减少废弃物的总量，降低废弃物的排放对环境的污染程度。有机废弃物通过堆肥处理可以转化为有机肥料，减少土壤和水的污染。同时，垃圾分类可以降低废物处理的成本，有效利用、处理设施和资源，提高废物处理效率。

（3）环境保护与生态平衡。垃圾分类有助于保护环境和维护生态平衡。有害垃圾的正确处理可以防止有害物质渗入土壤和水源，避免对生态系统和人类健康造成潜在威胁。湿垃圾的分离和堆肥处理能减少温室气体的排放，缓解气候变化。同时，垃圾分类也能减少垃圾填埋和焚烧对土地、水体和空气的污染，保护生态环境的完整性和稳定性。

（4）教育意义与社会影响。垃圾分类劳动实践不仅仅是一种环保行为，更是一种教育意义的实践。通过参与垃圾分类，大学生能够增强环保意识和责任感，培养良好的环境保护习惯。同时，垃圾分类的普及和推广也能够对整个社会产生积极影响，促进社会的可持续发展。

3. 大学生应有的垃圾分类知识和技能

作为知识分子和未来社会的中坚力量，大学生应该具备垃圾分类知识和技能，积极参与垃圾分类劳动实践。

（1）垃圾分类原理和分类标准。大学生应该了解垃圾分类的原理和常见分类标准，掌握可回收物、有害垃圾、湿垃圾和干垃圾的区分方法。

（2）分辨垃圾的能力。大学生应具备辨别废弃物的能力，能够准确判断废弃物属于哪一类别，并将其投放到相应的垃圾桶中。

（3）参与垃圾分类劳动。大学生应积极参与垃圾分类劳动实践，包括垃圾分类的宣传、收集、分类和处理等环节，发挥自己的作用和影响力。

（4）环保宣传与教育。大学生可以利用自身的知识和技能，积极参与环保宣传和教育工作，通过组织讲座、展览、宣传活动等方式，向校内外的群体传递垃圾分类的重要性和正确的分类方法，提高公众的环保意识和行动。

（5）积极参与创新与研究。大学生可以积极参与与垃圾分类相关的创新和研究工作，探索更有效的垃圾分类技术和方法，为垃圾分类和环境保护领域的发展贡献自己的智慧和力量。

（二）校园垃圾分类劳动实践活动

1. 垃圾分类竞赛

垃圾分类竞赛是一种常见的校园垃圾分类劳动实践活动。通过组织竞赛，学校可以鼓励学生积极参与垃圾分类，培养他们的垃圾分类意识和技能。在垃圾分类竞赛中，学生可以根据垃圾分类的原理和标准，将指定的废弃物进行分类。通过团队合作或个人参与，他们需要准确地将废弃物投放到相应的分类桶中。竞赛可以设置不同的评判标准，例如分类准确率、分类速度等。这种活动不仅可以激发学生的参与热情，还能提高他们的分类能力和团队合作意识。

垃圾分类竞赛对于大学生劳动教育的影响是多方面的。首先，竞赛形式的活动能够激发学生的参与热情和主动性，促使他们亲身实践垃圾分类，提高自身的环境意识。其次，竞赛中的团队合作和协调能力的培养有助于学生发展集体主义精神，增强团队合作和沟通能力。此外，垃圾分类竞赛也为学生提供了一种综合实践的机会，他们可以将理论知识与实际操作相结合，增加实践经验和技能。

2. 垃圾分类宣传

垃圾分类宣传是另一种有效的校园垃圾分类劳动实践活动。通过举办讲座、展览、宣传栏等形式的活动，学校可以向师生传递垃圾分类的重要性和正确的分类方法。垃圾分类宣传活动可以包括垃圾分类知识的讲解、案例分享、实地考察等，通过多种方式向大学生传递环保理念和垃圾分类的实际操作。同时，可以借助多媒体和互动形式，如展示图片、播放视频、举办互动游戏等，使宣传活动更加生动有趣，吸引学生的参与和关注。

垃圾分类宣传活动对于大学生劳动教育的影响是显著的。首先，宣传活动能够提高学生的环境保护意识和责任感，使他们认识到垃圾分类对于保护环境和可持续发展的重要性。其次，宣传活动可以增加学生的垃圾分类知识和技能，使他们了解垃圾分类的原理和方法，并掌握正确的分类技巧。最后，通过垃圾分类宣传活动，学生还能够了解垃圾分类的实际效果和影响，从而更深入地认识个人行为与环境之间的关系，培养出更加积极的环保行动。

二、勤工助学

（一）勤工助学的意义

勤工助学是指大学生通过参与校内或校外的工作岗位，以获取一定的劳动报酬来减轻经济负担，并在实践中培养劳动观念、提高社会实践能力的一种方式。勤工助学在大学生劳动教育中具有重要的意义。

1. 培养劳动观念

勤工助学作为一种劳动实践方式，对大学生的劳动观念培养具有重要意义。首先，通过实际参与劳动，大学生能够深刻体会劳动的价值和意义，意识到劳动是社会生活不可或缺的重要组成部分。其次，勤工助学可以促使大学生树立正确的劳动态度，培养勤劳、自律、坚韧的品质，从而形成积极向上的劳动态度和价值观。最后，勤工助学还能够帮助大学生进行劳动与知识的结合，提醒他们劳动与学习的平衡和相互促进，促使他们更加珍惜学习机会和学习成果。

2. 提高社会实践能力

勤工助学能够提高大学生的社会实践能力，使他们在劳动过程中获得实际的经验和技能。首先，勤工助学使大学生有机会接触社会实际工作环境，了解职场规则和社会运行机制，提前适应社会。其次，勤工助学能够锻炼大学生的组织协调能力、沟通合作能力和问题解决能力。在工作中，大学生需要与他人合作，学会与人相处、协商和解决问题，培养自己的团队合作和人际交往能力。最后，勤工助学还能够锤炼大学生的实际操作技能，提高他们的实践动手能力，使他们更好地适应职业发展和社会需求。

3. 增强职业素养和就业竞争力

勤工助学有助于增强大学生的职业素养和就业竞争力。首先，通过勤工助学，大学生可以积累实际工作经验，了解不同职业领域的要求和挑战，培养职业素养和职业道德。这有助于他们在就业过程中展示自己的能力和潜力，增加就业竞争力。其次，勤工助学提供了与雇主接触的机会，学生可以通过工作岗位与雇主建立联系和人脉，获取职业导师的指导和推荐。这对于大学生的职业发展和就业选择具有积极的影响。

4. 提升自我管理和时间管理能力

勤工助学要求大学生在学习和工作之间做出平衡和安排。通过勤工助学，大学生需要学会合理安排自己的时间，有效管理学习和工作的任务。这培养了他们的自我管理和时间管理能力，提高了他们的自律性和责任感。这些能力对于大学生在日后的学习和职业生涯中都至关重要。

（二）高校勤工助学岗位设置

1. 岗位设置原则

（1）学生发展原则。岗位设置应当以学生的专业发展和能力提升为导向。

岗位应与学生所学专业相关，提供实践机会，使学生能够将理论知识应用于实际操作，培养专业技能和实践经验。

（2）需求和资源匹配原则。岗位设置应考虑学校的需求和可提供的资源。根据学校的具体情况和需求，确定需要哪些岗位，并确保能够提供相应的资源和支持，以保证岗位的有效运作。

（3）公平公正原则。岗位设置应建立在公平公正的基础上，确保所有学生都有机会参与勤工助学。避免偏袒某些学生群体，确保岗位机会的平等分配，让更多的学生从中受益。

（4）学术导向原则。高校勤工助学岗位的设置应与学术研究和教学活动密切相关。岗位可以涉及教学助理、实验室助理、研究助理等，使学生能够接触学术研究和教学实践，提升学术素养和科研能力。

2. 岗位类型

（1）教学助理岗位。学生可以担任教师的助理，协助教学任务，包括课堂辅助、资料整理、作业批改等。这样的岗位能够让学生深入了解教学过程和方法，提升他们的教学技能和组织能力。

（2）实验室助理岗位。学生可以在实验室中担任助理，协助实验准备、仪器操作和数据处理等工作。这种岗位能够使学生接触科学研究的实际操作，提高他们的实验技能和科学素养。

（3）图书馆助理岗位。学生可以在图书馆中担任助理，协助图书管理、借阅服务和信息查询等工作。这种岗位可以培养学生的信息检索能力和文献整理能力，提高他们的信息素养。

（4）研究助理岗位。学生可以参与教师的研究项目，担任研究助理的岗位。学生可以协助教师进行文献调研、数据收集与分析、实验设计等工作。通过这样的岗位，学生可以深入了解学术研究的过程和方法，提升他们的研究能力和学术素养。

（5）校园服务岗位，这些岗位包括校园活动组织、校园导游、社团管理等，旨在提供校园内的各种服务和支持。学生可以通过参与这些岗位，锻炼自己的组织能力、沟通能力和领导能力，同时为校园生活提供便利和活跃氛围。

3. 岗位要求

（1）专业知识和技能。不同的岗位会对学生的专业知识和技能有不同要求。学生需要具备与岗位相关的学科知识和操作技能，能够胜任相应的工作任务。

（2）责任心和自律性。学生在勤工助学岗位上需要展现出良好的责任心和自律性。他们应当认真对待工作任务，按时完成工作，遵守工作纪律和规定。

（3）沟通和协作能力。勤工助学岗位通常需要学生与他人进行合作和沟通。学生需要具备良好的沟通能力和团队合作精神，能够与他人有效地合作完成工作任务。

（4）学业表现和绩点要求。有些岗位可能对学生的学业表现和绩点有一定要求。学生需要保持良好的学业成绩，以展示自己的学术能力和学习态度。

（三）高校勤工俭学案例实践——山东大学

1. 案例分析

（1）拓展勤工助学岗位功能，搭建劳动教育平台。山东大学将勤工助学视为劳动教育的有效途径和重要平台，通过积极拓展岗位功能，满足不同专业和层次学生的需求，为更多学生提供劳动教育平台。

丰富岗位种类。除了行政管理助理、教学助理和学校公共服务等传统岗位外，还积极推进项目化岗位设置，如劳动实践、学业辅导、技能提升等。每年在全校范围内设置各类勤工助学岗位约 3600 个，受益学生达 6000 余人次。

注重技能提升。通过岗前培训、持证上岗、岗中培训和岗后总结的模式，开展专项培训，内容包括勤工助学基本知识、办公软件实用操作技能等，实现了资助与育人的有效结合。

（2）优化添翼工程内容设置，开设劳动教育课程。为帮助家庭经济困难学生提升能力素质，山东大学自 2006 年起实施了名为"添翼工程"的资助育人项目。这个项目以"心灵力量—阳光生活—学业导航—实践体验—就业无忧"为核心，包含五大培训模块共 30 余项培训项目。经过 15 年的改革创新，该项目已成为山东大学具有特色的资助育人项目，并且获得了教育部第一批高校思想政治工作精品项目的评选。

开设"山大美食课"，鼓励学生动手制作学校食堂餐品，体验学校特色美食，丰富生活技能；开设"中华文化素养培训"课程，引导学生动手体验传统手工艺，如茶艺、编织和装裱等，通过文化互动和体验帮助学生掌握手工艺制作技能；开设"应急救护"课程，围绕生活中存在的各类急救事件进行教学指导，该课程旨在鼓励学生学习急救常识，提升急救技能，并培养急救理念，使他们能够在紧急情况下正确应对和处理；开设"科技创新能力训练"，该课程组织学生参观工训中心，实地体验各类仪器设备，并通过实践活动提升他们的动手能力，激发他们对科技创新的兴趣。

通过上述措施，山东大学将劳动教育与学生综合素质提升有机结合，将劳动教育理念纳入人才培养全过程，为学生提供了更多丰富的劳动教育机会和培训项目，以培养学生的实践能力、动手能力和综合素质。

2. 案例启示

（1）多样化的勤工助学岗位。山东大学通过丰富岗位种类，不仅提供传统的行政管理助理和教学助理岗位，还积极推进项目化岗位设置，如劳动实践、学业辅导、技能提升等。这种多样化的岗位设置能够满足不同专业和层次学生的需求，使更多学生能够参与到勤工助学中，获得劳动教育的机会。

（2）技能培训的重视。山东大学注重勤工助学岗位的技能提升，通过岗前培训、持证上岗、岗中培训和岗后总结等方式，为学生提供专项培训，培养他们的实用技能。这种注重技能培养的做法使勤工助学不仅仅是资助，还能够与学生的职业发展和综合素质提升相结合，提高学生的就业竞争力。

（3）劳动教育与综合素质提升的有机结合。山东大学通过开设劳动教育课程，将劳动教育与学生综合素质提升有机结合起来。例如，开设"山大美食课"和"中华文化素养培训"课程，通过动手制作食品和体验传统手工艺等方式，帮助学生培养生活技能和文化素养。这种综合性的劳动教育能够全面提升学生的实践能力、动手能力和创新能力，为他们的综合发展奠定基础。

山东大学在劳动教育和勤工助学方面的实践启示高校应该注重多样化的岗位设置，重视技能培训，同时将劳动教育与学生综合素质提升有机结合，为学生提供更全面的劳动教育和培养机会，促进他们的个人成长和发展。

第三节　社会服务实践

一、农耕劳动与手作劳动

（一）农耕劳动

1. 农耕文化的劳动教育价值意蕴

农耕文化作为劳动教育的宝库，蕴含着丰富的价值意蕴。它体现了辛勤劳动的奋斗精神，展示了劳动者的勤劳与智慧。农耕文化中的劳动方式和工具反映了劳动者在农业生产中不断创新的精神，他们通过不断实践和总结，培养出独特的农业技术和经验，推动了农业的发展。这种奋斗精神和创新精神对于现代社会仍然具有启示意义，激发人们在各个领域追求进步和解决问题的能力。同时，农耕文化蕴含着和谐劳动的生态智慧。农耕文化强调人与自然的和谐相处，以遵循自然法则为基础，保护并改善了自然环境。农耕文化中的劳动方式注重生态平衡，尊重自然的规律，实现了农业生产和环境的共生。这种和谐劳动的生态智慧对于现代社会的可持续发展至关重要，提醒人们保护和维护生态环境的重要性，追求人与自然的和谐共生。此外，农耕文化还蕴含着劳动人民的尊严和价值。农耕文化强调劳动的重要性，尊重劳动者的权益和劳动成果。劳动是人类生活的基石，农耕文化通过强调劳动的价值和尊严，培养人们珍视劳动、尊重劳动者的意识。这对于培养人们的劳动道德、社会责任感以及推动社会的公平与稳定具有重要意义。

中华农耕文化对世界农业的贡献是显而易见的。水稻作为世界三大农作物之一，最早由华夏先民培育并传播到世界各地，极大地推动了全球农业的发展。中国拥有世界灌溉工程遗产名录中的 34 处遗址，这些灌溉工程的建设和运用充分展现了中国古代农民在灌溉技术上的创新能力。另外，中国农耕文化中的"二十四节气"作为一种精确记录季节变化的方法，深刻地揭示了四季轮回的客观规律，对农耕时代的社会生产和生活具有重要的时间指南作用。此外，丰富多样的农谚则是农民们对农业生产经验的总结，通过观察和归纳，形成了许多生动易懂的经验，对于指导农业生产具有重要的实用价值。

2. 农耕劳动的实施

（1）组织农田实习。高校可以与当地农场或农户合作，安排学生参与农田实习。学生可以亲身体验农耕劳动的过程，包括耕种、播种、施肥、收割等。这样的实践活动可以让学生感受农业劳动的辛苦和价值，培养他们的劳动意识和团队合作精神。

（2）农业技术培训。高校可以邀请农业专家或农民代表来校进行农业技术培训。专家可以向学生介绍现代农耕技术和方法，讲解农业生产的科学知识和技能。学生可以通过理论学习和实际操作，了解农业的现代化发展和技术创新，培养他们的创新精神和实践能力。

（3）农耕文化体验活动。高校可以组织学生参加农耕文化体验活动，如农耕文化展览、采摘体验、农民市场等。通过这些活动，学生可以亲身感受农耕文化的魅力，了解农耕劳动的历史和意义。同时，他们也可以与农民交流，了解农民的生活和困境，增强对农民的尊重和关爱。

（4）农业社会实践项目。高校可以组织学生参与农业社会实践项目。这些项目可以包括农村调研、农业产业链分析、农产品推广等。学生可以深入农村，了解当地农业发展的现状和问题，为农民提供相关服务和建议。这样的实践活动不仅可以促进学生对农业的理解和关注，也可以为农业发展和农民权益的提升作出贡献。

（二）手作劳动

1. 手作劳动的概念及时代意义

手作劳动是一种通过亲自动手进行的劳动活动，强调人的主动参与和实际操作，通过创造性的劳动过程产生一定的成果和产品。它是一种综合了实践、创造和思考的劳动形式，具有丰富的内涵和时代意义。

（1）手作劳动强调实践能力的培养。在现代社会，虽然科技进步使得机器自动化生产成为主流，但手作劳动仍然具有重要的价值。通过实际动手操作，学生能够亲身体验和掌握具体的工艺技能，从而培养实践能力。例如，学生可以通过制作手工艺品、进行农田劳动或参与社区服务等活动，锻炼自己的动手能力、技术技能和实际操作能力。

（2）手作劳动有助于增强劳动意识。现代社会往往更加强调智力劳动，而对体力劳动的重视相对减少。通过参与手作劳动，学生能够更深入地了解劳动的本质、价值和意义。他们可以亲身体验劳动的辛苦与收获，理解劳动对于个人和社会的重要性。这有助于增强学生对劳动的尊重和珍视，培养正确的劳动态度和价值观。

（3）手作劳动能够培养创造力。手作劳动注重个体的创造性和独立思考。在手作过程中，学生需要根据自己的想象和创意，设计和制作产品。他们可以在材料的选择、工艺的运用等方面展示自己的创造力。手作劳动不仅仅是简单地按照规定步骤进行操作，而是鼓励学生思考和创新，从而培养学生的创造性思维和解决问题的能力。

（4）手作劳动还能促进综合素质的发展。在手作过程中，学生需要动手操作、进行实践探索，并与他人合作完成任务。这既培养了学生的动手能力和技术技能，也提升了他们的协作能力和团队合作精神。手作劳动还要求学生具备耐心和细致的品质，因为有时候需要经过反复尝试和调整才能得到满意的结果。这些综合素质对于学生的个人发展和未来职业发展都具有重要的意义。

（5）手作劳动还有助于培养学生的审美能力和文化素养。手工艺制作、绘画、音乐等手作劳动形式涉及艺术和文化的表达，通过参与其中，学生可以感受和理解不同艺术形式的美感和内涵。他们可以学习传统的手工艺及艺术形式，了解其背后的文化传承和历史渊源。这有助于提升学生的审美意识，培养他们欣赏和创造艺术的能力。

（6）手作劳动也有助于提升学生的问题解决能力和创新思维。在手作过程中，学生往往会面临各种挑战和问题，例如选择合适的材料、解决技术难题、处理工艺上的困难等。通过面对这些问题并积极寻找解决方案，学生能够培养解决问题的能力和创新思维。这种能力和思维方式在学业和职业发展中都具有重要的意义，使学生能够应对复杂的挑战和变化，并提出创新的解决方案。

2. 艺术实践工作坊

艺术实践工作坊是一种集体性的、互动式的艺术项目创作和交流形式。早在 1919 年，德国包豪斯学校就已经开始采用类似的"集体作坊式教学"方法进行艺术设计教育。随着工业革命的发展，这种以项目设计为中心的教学模式在欧洲得到了进一步推广。

在中国，艺术实践工作坊的概念逐渐流行起来，并在大学生艺术展演活动中得到了应用。例如，2018 年全国第五届大学生艺术展演活动增加了大学生艺术实践工作坊项目，通过 47 个工作坊展示了当代大学生关注民族文化传承、科技发展、生态环保等主题的使命感和创新意识。这些工作坊结合艺术创新教育和文化传承，提升了学生们的艺术实践创新能力。艺术实践工作坊的形式多种多样，可以涵盖各个艺术领域，如视觉艺术、音乐、舞蹈、戏剧等。参与者在工作坊中可以通过互动交流、集思广益的方式，共同分析问题、提出解决方案，并共同实施项目计划。工作坊的目的是激发创造力、培养合作精神，并提供一个实践和学习的平台。

举例来说，天津科技大学的"数媒包装艺术工作坊"将艺术和科技融入包装设计中，通过交互式包装设计与体验的方式，以生态思维实现包装的再利用，改变传统的"拆后即扔"的浪费现象，展示了当代大学生在实际生活中改变生活方式的勇气和能力。另外，昆明理工大学城市学院开设了首饰设计与制作工艺专业，通过在教学实践中引入传统工艺，如花丝工艺、钣金工艺、珐琅工艺、点翠工艺等，培养学生将艺术设计与工程知识相结合的能力。学生们通过学习首饰制作的基本工艺和设计思维，以及运用科技手段和新型材料进行创新，使传统工艺得到传承和发展。

艺术实践工作坊的开展对于学生们的艺术教育和劳动实践能力培养具有重要意义。通过参与工作坊，学生们能够深入了解艺术创作的过程和技巧，并与其他参与者进行合作与交流，拓宽视野、激发创意。工作坊的互动性和集体性也为学生们提供了分享和展示自己作品的机会，增强他们的劳动自信心和表达能力。此外，艺术实践工作坊也有助于推动传统工艺的传承和创新。通过将传统工艺与现代设计和科技相结合，工作坊能够为传统工艺注入新的生命力，使其与时俱进、与现代社会需求相契合。同时，工作坊也提供了一个劳动教育平台，将传统工艺的技艺传授给更多的学生和爱好者，确保传统技艺得以传承。

二、社区服务

（一）社区服务实践内容

大学生劳动教育是一种将理论知识和实际操作相结合的教育形式，其主要目标是培养学生的社会责任感、合作精神和实践能力。

1. 环境保护

环境保护是大学生劳动教育的重要组成部分，具有深远的意义。通过参与社区的环保项目，大学生不仅能获得实践操作的机会，也能对环保有更深刻的理解和认识。

环保项目提供了一个平台，让大学生能够将在课堂上学到的理论知识付诸实践。例如，废物回收活动需要运用废物分类和资源循环利用的知识，环保宣传活动则需要利用沟通和传播的技巧，而环境清洁活动则直接关联环境科学和生态学的知识。通过参与这些活动，大学生可以将所学知识与实际相结合，提高自己的实践能力；参与环保项目可以提高大学生的环保意识。大学生在参与废物回收、环保宣传和环境清洁等活动中，会直接面对环保问题，这有助于他们意识到环境保护的重要性。而且，这些活动也会让他们意识到，每个人都有责任和能力保护环境，从而增强他们的环保责任感；参与环保项目也可以提升大学生对社区生态环境的责任感。他们在实践中，会直接看到自己的行动对社区环境产生的积极影响，这将使他们更加理解和重视社区生态环境的保护。此外，通过服务社区，大学生也会更加了解和关心社区的环境问题，从而更有动力参与到环保工作中去。

环保项目不仅为大学生提供了实践操作的机会，也有助于提高他们的环保意识和对社区生态环境的责任感。这种实践教育方式，无疑对大学生的全面发展具有重要影响，也为社区的环保工作和环境改善作出了积极贡献。

2. 教育支持

大学生可以参与到社区的教育支持项目中，如辅导社区孩子的学习，举办科技、艺术等方面的工作坊。通过这些活动，大学生可以提高自身的专业素质，同时也能够培养自己的社会责任感和服务精神。

通过参与社区的教育支持项目，大学生能够在实践中提高自己的专业素质。比如，在辅导社区孩子学习的过程中，大学生可以运用和深化自己在学校中学到的知识。同时，教学过程也是一个学习过程，大学生在教授别人的同时，也在强化自己的知识理解和应用能力。此外，在举办科技、艺术等工作坊的过程中，大学生可以充分发挥自己的专长和创新能力，进一步提高自己的专业素养；参与教育支持项目可以培养大学生的社会责任感和服务精神。在教学过程中，大学生需要关注每一个学生的学习进度和学习需求，这既是一种责任，也是一种服务。通过这种方式，大学生可以了解社会的多元化需求，意识到个人行为对社会的影响，从而培养出强烈的社会责任感。同时，通过帮助他人，大学生可以体验服务的价值和乐趣，这有助于培养他们的服务精神；大学生的教育支持项目对于社区也是一种重要的贡献。他们的参与可以有效地补充社区的教育资源，为社区孩子提供更多的学习机会和更广阔的知识视野。而且，通过大学生的引导，社区孩子可以对学习产生更大的兴趣，对未来有更明确的规划和期待。

3. 健康普及

大学生在参与健康宣传活动，如健康讲座、义诊活动等过程中可以提升自身的健康知识。这些活动通常需要大学生进行前期的知识学习和准备，以确保他们能提供准确和有用的信息给社区成员。这不仅能够帮助大学生理解和掌握更多的健康知识，也有助于培养他们的自我学习和自我提升的能力。

组织和执行这些健康普及活动也有助于提升大学生的组织协调能力。这些活动往往需要大量的前期准备工作，如活动策划、宣传、现场布置等，同时也需要在活动过程中进行有效的现场管理。这些都需要大学生有良好的组织协调能力。通过这样的实践活动，大学生能够在实践中提升自己的组织协调能力，也有助于培养他们的团队协作精神。

通过健康普及活动，大学生可以为社区成员提供健康知识，提高他们的健康意识。这对于提升社区的整体健康水平，防止疾病的发生，具有重要的作用。同时，大学生也能从中体验自己的行动可以对社区产生积极影响，从而增强他们的社会责任感。

（二）社区服务实践活动的开展与实施

社区服务实践活动是大学生劳动教育的重要组成部分。这些活动不仅能够提供一个应用和实践理论知识的平台，也有助于培养学生的社会责任感和团队合作精神。

1. 社区服务实践活动策划

社区服务实践活动策划是一个综合性的过程，涉及目标设定、活动内容选择、形式设计以及时间规划等多个方面。策划工作对于活动的顺利开展与成功实施有着决定性的影响。

（1）明确活动目标是策划工作的核心。这需要与大学生劳动教育的主要目标相吻合，即旨在培养学生的实践能力和社会责任感。实践能力的培养意味着学生能够将所学的理论知识运用到具体的社区服务活动中，通过解决实际问题来提升自身的能力。而社会责任感的培养则是通过服务社区，帮助解决社区面临的问题，让学生理解并承担起作为社会成员的责任。

（2）选择活动内容是策划的关键一环。内容应具有实用性和针对性，既能够满足社区的实际需求，又能够让学生运用所学知识。例如，可以针对社区的环境保护、教育支持、健康普及等方面进行活动策划，这些都是社区普遍关注并需要改善的问题，同时也是学生可以运用所学知识进行实践的领域。

（3）活动形式的设计需要考虑吸引学生参与的重要性。可以通过设计互动性强、富有挑战性的活动形式，激发学生的参与热情。例如，可以组织一些竞赛性的活动，如环保知识竞赛、健康宣传海报设计比赛等，这样不仅可以提高学生的参与积极性，同时也可以通过竞赛激发他们的创新思维和团队协作精神。

（4）时间规划需要考虑学生的学业和其他活动。应避免在学生学习负担重、时间紧张的时段安排社区服务实践活动，尽量选择在学生有较多空闲时间的时段，如周末或假期进行，以确保学生有足够的时间和精力投入活动中。

2. 社区服务实践活动实施

在社区服务实践活动中，需要考虑的因素众多，包括场地安全、活动宣传、资源协调以及学生的参与等。这些因素都可能直接影响活动的顺利进行和成效。

（1）活动场地的安全是最基本的要求。无论活动类型如何，确保参与者的安全都是最重要的任务。这就需要在活动开始前，对场地进行详细的安全检查，排除所有可能的安全隐患，如在废物回收活动中，必须确保参与者使用适当的防护设备，如手套、安全眼镜等，以避免其受伤。

（2）活动的宣传也是实施阶段必须考虑的问题。只有充分地宣传，才能吸引足够的参与者，使活动得以顺利进行。这就需要利用各种渠道进行活动宣传，如社交媒体、海报、宣传单等。同时，宣传内容应当明确，能够清楚地传达出活动的目标、内容、时间和地点等信息。

（3）资源协调也是活动中的一个重要环节，包括人力资源和物力资源的协调。人力资源的协调主要是指参与者的分工和协作，需要确保每个人都清楚自己的职责，而物力资源的协调则需要确保活动所需的各种物资得到妥善准备和使用。

（4）培养学生的团队合作精神是活动的一个重要目标。在社区服务实践活动中，学生需要学会在团队中协作，这不仅包括完成分配的任务，也包括在遇到问题时提出建设性的意见和建议，甚至需要承担起领导的角色，协调团队内部的工作。

3. 社区服务实践活动反馈

社区服务实践活动反馈是评价活动效果以及改进活动的重要途径。收集和分析反馈数据，不仅能够了解活动的实际效果，也能够找出存在的问题和不足，为未来的活动提供参考和改进的依据。

（1）收集反馈应该包含学生的感受和看法。作为活动的主要参与者，学生的反馈能够直接反映出活动的实际效果，以及他们在活动中的学习和成长。学生反馈可以通过问卷调查、面对面访谈或者小组讨论等形式进行收集，获取他们对活动的总体评价，以及对活动内容、形式、组织等具体方面的意见和建议。此外，社区成员的反馈也是非常重要的。作为活动的直接受益者，社区成员能够从另一个角度评价活动的效果。他们的反馈能够帮助了解活动是否满足了社区的实际需求，以及活动在社区中产生了哪些影响。社区成员的反馈可以通过社区会议、访谈或者问卷调查等方式收集。

（2）除了学生和社区成员，其他相关人员，如活动指导教师、活动协调员等，他们的反馈也是十分重要的。他们从组织和管理的角度对活动进行评价，可以提供关于活动策划、实施和管理等方面的宝贵意见。收集到的反馈数据需要进行详细的分析。比如，如果反馈显示某个活动的参与度不高，那么可能需要考虑调整活动的形式或内容，使其更符合学生的兴趣和社区的需求；如果反馈显示活动的组织存在问题，那么就需要对活动的策划和实施过程进行改进。

4. 社区服务实践活动评价

活动评价是实践活动结束后的必要步骤。评价可以从活动的组织、实施、效果等方面进行，旨在总结经验，提出改进措施。评价不仅可以提供对活动的客观反馈，也有助于发现和解决问题，从而不断提高活动的质量和效果。

（1）活动组织的评价。这一方面主要关注活动策划的合理性，活动预备的充分性，以及活动过程中的协调和管理等。例如，活动策划是否明确、科学、可行，活动资源是否充足、适用，活动现场是否有有效的管理和指导等。这些都是评价活动组织的重要指标。

（2）活动实施的评价。这一方面主要检视活动的实际进行情况，包括活动的流程是否顺畅，参与者的行为是否符合预期，活动中是否出现意外情况等。例如，活动流程是否符合预设的计划，参与者是否积极参与，是否有安全事故等，都是评价活动实施的关键因素。

（3）活动效果的评价。这一方面主要评估活动是否达到了预定的目标，包括参与者的学习成果，社区的实际收益，以及对参与者个人发展和社区建设的长远影响等。例如，参与者是否通过活动提升了劳动实践能力，社区是否因活动得到了实际的改善，活动是否有助于培养参与者的社会责任感等，都是评价活动效果的重要内容。

在评价过程中，可以采用多种方式和方法，如问卷调查、访谈、观察记录、案例研究等。通过多角度、多维度的评价，可以更全面、更深入地了解活动的实际情况，从而提出更准确、更有针对性的改进措施。

第四节　志愿活动实践

一、大学生志愿服务概述

（一）志愿服务认识

志愿服务是个人或团体自愿为社会、他人或特定事业提供服务的一种行为，其主要目的并不是获得经济利益。它是一种强调社区参与、自愿付出以及对社会作出贡献的行为方式。

（1）志愿服务对于社会的重要性不言而喻。它不仅促进了社会的发展，还有助于建立更为和谐的社会关系。志愿服务使得个体能够积极参与社会公益事业，提升自我价值感。志愿者通过参与各种公益活动，对社会有所贡献，进而增强了自身的社会责任感。此外，志愿服务还有助于弘扬人文精神，推广社会公德，让社会变得更加美好。

（2）志愿服务的实施方式也是多种多样的。这可能包括参与社区建设，提供教育援助，参与环保活动，提供医疗援助，以及参与其他各种公益活动。志愿者可以根据自身的兴趣和能力选择参与的活动，从而发挥自身的最大价值。同时，志愿服务也需要有效的组织和管理。这需要相关的社会组织或机构定期进行志愿者的招募、培训和管理，确保志愿服务能够顺利进行。

（3）志愿服务是一种社会进步的体现，也是一种个人价值的体现。期待在未来，这种以善为本、以人为心的志愿服务精神能更加深入人心，为构建和谐社会作出更大的贡献。对于志愿者本人来说，参与志愿服务也是一种自我发展和自我提升的机会。他们在服务过程中，不仅可以学到新的技能，还可以锻炼自己的组织能力和领导能力。同时，志愿服务也能提升个人的道德品质，增强对社会的责任感，使志愿者在助人的同时，实现自我价值的提升。除此之外，志愿服务还能够促进社会的交流和融合。志愿者们拥有不同的背景，他们的相互交流和合作不仅能够增进对彼此的理解，还可以促进社会的多元化发展。同时，志愿服务也能促进国际交流和合作，通过不同国家和地区的志愿者们的共同努力，为解决全球问题作出贡献。

（4）志愿服务的发展也需要社会的大力支持和推动。政府需要提供必要的政策支持和资源保障，社会组织需要提供专业的志愿者培训和服务平台，公众需要更加理解和尊重志愿者的付出。只有这样，志愿服务才能得到更好的发展，才能更好地服务于社会，服务于人民。

（二）志愿者的权利与义务

志愿者作为社会公益活动的重要参与者，拥有其特定的权利和义务。理解和尊重志愿者的权利和义务，是有效推动志愿服务发展，提升志愿服务质量的重要前提。

1. 志愿者的权利

（1）受尊重的权利。志愿者的工作是自愿的，他们用自己的时间和精力为社会作出贡献，因此他们有权得到社会的尊重和认可。

（2）参与和决策的权利。志愿者应该有权参与到志愿服务的计划、实施和评估过程中，他们的意见和建议应该被认真听取和考虑。

（3）安全和保护的权利。志愿者在执行任务时，应得到足够的保护，确保其人身和财产安全。同时，应为其提供必要的健康和安全训练。

（4）得到培训和发展的权利。志愿者应得到必要的培训，以完成他们的任务。同时，志愿者服务也应该为他们提供个人成长和发展的机会。

（5）知情的权利。志愿者有权得知他们参与的项目的全部信息，包括目标、预期结果、工作方式等。

2. 志愿者的义务

（1）尊重社区的义务。志愿者应该尊重他们服务的社区，尊重社区的文化、传统和规定。

（2）履行承诺的义务。志愿者在接受任务时，应当履行他们的承诺，按照约定的时间和方式完成任务。

（3）遵守规则的义务。志愿者应当遵守所在组织和活动的规则，包括行为准则、保密协议等。

（4）诚实和公正的义务。志愿者在执行任务时，应当保持诚实和公正，不得为了个人利益而损害他人或社区的利益。

（5）持续学习的义务。志愿者应当积极参与培训，更新知识，提高服务能力。

3. 志愿者的权利和义务对志愿服务的影响

从权利方面可以看到，尊重和保护志愿者的权利可以提升志愿者的积极性和满意度，从而提高志愿服务的质量和效率。例如，如果志愿者感到他们的工作被尊重，他们的意见被认真对待，他们将更愿意投入志愿服务中，更有动力去完成任务。同时，如果志愿者的安全和健康得到保障，他们在服务中会更有安全感，更能专注于自己的工作。而且，提供培训和发展机会，可以帮助志愿者提升自己的能力，从而提高服务质量。

然而，也需要认识到，保护志愿者权利的同时，也需要强调志愿者的义务。志愿者服务并不意味着志愿者可以无视社区的规则和传统，他们需要尊重他们服务的社区和人群。此外，志愿者需要履行他们的承诺，遵守规则，保持诚实和公正。这不仅是他们的义务，也是他们能被社区接纳和尊重的重要条件。同时，志愿者还需要持续学习，更新知识，提高服务能力，这是他们为社区提供高质量服务的基础。

从更深层次来看，志愿者的权利和义务是相互关联、相互制衡的。权利和义务是相辅相成的，不能只强调一方而忽视另一方。只有在尊重和保护志愿者权利的同时，强调并确保志愿者履行义务，才能构建一个公正、公平、高效的志愿服务环境。这对于提升志愿服务质量、推动志愿服务的健康发展至关重要。

在实践中，需要通过制定和完善相关的规章制度，明确志愿者的权利和义务，保护志愿者的合法权益，规范志愿者的行为。同时，还需要加强对志愿者的教育和培训，提升志愿者的职业道德和服务能力。此外，还需要建立有效的激励和监督机制，鼓励志愿者遵守规则，履行义务，提供优质的服务。

（三）志愿服务的劳动教育价值及内涵

1. 志愿服务的劳动教育价值

志愿服务作为一种社会实践活动，具有深厚的劳动教育价值。它不仅能培养参与者的劳动技能，还能塑造良好的劳动道德和劳动精神。

（1）劳动技能的培养。志愿服务活动涵盖了众多领域，如环保、教育、健康、社区服务等。参与者在实践中，可以学到一系列的劳动技能。例如，在环保志愿活动中，参与者可以学到垃圾分类、废物利用等环保知识和技能；在教育志愿活动中，参与者可以学到教育教学方法，提升沟通交流能力。这些技能在志愿服务活动中得到培养和提升，对参与者日常生活和职业发展都有着积极的影响。

（2）劳动道德的塑造。志愿服务要求参与者无私奉献，这是对劳动道德的重要锻炼。志愿者在服务过程中，需要克服困难，坚持完成任务，这有助于培养他们的责任感和奉献精神。同时，志愿服务活动往往需要团队合作，参与者在合作中，可以形成尊重他人、公平公正等重要的劳动道德。

（3）劳动精神的磨炼。劳动精神是指人们在劳动中形成的积极向上的精神风貌。志愿服务活动通常需要付出大量的精力和时间，参与者在这个过程中，会不断磨炼和提升自己的劳动精神。他们学会在面对困难和挑战时，坚韧不拔，积极面对；在完成任务时，追求卓越，不断超越。

2. 志愿服务的劳动教育内涵

（1）志愿服务的劳动教育内涵体现在对个人全面发展的促进上。志愿服务活动既能培养参与者的专业技能，也能塑造他们的道德品质，还能磨炼他们的精神风貌。这种全面的教育，有助于提升参与者的综合素质，为他们的个人成长和社会适应提供了重要支持。志愿服务的劳动教育内涵体现在对社会和谐稳定的贡献上。志愿者在服务过程中，不仅向社会提供了有价值的服务，还通过他们的无私奉献和良好行为，向社会传递了正能量，塑造了良好的社会风气。这对于构建和谐稳定的社会环境，提升社会公德有着积极的影响。

（2）志愿服务的劳动教育内涵体现在对社会进步的推动上。志愿服务活动通常关注社会的热点问题和弱势群体，志愿者在解决这些问题、服务这些群体的过程中，实际上也在推动社会的公平公正和进步。同时，志愿者在服务中得到的成长和提升，也为社会的发展注入了新的活力。

（3）要充分发挥志愿服务的劳动教育价值，还需要进一步努力。需要提升社会对志愿服务的认识和理解，提高志愿服务的社会地位和影响力；需要加强志愿者的培训和教育，提升他们的服务能力和素质；需要建立健全志愿服务的管理和支持系统，为志愿者提供更好的服务条件和环境。

二、大学生志愿服务西部计划

"大学生志愿服务西部计划"是我国政府为推动西部地区发展，培养大学生的社会责任感和服务意识，提高大学生的劳动教育水平而实施的一项重要计划。该计划为大学生提供了一个理想的实践平台，使他们有机会在服务中学习，在挑战中成长，从而实现自我价值和社会价值的双重提升。

（一）劳动技能的培养

在"大学生志愿服务西部计划"中，大学生将直接参与到西部地区的教育、卫生、科技等方面的实际工作中，他们需要运用和发展自己的专业技能，解决实际问题。这种实践活动不仅可以增强他们的专业技能，还可以提升他们的实际操作能力和解决问题的能力。

"大学生志愿服务西部计划"中的劳动技能培养，首先体现在大学生们需要将所学的理论知识转化为实践中的操作能力。这是一种从课堂到实际工作场所的转变，不仅让大学生有机会运用和发展自己的专业技能，而且也让他们更深刻地理解所学知识的应用价值。比如，教育专业的大学生在参与农村教育工作时，不仅需要运用所学的教育理论知识，同时也需要解决教学过程中出现的各种实际问题，比如学生的学习困难，课堂管理问题等。这种实际操作的过程极大地提升了他们的专业技能。其次，这个计划让大学生们学习如何与不同的人群进行有效的沟通和合作。在服务过程中，他们需要与学生、家长、社区成员、同事等不同的人进行交流，解决各种问题。这种经历不仅可以让他们了解不同人群的需求和期望，而且也可以让他们学会如何在团队中发挥作用，如何进行有效的沟通，这对于他们的人际交往能力和团队合作能力的提升起着重要的作用。最后，通过参与西部地区的实际工作，大学生们可以更直接地了解社会，了解工作的实际环境和要求，这对于他们未来的职业发展也是很有帮助的。"大学生志愿服务西部计划"为大学生提供了一个宝贵的实践平台，让他们在实践中学习，在挑战中成长，从而提高自己的劳动技能和社会能力。

（二）劳动道德的塑造

在"大学生志愿服务西部计划"中，大学生需要面对各种困难和挑战，只有具有强烈的责任感和奉献精神，才能完成任务。这种环境有助于塑造他们的劳动道德，使他们学会尊重劳动，珍惜成果，关心他人，服务社会。同时，他们在服务过程中，会接触到各种不同的人群和社区，这有助于他们培养包容和尊重的精神，对于他们道德素养的提升有着积极的影响。

在"大学生志愿服务西部计划"中，劳动道德的塑造是一个深度融入和体验的过程。当大学生们步入西部的各个角落，直接面对各种困难和挑战，他们的责任感和奉献精神就会被深深地唤醒。他们的每一分努力都是对自我价值的实现，每一次服务都是对社会的贡献。这样的体验使他们更加尊重劳动，更加珍惜成果，从而塑造了他们的劳动道德。同时，在服务过程中，大学生们接触到各种不同的人群和社区，他们看到的是各种不同的生活方式，听到的是各种不同的生活故事。这些直接的接触和深入的了解让他们更加理解他人，更加尊重他人，更加包容他人。这不仅增强了他们的人文关怀，也提升了他们的道德素养。此外，为了完成任务，大学生们必须具有强烈的责任感和奉献精神。这种责任感和奉献精神不仅体现在他们为社区提供服务的决心和行动上，也体现在他们对自我提升和超越的追求上。这样的态度让他们在面对困难和挑战时，始终能够坚持下去，始终能够克服困难，始终能够完成任务。这对他们的劳动道德的塑造有着重要的影响。因此，通过参与"大学生志愿服务西部计划"，大学生们不仅提升了自身的专业技能，也在劳动道德的塑造中得到了深刻的教育和磨炼，实现了自我价值和社会价值的双重提升。

（三）劳动精神的磨炼

在"大学生志愿服务西部计划"中，大学生们投身于复杂的工作环境，他们遇到的困难和挑战，就是对他们劳动精神的最直接磨炼。西部地区的实际环境与他们的学习生活往往有着显著的差异，这种差异和挑战使他们必须拿出坚韧不拔的精神，以积极的态度去应对，去适应，去克服。在完成任务的过程中，大学生们需要面对资源有限、环境艰苦、任务繁重等各种情况。这种情况迫使他们必须有足够的耐心和决心，必须有足够的精力和毅力。他们需要适应新的环境，理解新的任务，解决新的问题。这种过程是对他们劳动精神的持续磨炼和锻造。

通过长时间的辛勤工作和付出，大学生们逐渐培养出坚持不懈、勇于拼搏的精神。他们在克服困难，完成任务的过程中，不仅增强了自己的能力，也提升了自己的信心。这种坚韧不拔的精神和勇往直前的勇气，对他们未来的发展，对他们面对职业生涯中的各种困难和挑战，都具有重要的意义。因此，"大学生志愿服务西部计划"不仅提供了一个实践平台，更是一所无形的"学校"，在这里，大学生们磨炼自己的劳动精神，锻炼自己的意志品质，成长为具有责任感，有担当精神的优秀青年。

（四）劳动观念的更新

"大学生志愿服务西部计划"不仅为大学生提供了一个实践的舞台，更在他们的内心深处，唤醒了对劳动的新的理解和认知。大学生们通过亲身参与和体验，深刻地认识到了劳动的价值和意义，从而更新他们的劳动观念。

在参与服务的过程中，大学生们会发现，劳动不仅是谋生的手段，而且是实现自我价值、服务社会的重要途径。这是因为，通过劳动，他们能够直接参与到社区的建设中，直接改善人们的生活条件，直接推动社会的发展。他们的每一分努力，都能够带来实实在在的改变，都能够创造出真真切切的价值。这种体验使他们更加认识到，劳动的价值不仅体现在物质生活上，更体现在精神生活上。同时，大学生们也会认识到，通过努力工作，可以改变自己，也可以改变社会。在服务过程中，他们需要不断地学习，不断地进步，才能够更好地完成任务，更好地服务社区。他们的每一次提升，都是自我价值的实现，都是个人能力的提高。这种体验使他们更加明白，只有通过勤奋的劳动，才能实现自我，才能实现梦想。因此，通过参与"大学生志愿服务西部计划"，大学生们的劳动观念得到了更新，他们的人生观也得到了升华。他们在实践中感受到了劳动的尊严和价值，也在挑战中体验到了自我价值的实现和社会价值的创造。这种经历不仅帮助他们形成了正确的劳动观念，也帮助他们树立了积极的生活态度。

三、大学生"三支一扶"

"三支一扶"是我国政府帮助欠发达地区改善教育、医疗、农业等基础设施，提供人才支援的一项政策。这项政策鼓励大学生到农村地区进行一年的志愿服务，具体包括"支教""支农""支医"和"扶贫"。这是一种典型的劳动教育形式，让大学生有机会亲身体验并参与社会实践。

（一）教育实践和技能培养

在劳动教育中，大学生"三支一扶"政策充当了重要的角色，尤其在教育实践和技能培养方面。这项政策促使大学生将他们在课堂上学到的理论知识应用到现实生活中，通过这种方式，大学生能够提升自己的实践能力和专业技能，同时也增强了他们对专业知识的理解和掌握。

（1）"三支一扶"的主要目标之一就是让大学生们在实践中应用他们所学到的知识。这种学以致用的方法，使学生们的学习过程更具针对性和实用性。例如，医学院的学生在"支医"过程中，可以直接将他们在课堂上学到的医学知识应用到实际的医疗服务中，更深入地了解和实践医学知识。

（2）通过参与"三支一扶"，大学生们能够在实际操作中提升自己的技能。无论是在"支教""支农"还是"扶贫"中，学生们都需要运用各种技能来解决实际问题。比如，教育专业的学生在支教过程中，不仅要将教育理论应用到课堂教学中，还需要学习如何有效地管理课堂、激发学生的学习兴趣和创新能力等。这些技能的培养，对他们未来的教育事业有着重要的意义。

（3）"三支一扶"让学生们有机会参与到复杂的社会实践中，这也是技能培养的重要部分。在参与这个计划的过程中，学生们需要面对各种各样的人和事，需要进行有效的沟通和协调，处理各种突发情况，这些都需要强大的人际交往能力和应变能力。这种实践经历可以帮助学生们提升自己的社会技能，更好地适应社会。

（4）大学生"三支一扶"在教育实践和技能培养方面起着重要的作用。通过这种方式，大学生不仅能够将所学知识应用到实践中，还能在实践中提升自己的技能，为未来的职业生涯做好准备。但是，也需要注意，要想让"三支一扶"更好地发挥其作用，就需要学校提供更多的支持和资源，以及不断优化和改进这个政策。对于教育者来说，这是一个值得深入研究和探讨的课题。

（二）价值观和道德教育

"三支一扶"计划不仅在教育实践和技能培养方面有其显著的作用，而且在价值观和道德教育方面也有着深远的影响。这项政策为大学生提供了一个深入了解社会、体验生活、服务他人的机会，使他们能够在实践中培养和提升自己的价值观和道德素质。

（1）参与"三支一扶"的大学生会在服务过程中加深对社会责任的理解。他们将亲身感受自己的所作所为如何影响他人和社区，从而更加深入地理解社会责任的重要性。例如，在"支农"和"扶贫"过程中，大学生们将直接参与到农业生产和贫困地区的社会工作中，他们的工作将直接影响农民的生活质量和社区的发展。这样的经验将使他们明白，每个人都有责任为社会作出贡献，每个人的行为都能产生影响。

（2）"三支一扶"计划能够提升大学生的公民意识。在这个过程中，大学生们将有机会深入了解中国的社会和文化，理解中国社会的多元性和复杂性。他们将通过亲身经历看到社会的不平等和不公正，从而增强他们改变现状、推动社会进步的决心。例如，在"支教"过程中，大学生们将直接面对教育资源分配不均的问题，他们的工作将直接影响农村儿童的教育机会和未来发展。这样的经验将使他们更加明白，作为公民，他们有责任推动社会公正和平等。

（3）"三支一扶"计划能够培养大学生的道德素质。在服务过程中，大学生们将面对各种道德困境和挑战，他们需要作出道德判断，承担道德责任。这样的经验将使他们更加明白，道德不仅仅是一种理论，而是需要在实践中体现和实践的。例如，在"支医"过程中，大学生们可能会面对医患关系的问题，他们需要在尊重患者权利的同时，确保医疗服务的质量。这样的经验将使他们更加明白，道德是每个人在生活中必须坚守的原则。

第七章　健全新时代大学生劳动教育保障体系

　　健全新时代大学生劳动教育保障体系是为了确保大学生劳动教育的有效实施和全面发展，提供的制度、政策和资源等方面的保障。该保障体系的建立对于培养具有实践能力、综合素质和社会责任感的新时代大学生具有重要意义。

第一节　完善政策制度保障

一、当下关于新时代大学生劳动教育政策制定情况

（一）国家层面的政策制度

1. 《关于全面加强新时代大中小学劳动教育的意见》

　　《关于全面加强新时代大中小学劳动教育的意见》由中共中央及国务院联合印发，该文件强调了劳动教育在中国特色社会主义教育制度中的重要地位。该政策倡导以立德树人为核心，把劳动教育纳入人才培养的全过程，以家庭、学校和社会为教育场域，形成具有教育规律的培育导向，以及知行合一的教育效果，从而塑造学生的世界观、人生观和价值观。

　　该意见为新时代劳动教育的推进提供了全面设计：

　　第一，明确了劳动教育的基本内涵，即在系统性的文化知识学习之外，提倡学生通过实践、劳动以体验教育。

　　第二，设定了全面目标，对全体学生从思想认识、情感态度、能力习惯三个方面提出要求，尤其强调劳动的尊严，以及培养勤俭、奋斗、创新、奉献的劳动精神。

　　第三，完善劳动教育课程设置，包括必修课和劳动课程，确保有充足的劳动实践时间，同时要求其他课程充分融入劳动教育的元素。

第四，规定了劳动教育的基本内容，涵盖日常生活劳动、生产劳动和服务性劳动，根据学生所处的学段设定不同的教育要点。

第五，强化了劳动教育评价，将学生的劳动素养纳入学生全面发展的评价体系，尤其关注评价结果在评优、升学就业等方面的应用。

第六，强调实施途径的多样性，包括家庭教育的基础作用，学校教育的主导作用，以及社会各方的协同作用。

此外，该意见还对各级党委、政府的职责作出了明确规定，要求在党委统一领导下，将劳动教育作为重要议事日程，推出相关的政策措施，加强保障条件的建设，推动建立全面实施劳动教育的长效机制。

2.《大中小学劳动教育指导纲要（试行）》

《大中小学劳动教育指导纲要（试行）》由教育部发布，旨在进一步推进习近平总书记的教育理论，落实党的教育方针，并遵循中共中央、国务院《关于全面加强新时代大中小学劳动教育的意见》的指导。该纲要的核心目标是促进德智体美劳全面培养的教育体系的构建，特别是对劳动教育的定义、教授内容和方法的具体化。

根据该纲要，劳动教育被视为一种教育活动，其核心在于通过劳动来实现育人目标，提高学生对劳动和劳动人民的热爱。其基本原则包括增强学生的劳动观念，提倡勤俭、奋斗、创新和奉献的劳动精神，强调全身心参与，手脑并用，实际体验劳动过程。此外，也需要在弘扬传统劳动工艺项目育人功能的同时，紧跟科技发展和产业变革，以满足时代要求。同时，该纲要还鼓励学生积极主动，发扬创新精神。该纲要提出，劳动教育主要包括日常生活劳动教育、生产劳动教育和服务性劳动教育。在日常生活劳动教育中，学生需要处理个人生活事务，形成良好的生活和卫生习惯，增强自立自强意识。在生产劳动教育中，学生将体验工农业生产创造物质财富的过程，提高产品质量意识，体验劳动的伟大。服务性劳动教育则强调学生应运用所学知识技能为他人和社会服务，增强社会责任感。

（二）高校层面的政策制度

1. 桂林电子科技大学

桂林电子科技大学在遵照中共中央、国务院《关于全面加强新时代大中小学劳动教育的意见》以及自治区《关于全面加强新时代大中小学劳动教育的实施意见》的精神下，将劳动教育整合至人才培养的全过程中，此举为树立以立德为根本的教育任务提供了支持，并以此构筑新时代劳动教育创新体系，致力于培育德智体美劳全面发展的社会主义建设者和接班人。

为了落实劳动教育保障制度，该校制定了《关于新时代劳动教育的实施方案》（桂电党〔2021〕1号），其以育人为核心，强调价值引导、体现时代特征，以及综合实施等元素，努力构筑校院两级的劳动教育体系。为了推动这一方案的实施，学校成立了劳动教育工作领导小组，由学校党委书记和校长共同担任组长，成员包括多个部门的负责人，如教务处、校团委、学生工作部（处）、教学实践部、马克思主义学院、后勤处、宣传部、科学技术发展研究院、人事处、财务处的负责人等，此小组主要负责学校劳动教育的规划实施和落实监督，以确保劳动教育的有效实行，并通过劳动教育促使学生的成长。

2. 江苏海洋大学

江苏海洋大学为了实现中共中央、国务院《关于全面加强新时代大中小学劳动教育的意见》以及教育部《大中小学劳动教育指导纲要（试行）》的精神，着力在学生中推广劳动教育，引导他们坚定正确的劳动价值观，尊崇和热爱劳动，以提升学生的劳动素养，以及培育具备全面发展的社会主义建设者和接班人。因此，结合学校的实际情况，制定了《江苏海洋大学劳动教育实施方案》。在校党委的统一领导下，成立了江苏海洋大学劳动教育工作领导小组，统筹规划和执行劳动教育相关工作。该小组协调多个职能部门，推动各学院落实劳动教育。教务处负责引导和执行教学计划内相关课程的劳动教育内容；教学质量管理处则负责制定劳动素养评价标准；团委、学生处、后勤管理处、各学院及相关部门则通过大学生成长服务网络平台（PU平台）定期发起劳动实践活动；团委负责组织"劳动教育"课程的学分认定；各学院则负责具体的劳动教育实施工作。

3. 湖南大学

劳动教育，被新时代党视为教育的新期待，是国民教育体系的一部分，也是学生成长的关键路径，具有综合育人价值，能培养德、智、体、美各方面的素质。为了深化习近平总书记关于教育的重要论述的贯彻，实行党的教育方针，并且落实中共中央、国务院《关于全面加强新时代大中小学劳动教育的意见》以及教育部《大中小学劳动教育指导纲要（试行）》的精神，湖南大学制定了《湖南大学加强新时代劳动教育实施方案》（湖大教字〔2021〕

28 号)。

该实施方案的目标是建立德智体美劳全面培养的教育体系,塑造学生正确的劳动价值观和良好的劳动品质,以推动学生的全面发展。为了确保方案的执行,湖南大学设立了劳动教育工作领导小组。这个小组由分管本科教学的校领导担任组长,其成员包括党委宣传部、学生工作处、教务处、人力资源处、计划财务处、现代工程训练中心、学生创新创业中心、共青团湖南大学委员会、后勤保障部等单位的负责人。这个领导小组负责执行党和国家有关劳动教育的各项方针和政策,统筹劳动教育体系的设计、资源的整合、过程的管理、考核评价以及文化宣传等劳动教育工作。领导小组下设办公室,挂靠在教务处,由教务处处长兼任办公室主任。劳动教育工作领导小组办公室会定期召开研讨会,分析、讨论并解决工作中遇到的问题。

二、新时代大学生劳动教育政策制度保障的完善策略

(一) 劳动教育教师保障机制

1. 工资待遇

劳动教育教师是劳动教育的重要执行者,他们的待遇直接影响劳动教育的质量。然而,在现实中,劳动教育教师的待遇往往低于其他科目教师,这无疑削弱了他们的积极性和稳定性。因此,国家及高校需要确保劳动教育教师的工资待遇与其他教师同等,以此提高他们的职业满意度和工作积极性。同时,应建立公平、公正、透明的绩效考核机制,使教师的辛勤努力得到应有的回报。

2. 师资建设

劳动教育的质量在很大程度上取决于劳动教育教师的教育技能和专业素养。因此,高校需要加强劳动教育教师的培训和专业发展,以增强他们的教育技能和知识水平。这可以通过定期举办培训班、讲座、研讨会等形式来实现。同时,鼓励劳动教育教师参加职称评聘,提高他们的社会地位和职业认同感。

3. 骨干教师培养

在劳动教育中,骨干教师的作用不可忽视。他们是劳动教育的领头羊,引领和带动其他教师提高教学质量。因此,高校应制定具体的骨干教师培养计划,以提升劳动教育教师的专业素质,保证劳动教育的质量和效果。这可

能包括提供更多的专业发展机会，如研修课程、教育研究项目等。

（二）资源开发和利用机制

在完善大学生劳动教育的过程中，资源开发和利用机制的构建起着关键性的作用。尤其是在农村地区，有效地利用和开发当地的自然资源，如土地、山林、草场或水面，可以为学生提供丰富的劳动教育实践场所，增强劳动教育的实际效果。

1. 土地资源

农业劳动是最基本的劳动形式，也是最容易让学生体验到劳动的辛苦和乐趣的劳动方式。学校可以利用农田、菜园等土地资源，开设种植、耕作等农业实践活动。通过亲自种植和照料作物，学生不仅可以掌握一些基本的农业技能，也可以深刻体验到农民的辛勤努力和收获的喜悦。

2. 山林资源

山林资源是劳动教育的重要资源。学校可以通过开设森林保护、野外生存等活动，让学生在实践中学习和理解森林生态的重要性，培养他们的环保意识和团队协作能力。

3. 草场或水面资源

草场和水面资源也可以作为劳动教育的实践场所。例如，学校可以组织学生进行畜牧业或渔业实践，让他们了解这些行业的运作方式，同时学习相关的技能和知识。

为了有效地开发和利用这些资源，学校需要与当地政府和有关部门进行密切合作。例如，学校可以向当地政府申请使用一部分土地、山林、草场或水面作为劳动教育实践基地。同时，学校也需要争取有关部门的技术支持和资金援助，以保证实践活动的顺利进行。

（三）督导评价机制

督导评价机制是保障劳动教育质量的重要环节。它不仅能促进劳动教育教师的专业发展，也能为学校提供反馈，以便进行持续改进。

1. 定期的劳动教育督导

各级教育督导部门应定期进行劳动教育督导，检查学校的劳动教育实施情况。督导的内容应包括课程设计、教学方法、实践活动、评价制度等各个方面。通过督导，可以发现存在的问题，提出改进意见，促进劳动教育的质量提高。

2. 将劳动教育纳入责任督学挂牌督导

劳动教育作为学校教育的重要组成部分，应被纳入责任督学挂牌督导的内容。这将有助于提高学校对劳动教育的重视度，促使学校制定更完善的劳动教育方案，并将其实施情况作为学校综合评价的重要内容。

3. 建立反馈机制

除了外部的督导，学校也需要建立内部的反馈机制，及时收集学生、家长、教师等各方面的意见和建议，以便进行及时的调整和改进。例如，学校可以定期进行满意度调查，或设立意见箱，鼓励各方积极提出建设性的意见。

4. 评价制度的完善

评价制度是劳动教育的重要组成部分。一个公平、公正、科学的评价制度，可以鼓励学生积极参与劳动教育，提高他们的劳动技能和素质。因此，学校需要完善劳动教育的评价制度，包括评价内容、方法、标准等，使其真实反映学生的劳动表现，成为激励学生努力学习、积极进取的动力源泉。

第二节　科学构建评价体系

一、评价体系指标构建原则及评价指标构建

(一) 评价体系指标构建原则

1. 时代性原则

在劳动教育评价体系的构建中，时代性原则起着核心的作用。这一原则强调劳动教育需要与时代同步，回应时代的挑战和机遇，并以此来培养适应新时代发展需要的人才。这种适应性不仅仅是对当前时代状况的反应，也是对未来社会发展趋势的预见和准备。

习近平新时代中国特色社会主义思想，作为新时代的指导思想，为劳动教育提供了重要的理论依据。习近平总书记关于劳动的重要论述，明确了全面、科学的劳动观，强调了劳动的尊严、劳动的光荣，进一步凸显了劳动教育的时代性。

2. 阶段性原则

阶段性原则则强调在高等教育阶段，劳动教育应以马克思主义劳动观教育为核心，关注创新创业，结合学科专业开展生产劳动和服务型劳动。大学

生应在劳动中积累职业经验，培养创造性劳动能力和诚实守信的合法劳动意识，提高在生产实践中发现问题和创造性解决问题的能力。评价体系在设计时，应结合大学的阶段性特点，全面考察人才培养目标、课程设计、活动开展和成果体现等方面。

3. 功能性原则

功能性原则是高校劳动教育评价体系中的关键组成部分，强调劳动教育的实质性育人功能。该原则的核心是，劳动教育不仅培养学生的实践技能，而且是塑造其品格，提升其综合素质，实现全面发展的重要手段。

劳动教育是对学生进行热爱劳动、热爱劳动人民的教育。通过劳动，学生可以理解和体验劳动的价值和尊严，从而树立正确的劳动观，形成积极的劳动态度，增强对劳动人民的尊重和理解。这是劳动教育的基本育人功能，也是评价体系中的重要考量因素。劳动教育具有树德、增智、强体、育美的综合育人价值。劳动教育可以使学生在实践中提升道德素质，增强道德判断和道德行为的能力；通过劳动，学生可以将理论知识应用于实践，提高思维能力和解决问题的能力；劳动还能提升学生的身体素质，增强其体质健康；此外，劳动教育也可以培养学生的审美能力，提升其美学素养。劳动教育的评价体系应与高校学生综合素质评价体系相一致、相融合。这意味着劳动教育评价体系不仅要考查学生的实践技能，也要考查其道德素质、智力素质、体质健康和美学素养。只有这样，劳动教育评价体系才能真正体现其育人功能，促进学生全面发展。劳动教育评价体系应以"五育并举"为指导，即德育、智育、体育、美育、劳动教育并重。这是实现劳动教育全面育人功能的重要原则，也是构建科学、有效的劳动教育评价体系的基础。

（二）评价指标的构建

以新时代劳动教育内涵为基准，结合指标构建原则，本书将新时代大学生劳动教育评价体系指标划分为三个一级指标和八个二级指标，其中三个一级指标为劳动教育规划、劳动教育实施和劳动教育成果，八个二级指标为目标规划、制度规划、活动规划、成果规划、课程实施、活动实施、学生成果、学校成果，详见表7-1。

表 7-1　新时代大学生劳动教育评价体系指标

一级指标	二级指标	评价要点
劳动教育规划	目标规划	构建纳入劳动教育的专业人才培养体系； 构建高校的劳动精神体系，掌握基本劳动技能及养成良好的劳动习惯； 培养创新创业能力和解决实际问题的能力，树立正确的择业观和就业观；
	制度规划	管理制度规划：建立系统科学、分工明确的工作计划，明确管理机构及相关人员的权责划分； 考评制度规划：对学生的表现进行评价并纳入评价评优的参考指标； 激励制度规划：加强对学生精神和物质的双重激励；
	活动规划	日常生活劳动：设立勤工助学岗位，参加日常劳动活动； 生产劳动：开展教学实践活动，开展专业实习实训； 服务型劳动：开设劳动教育特色实践课程和劳动教育特色文化活动，鼓励学生参加服务型劳动；
	成果规划	显性成果规划：养成基本劳动技能和专业劳动技能，掌握劳动理论知识； 隐性成果规划：树立正确的劳动价值观，具有积极的劳动精神；
劳动教育实施	课程实施	思想政治理论课程：以马克思的劳动价值观为指导，重点阐述习近平总书记关于劳动的重要论述，注重传播新时代劳动的价值与作用、劳动楷模的优秀事迹、劳动精神的时代内涵； 专业实践课程：推行聘专家入教、引企业入校的专业实践教学模式，将劳动教育融入专业课程教学中；
	活动实施	由社团自主设计、管理、运行劳动教育活动； 校团委、学生工作办公室组织开展劳动教育主题活动； 开展具有专业特色的劳动教育活动； 邀请知名企业家、劳动模范开展主题讲座； 鼓励学生参与校外各类专业性的劳动技能竞赛等实践活动；
劳动教育成果	学生成果	学生劳动知识通过书面考核； 学生劳动技能通过技能操作考核； 学生劳动精神通过思想政治理论课程培养； 学生劳动成果通过劳动实践表现评价；
	学校成果	顶层设计：构建完善的劳动教育制度体系； 特色劳动教育：设置具有地区特色的劳动教育课程，因地制宜地开展劳动教育活动； 师资队伍：打造以专业教师、思政课教师为主，企业实践导师参与的劳动教育师资队伍；

1. 劳动教育规划

在对劳动教育进行规划时，首要考虑的是评价体系，具体包括目标规划、制度规划、活动规划和成果规划这四个二级指标。

目标规划部分，高等教育机构应以新时代劳动教育的指导思想为基础，遵循习近平新时代中国特色社会主义思想，并结合《关于全面加强新时代大中小学劳动教育的意见》的指导思想及构建原则来制定劳动教育的目标。这个目标要做到三点：一是专业劳动教育，二是劳动价值观教育，三是创新创业能力教育。

制度规划上，劳动教育作为一个系统性的工程，需要规划出有力的管理制度、考评制度和激励制度。管理制度需要有明确的权责分工，考评制度要将劳动教育纳入教育计划中，激励制度则应加强精神和物质的双重激励。

在活动规划方面，应从学生的实际需求出发，对劳动教育活动进行合理安排。这包括日常生活劳动、生产劳动和服务型劳动等各种形式的劳动活动。

成果规划直接反映了劳动教育质量，也反映了高等教育机构对劳动教育的期待。显性成果规划和隐性成果规划两方面都需要注意，前者要求学生具备基本劳动技能和扎实的劳动知识，后者要求学生树立正确的劳动价值观和良好的劳动精神。

2. 劳动教育实施

执行劳动教育的过程中，关键的步骤和环节涵盖了劳动教育的课程实施和活动实施这两个二级指标。

在课程实施方面，劳动教育的元素应被纳入思想政治理论课程以及专业实践课程中。对于思想政治理论课程，以马克思的劳动价值观为指导，着重讲解习近平总书记的重要劳动观念，强调新时代劳动的价值和作用，传播劳动模范的优秀行为以及劳动精神的时代内涵。而在专业实践课程中，要深入探索课程内的劳动教育元素，把劳动教育融入专业课程教学中，通过产教结合的方式，聘请专家入校教学，引入企业参与，实施专业实践教学模式，引导学生掌握专业的新技术、新产品、新工具和新应用，提升专业劳动技能和职业责任感。

在劳动教育活动的实施方面，采用多元化的活动形式是至关重要的，因为这能够增强学生对劳动的热情和积极性，引导他们主动参与劳动体验，进一步融入劳动。实施这一过程主要通过五种途径。

第一，充分利用学生社团活动的平台，结合社团的职责和功能，进行劳动教育活动。这类活动应由社团自主设计、管理、运行，通过这种方式，学生可以在实践中了解和体验劳动的价值和意义。

第二，由校园团委以及学生工作办公室推动的劳动教育主题活动也是一种重要的实施途径。这些活动包括但不限于植树节的植树活动、劳动节的劳动主题演讲比赛、国际志愿者日的志愿者活动等，通过这些活动，学生可以更加深入地理解和领悟劳动的精神和价值。

第三，校内具有专业特色的劳动教育活动是劳动教育的另一种实施方式。例如，师范生的课堂教学比赛、医学生的医学技能比赛等，这些活动不仅能提高学生的专业技能，也能让他们在实践中感受到劳动的乐趣和价值。

第四，邀请知名企业家、劳动模范开展主题讲座也是一种有效的方式，这让学生有机会与优秀的劳动者面对面交流，从而更深入地理解和学习他们的劳动精神和职业素养。

第五，鼓励学生参与校外各类专业性的劳动技能竞赛等实践活动，这能让学生在实践中提高自己的专业技能，同时也可以增强他们的社会责任感和使命感。

3. 劳动教育成果

劳动教育的成果是检验高校劳动教育成效最直接的标准，主要从学生成果和学校成果两个二级指标进行评价。

学生层面的劳动教育实践成果涉及劳动知识积淀、劳动技能熟练度、劳动精神塑造以及实际劳动成效。在劳动知识的积淀方面，通过期末考试或专业资格考试，如教师资格证、医师执业资格证、护士执业资格证等，可得到评估。至于劳动技能熟练度，以技能作为评判标准，深度验收学生对专业劳动技能的掌握程度和应用灵活性。劳动精神的塑造，依赖于思想政治理论课程，旨在培育学生对劳动的热爱和尊重，认识劳动改变世界和创造价值的重要性。实际劳动成效则通过参与日常生活劳动、生产劳动和服务型劳动等实践，比如通过劳动创作作品、技能竞赛奖项、志愿者活动的认可等来评估。

学校层面的劳动教育实践成果则表现为：制度建设、特色劳动教育以及师资队伍建设。在制度建设方面，需要构筑完整的劳动教育制度架构，明确职责划分，合理配置资源，实施管理考核，并建立"高校—社会—家庭"互动机制。在特色劳动教育方面，根据所在地区的文化资源、经济发展等因素，设计出有地方特色的劳动教育课程，并有针对性地开展劳动教育活动。在师资队伍建设方面，定期邀请劳动模范、知名企业家进行专题讲座和实践培训，联合打造由专业教师、思政课教师为主导的劳动教育师资队伍。

二、新时代高校大学生劳动教育评价实施

（一）评价主体：校内主体与校外主体相结合

在教育评价研究中，一个显著的主题是如何全面准确地评估劳动教育的实施效果。在这个过程中，评价主体的选择将直接影响评价的质量和效果。基于这一理念，校内和校外主体相结合构建出一种多元化的评价机制，旨在从多个角度全面地观察和评估劳动教育的实施情况。

校内评价主体主要包括学生、教师和学校三个层次，每个层次都对劳动教育的实施过程有独特的观察和评估方式。作为劳动教育的直接受益者，学生在评价中会对劳动教育的方式、策略和感受等方面进行深入探讨。教师则作为劳动教育的传播者，在评价过程中会关注学生在教学过程中的表现、学校执行教育方针的情况以及教师团队的建设等方面。此外，学校作为劳动教育的组织者和执行者，主要关注劳动教育的目标设定、制度建立、课程规划和活动实施等方面。

校外评价主体主要包括教育主管部门、合作企业和第三方评价机构等，他们主要关注劳动教育的整体效果。教育主管部门作为政策制定者和监督者，应评价学校劳动教育的政策执行情况和经费使用等情况。合作企业作为劳动教育的重要合作伙伴，可以根据企业的实际需求，评价学生的劳动技能、劳动素养和劳动精神等，同时也评价学校的教学内容和规划，找出学生技能水平与企业需求之间的差距。第三方评价机构则通过收集学生、学校和教育主管部门的评价成果，出具关于劳动教育实施情况的全面客观的评价报告。

（二）评价方法：定量评价与定性评价相结合

在对高校劳动教育进行评价时，如何选择合适的评价方法成了一项至关重要的任务。兼顾定量评价与定性评价的方法为实现评价的客观性、准确性和全面性提供了可能。结合定量评价和定性评价的方法，能够更加全面、准确地评估高校劳动教育的实施情况和效果，从而为优化劳动教育实践提供有价值的参考。这种综合性的评价方法强调了评价的科学性，注重对客观事实的精确把握，同时也关注到了劳动教育中评价主体的内在品质和主观体验，

体现出评价的全面性和深入性。

定量评价的方法，通过量化评价标准，能够直观地、精确地衡量和展示劳动教育的实施情况。如使用层次分析法、模糊综合评判法等定量评价方法，可以系统地量化学生的劳动素养、劳动教育与专业教育的结合情况，以及劳动教育的整体实施情况等。同时，劳动教育评价计分卡的使用也为定量评价提供了方便，通过列出评价要点并设置相应的评分标准，评价主体可以依据实际情况进行打分。在这个过程中，校内评价主体（学生、教师、学校）和校外评价主体（教育主管部门、合作企业、第三方评价机构）的角度和侧重点有所不同，但都对定量评价的结果起到了关键作用。然而，定量评价并不能涵盖所有的评价因素，特别是那些难以量化的内在素养，如劳动精神、劳动品质等。在这种情况下，定性评价的方法就显得尤为重要。通过访谈、座谈等方式，定性评价可以直接获得关于劳动教育实施情况和效果的定性结论，包括但不限于学生在劳动中的成就感、存在感和幸福感等。

（三）评价节点：过程性评价与结果性评价相结合

高校劳动教育评价的时间节点选择至关重要，对于评价的效果具有深远影响。评价节点的选择主要围绕过程性评价与结果性评价展开。过程性评价聚焦于劳动教育的执行过程，进行实时追踪，而结果性评价则集中关注劳动教育的最终产出，即对学校劳动教育的全面评估。为了确保评价的全面性和深入性，应将过程性评价与结果性评价相结合。

过程性评价的重心在于实时监控和调整劳动教育的执行过程。在学生层面，过程性评价主要关注其在劳动教育中劳动态度、劳动技能、劳动品质等方面的改变；在教师层面，过程性评价则关注其在课程设计、教学内容以及教学方法等方面的变化；在学校层面，过程性评价主要关注其在劳动教育执行过程中教学目标、教学计划的调整等情况。过程性评价的重要性在于其可以实时调整和优化劳动教育的执行策略，及时发现并改正问题，确保劳动教育的顺利进行。

结果性评价则更多地注重劳动教育的最终成果。例如，学生在劳动教育中的表现可以作为评优的依据，教师的劳动教育成果可以作为晋升的考核指标，而学校的劳动教育整体成果可以作为其能否进入"双一流"建设名单的重要参考。结果性评价的关注点涵盖了高校劳动教育的执行特色、学生的反馈、社会的认可度以及毕业生的劳动素养等多个方面。为了实现结果性评价的有效性，需要从社会的角度收集反馈，以便进一步优化高校劳动教育的培养方案。

第三节　打造优秀师资队伍

一、劳动教育教师专业结构的构建

在新时代的劳动教育中，教师队伍建设面临着更高级别的挑战和要求。无论如何，专业培训和教师发展是促进学校劳动教育全面推进的关键。教师的专业结构，也就是他们的专业发展的核心和主要内容，深入分析专业结构可以进一步增强和推动教师的专业发展，提升教师的专业综合素质，从而提高他们的教学质量。本书将教师的专业结构分为三个部分：专业情意、专业知识和专业能力。通过对这三个维度的深入分析，以便更全面地理解并提升教师队伍的专业能力，如表7-2。

表7-2　教师专业结构分析

维度	聚集点
专业情意	专业认识与理想
	职业态度与行为
专业知识	本体性知识
	条件性知识
	实践性知识
专业能力	课程理解能力
	课程开发能力
	课程实施能力
	课程评价能力
	教育科研能力

（一）专业情意

在教师的专业生涯中，情意和信念对于其专业发展起关键作用。教育者的专业情意，包括他们对专业的理解和目标，以及他们的职业态度和行为，这些对于教师的专业发展至关重要。专业认知与理想、职业态度与行为是教师专业情意所包含的两个方面。

1. 专业认知与理想

从专业认知与理想的角度来看，劳动教育教师需深入理解劳动教育课程的本质。这一课程作为国家强制性规定，旨在贯彻新时代的教育要求，是中国特色社会主义教育体系的核心组成部分，其强调思想性、社会性和实践性。劳动教育教师应认识到劳动教育的价值，并对其有深刻的认同。在此背景下，深化劳动教育以提升全民，特别是青少年的劳动素质，对于塑造新时代公民，实现中国梦的宏伟目标有着深远影响。

2. 职业态度与行为

从职业态度与行为的角度来看，劳动教育教师需要对劳动教育的实施有明确的理解。劳动教育注重理论知识与实践技能的融合，特别强调学生的实践体验。仅依赖理论教学，或者简单模仿其他学科的教学方式，都无法有效实施劳动教育。因此，劳动教育教师应明了专业发展的需求，积极拓展专业知识，构建符合学生发展和社会需求的课程理念和教学模式。教师需要具备进取心，对个人职业发展有长远规划，不断更新知识结构，提升指导能力和实践技能，以应对新时代的劳动教育需求，推动自身的专业成长。

（二）专业知识

教师的专业知识结构是多元且复杂的，包括本体性知识、条件性知识和实践性知识这三个维度。本体性知识是教师的基础，它确保教师具备开展教学活动所必需的基本知识和技能。条件性知识为教师的教学活动提供了必要的背景和情境，使教师能够更好地理解和应对教学环境的特殊性。而实践性知识则是教师在教学实践中不断积累和提炼出来的，它能够帮助教师解决实际的教学问题，提高教学效率。这三种知识在教师的专业发展过程中相互影响，相互促进，共同构成了教师的专业素养和能力。

1. 本体性知识

本体性知识是教师专业知识的核心，是教师进行教学活动所必备的专业基础知识。对于劳动教育教师来说，这包括对劳动教育课程的全面理解，如理念、性质、教学内容、实施方式和评价方式等，以及通用的劳动科学知识，如劳动类型、工具使用、劳动安全、劳动相关的法律法规等。此外，教学方法与组织策略知识也是其重要组成部分，包括启发、激励、示范、教学与实践活动组织、心理疏导、协调合作、团队管理等。这些知识保证了教师的教学活动能符合劳动教育的特征，并为教师提供了处理课堂情况的工具和策略。

2. 条件性知识

在教师的专业知识结构中，条件性知识占据了重要的地位。这种知识类型为劳动教育教师提供了开展教学活动所需的背景信息，它的存在为教师在教育实践中的成功提供了必要的保证。

（1）教师需要掌握他们所教授的劳动教育基础知识。这包括了日常生活劳动知识、基础生产劳动知识、服务性劳动知识以及相关的劳动流程、操作和实践方法等。这种基本知识的掌握为教师提供了教学活动所需的基本素材。

（2）劳动教育教师需熟知他们所选择的劳动项目的深入知识。这种选择通常受到学校环境、学生特性和个人兴趣等因素的影响。对劳动项目的深入理解，比如，理解某个劳动项目的基本流程、工具使用方法、操作技巧以及相关的科学原理，这对于教师成功开展劳动教育课程来说是至关重要的。

（3）劳动教育教师需要有丰富的社会与生活劳动实践经验。通过实践经历，教师可以达到一定的劳动熟练度和效果，为学生提供生动的教学示范，增强教学的吸引力和感染力。

（4）对学生特性的了解也是条件性知识的重要组成部分。教师必须对学生的年龄特性、劳动能力基础、思维方式、个性特点等有深入的认识，以便给予学生有针对性的、个性化的教学。这样的教学方式可以提高教学的有效性，增强学生的学习动力，提升教学质量。

3. 实践性知识

在教师的专业知识体系中，实践性知识起着至关重要的作用。这种知识类型为教师的本体性知识和条件性知识提供了实践指导，是教师在教育过程中不断积累的教学经验的具体体现。

劳动教育教师的实践性知识主要来源于具体的劳动教学活动。在日常的教学实践中，教师通过面对和解决具体的教学问题，逐步积累并形成了这种实践性知识。这种知识赋予了教师处理特定教学问题、应对突发教学情况的能力。在劳动教育教学活动中，教师需要根据劳动内容的需要，为学生创设不同的劳动情境，同时，也要处理劳动实践过程中可能出现的各种突发状况。劳动教育教学活动具有开放性、复杂性和多样性，这要求教师在不同的教学情境中积累和形成多样化的实践性知识。这种实践性知识的存在，使教师在面对不同的劳动教育内容时，能够根据自己的教学经验提供有效的指导。这种经验的存在，使教师的教学活动更具针对性和实效性，提高了教学质量。

（三）专业能力

在教育实践中，教师的专业能力对教学品质的影响至关重要，这种专业能力是教师的专业成长和发展的基石和动力源泉。

1. 课程理解能力

在教育实践中，对于课程的深度理解是教学实施的认知基石。对于劳动教育课程来说，教师需要对其理念、性质、教学内容、实施方式以及评价方法等有深入的理解和认识。只有正确理解了劳动教育课程的性质，才能够有效地开展劳动教育课程，这也是劳动教育教师课程理解能力的重要体现。

2. 课程开发能力

劳动教育课程开发能力也是教师专业能力的重要组成部分。学校是劳动教育课程的执行主体，需要根据国家的相关规定，结合当地和学校的具体情况，进行劳动教育课程的总体设计和系统规划。在信息技术和数字教育的推动下，劳动形态正在发生深刻的变化，新的劳动形态正在逐渐形成。面对这样的形势，教师需要根据新时代劳动教育的要求，从课程目标、内容、实施和评价等各个环节进行创新，利用各种课程资源进行内容设计，丰富劳动教育课程的实施路径，设计多元化的劳动实践活动，创新评价方法等。这就需要教师具备强大的课程开发能力。

3. 课程实施能力

劳动教育教师的课程实施能力主要体现在组织管理能力、实际操作能力以及教学引导能力三个方面。

（1）组织管理能力在课程实施中起到了至关重要的作用。劳动教育课程的教学过程是一个充满动态性的多元交互过程，包含了多样的教学途径，不仅局限于校内的劳动教育课程，还拓展到了校外的实践活动。因此，教师必须努力提高自己的组织管理能力，以便从多个角度推进劳动教育课程，激发学生的学习热情，并达成劳动教育的预设目标。

（2）实际操作能力是劳动教育课程教师必备的技能。劳动教育课程的主要任务是培养学生的实际劳动技能，让学生在实践中掌握基本规律。这对教师在教学示范中的实际操作能力要求颇高，需要做到目标明确、行动规范、分析清楚、协调流畅，并能正确示范。

（3）教学引导能力也是劳动教育课程教师的重要技能。在劳动教育课程中，学生的全过程自主活动是教学效果的关键，教师需要在指导和启发上发挥主导作用。虽然劳动教育课程的教学并不需要像语文、数学等学科一样详细讲解每一个环节，但教师需要时刻进行指导和启发，帮助学生掌握劳动技能和科学方法。同时，教师也需要关注学生的心理动态，采取适当的方式进行心理引导，解决可能出现的心理问题。

4. 课程评价能力

劳动教育课程的评价能力，是教师专业能力的重要表现。劳动教育的相关文件明确指出了将劳动素养纳入学生综合素质评价体系的要求。因此，学校和教师需要根据劳动教育的目标和内容要求，融合过程评价和结果评价，完善学生劳动素养的评价标准、程序和方法。现代信息技术手段，如大数据、云平台、物联网等，可以有效地用于劳动教育过程的监控和即时评价，以发挥评价的教育引导和反馈改进功能。

（1）教师需要评价课程开发和设计的合理性、适应性和针对性。这需要教师能够理解课程设计的内在逻辑，判断课程内容是否符合学生的学习需求和发展阶段。

（2）教师需要对学生的劳动过程和状态进行评价。这包括评价学生的参与程度、团队协作情况等，通过评价激发学生的劳动兴趣，提高学生的参与度。

（3）教师需要对学生的劳动成果进行评价。这不仅包括评价学生的劳动总量，还包括评价学生的劳动效果，并提出具有针对性的指导意见。

（4）教师需要对自己和他人的教学进行评价。通过开展课例研讨评价，可以提高教师的教学能力，同时也能促进教师的专业发展。在课例研讨评价中，教师可以互相学习，提升教学水平。

5. 教育科研能力

劳动教育课程的教学内容的多元性、教学组织的多样性、教学对象的复杂性，以及教学成果的非确定性等特点，都要求教学策略的构建和实施需要根据具体的时间、地点和人群进行调整。为了顺应新时代劳动教育目标的调整，即在充分展现传统劳动和传统工艺的教育功能的同时，劳动教育要紧密跟随科技和产业的进步，准确把握新时代劳动工具、技术，以及形态的变化，创新劳动教育的内容、途径和方式，增强劳动教育的时代性，劳动教育教师必须具备教育科研能力，以便更好地适应新时代劳动教育的需求。

二、促进劳动教育教师专业发展的策略

（一）构筑专职与兼职结合的劳动教育教师团队

1. 劳动教育在新时代强调专职与兼职教师并行的模式

对我国新时代劳动教育相关政策文件的深度解读揭示出，新时代劳动教育明确倡导形成专职与兼职并肩的教师架构。《关于全面加强新时代大中小学劳动教育的意见》中强调"多举措加强人才队伍建设。采取多种措施，建立专兼职相结合的劳动教育师资队伍。根据学校劳动教育需要，为学校配备必要的专任教师"。而《大中小学劳动教育指导纲要（试行）》在劳动教育教师队伍的组织、管理以及教师的培养等方面给出了更具体的要求，"要建立专兼职相结合的劳动教育教师队伍。根据学校劳动教育需要，明确劳动教育责任人，进行劳动教育规划，组织实施、评价等，配齐劳动教育必修课教师，保持教师队伍的相对稳定性"。

2. 综合实践活动教导员应是劳动教育兼职教师的主要渠道

解决劳动教育专职教师的问题不是一蹴而就的，这与国家中小学教师编制政策、地方教育管理部门发布的教师管理制度以及高等学府缺乏劳动教育相关专业有关。因此，在短期内，劳动教育教师应依赖于现有的教师力量，特别是综合实践活动的指导教师，他们应当成为劳动教育兼职教师的主要供应者。自2001年基础教育课程改革以来，劳动教育已被纳入综合实践活动，成为其四大主要组成部分之一。综合实践活动课程作为一种跨学科的实践性课程，其教师与劳动教育教师在专业构成上存在许多相似性，这使得综合实践活动的教师能迅速适应劳动教育课程教学，更易于担任劳动教育教师的角色。此外，专职劳动教育教师的培养也依赖于高等教育机构对劳动教育师资的培养。教师教育学院可以通过开设劳动教育相关专业或课程，从源头上保证劳动教育专职教师的供应。

3. 多元化路径拓展劳动教育兼职教师资源

《关于全面加强新时代大中小学劳动教育的意见》与《大中小学劳动教育指导纲要（试行）》都对劳动教育兼职教师的形成提供了多元化的路径："设立劳模工作室、技能大师工作室、荣誉教师岗位等，聘请相关行业专业人士担任劳动实践指导教师""充分发挥教职员工特别是班主任、辅导员、导师

的作用，利用少先队、共青团、党组织以及学生社团等各方面的力量，合力开展劳动教育实践活动。充分利用家长及当地人力资源，聘请相关行业专业人士担任劳动实践指导教师""推动中小学、职业院校与普通高等学校建立师资交流共享机制，发挥职业院校教师的专业优势，承担普通学校劳动教育教学任务。建立劳动课教师特聘制度，为学校聘请具有实践经验的社会专业技术人员、劳动模范等担任兼职教师创造条件"。

（二）职前教育与职后培训相结合，促进劳动教育教师的专业化

当前，我国师资培训机制尚未对劳动教育教师给予足够的重视，大多数劳动教育教师的专业发展主要依赖于职业生涯中的继续教育和培训。这种现状对劳动教育的有效实施构成了一定的障碍。要将职前教育与职后培训有机结合，以实现劳动教育教师的专业化。

在职前教育阶段，倡导通过设置劳动教育专业和进行教育实习，为未来的劳动教育教师提供坚实的专业基础。为此，教育行政部门应明确劳动教育相关专业的内涵，并研究将劳动教育专业纳入普通高等学校本科专业目录的可行性。同时，应鼓励有条件的师范类院校率先开设劳动教育专业或模块课程，以实现劳动教育教师的系统化、专业化培养。国际经验，例如德国的劳动教育专业课程体系，可以为我国的课程设置提供一些有价值的参考。

在职后培训阶段，主张通过教研活动促进教师的专业发展。首先，教研组织需要了解区域内劳动教育教师的发展状况，并根据这些信息制定适应地区实际的教研目标和内容。其次，建议探索跨学科的融合教研模式，以促进劳动教育在各学科中的渗透教育。最后，提倡采用以实践和体验为主的深度教研方式，以增强教师的劳动技能。

（三）重视教师劳动观念与劳动精神的培育，增强职业认同感

对于教育实践而言，强调教师劳动观念和劳动精神的塑造，以及职业认同感的提升，无疑具有关键性的作用。在此基础上，劳动教育理论的基本立场着重在于加强对劳动观念的确认和对劳动精神的赞扬。如此的教育理念与精神，并非仅局限于人才培育的各个阶段，而是渗透进家庭、学校以及社会各个环节。

基于这样的理论框架，学生在获得基础劳动知识和技能的同时，应当能够感悟到劳动的内在价值和深远意义，从而塑造出勤劳、奋斗、创新以及奉献的劳动精神。在此过程中，教师的情感、态度以及价值观在教学实践中自

然而然地表现出来，这需要教师对劳动有深深的热爱，具备坚定的职业认同感以及积极的劳动精神。只有这样的教师，才能在不经意间影响学生，实现劳动教育的目标与效果，实现劳动对于人的全方位教育的最终目标。

（四）丰富培训形式，突出实践导向

在教师培训的环境中，现行的常见形式，如专题讲座和课堂授课，主要侧重知识的传递，较少考虑接受培训的教师的接受情况。教育理论与实践的脱节，是导致教师培训效果不尽如人意的主要因素。劳动教育的理念倡导学生全身心地参与和经历劳动过程，这对教师来说更需要提升个人的实践技能。

在进行劳动教育教师培训时，有必要将劳动教育的理念与实践经验紧密结合，消除理论与实践的鸿沟，使教师重返真实的教学与劳动实践活动。在具体的教师培训实施中，通过进行丰富的实践探究活动，教师可以通过实践后的反思和评估，提升教学能力并推动自我专业发展。

劳动教育教师的培训课程提供了丰富的实践路径，包括主题辩论、头脑风暴、专家访谈、案例研究、角色扮演、工作坊式项目教学、未来车间工作模拟、模拟式游戏等。其中，工作坊式项目教学作为劳动教育中的典型教学模式，已广泛应用于相关课程。这种教学模式主要在劳动教室或专业工作坊内，以具体项目或工作任务为课程实施的主要内容，让教师在以项目为载体的工作情境中学习和完成工作，旨在培养劳动教育教师的项目组织和实施能力。这一过程包括信息收集、计划制定、决策确定、生产实施以及评估反思等关键步骤。

（五）整合社会资源，促进协同参与的劳动教育教师培养

当前，劳动教育教师的培养要求整合社会资源，建立劳动教育教师培养的合作共建机制，实现协同参与，推动培养工作的系统化探索。政府、高等院校、教师进修学校、企业以及非营利性机构等应积极参与其中，打破机构间的隔阂和壁垒，充分发挥各培养主体的独特优势，建立一个具有全程规划、统一协调、各司其职但内在统一的劳动教育教师培养组织机构。在制定劳动教育教师培养目标方面，应统筹考虑劳动情感培育、劳动认知塑造、劳动习惯养成、劳动技能提升等各个方面，并融入培养全过程中。同时，政府在引导和协调方面发挥着重要作用。教育行政部门应为相关行业企业参与劳动教育教师培养提供政策支持和制度保障，探索激励措施，并明确考核评价标准，以充分调动行业企业的积极性，发挥其独特优势，为劳动教育教师的协同培

养提供支持。与此同时，相关高校应主动与行业企业合作，积极适应新时代劳动教育变革的趋势。各级学校应高度重视劳动教育教师的培养，成立劳动教育学科组或研究中心，并进行顶层设计和整体推进，为劳动教育教师的发展提供组织保障。此外，应加强经费和人力投入，制定劳动教育项目计划，设立专项经费，并配置专用的劳动活动场所等资源，以提供其他辅助的课程资源，促进劳动教育教师的教学能力提升。

第四节　充分开发劳育资源

一、学校劳动教育资源的开发

（一）学校劳动教育资源的特点及分类依据

1. 学校劳动教育资源的特点

学校劳动教育资源的特点可以概括为特色性、系统性和专业性。特色性指的是学校根据地方和学校特点，制定培养劳动素养的目标，以培养学生相应的劳动技能为导向。例如，某些学校以当地的刺绣为特色手工课程，利用相关刺绣劳动资源进行教学。系统性是指学校根据劳动教育目标，全面开发和充分利用劳动教育资源，以全面培养学生在特定领域的劳动技能和劳动品质。举例来说，开设木工课程需要配备木料加工的各种工具和原料，并教授学生木材加工工具的使用原理，让学生运用原理制作各种木制品。专业性则强调学校劳动教育应关注学生的职业发展规划，培养学生职业方面的知识和技能，为其未来的职业生涯奠定基础。例如，利用3D打印资源培养学生智能空间想象与设计的专业能力，或者利用金属加工资源培养学生机械设计与加工的专业能力等。

2. 学校劳动教育资源的分类依据

首先，根据人类劳动形态的变迁，可以将学校劳动教育资源分为手工劳动、机器劳动和智能劳动三种。手工劳动是人类历史上最早的劳动形态，机器劳动和智能劳动则是在技术进步和劳动工具改造的基础上产生的。其次，新时代劳动形态的特点也是进行分类的依据之一。新时代劳动形态呈现出持续迭代、新旧交融、多元并存的特点。手工劳动作为基础，为机器劳动和智能劳动提供了发展的基础，并在技术创新和融合的过程中不断进化。这种持续迭代、交叉融合的状态是新时代劳动形态的典型特征，劳动形态之间的协同支撑成为现代产业的保障。最后，考虑到学校即社会的观点，学校也应当与当下社会的劳动形态相一致。学校被视为小型社会，应该创造一个与现实社会制度类似的环境，以培养适应当下社会生活的个体。因此，学校劳动教育资源应该反映当下社会的劳动形态，让学生能够体验和适应当前的社会劳动状态。

（二）对学校劳动教育资源的开发

学校劳动教育资源开发可以从手工劳动资源、机器劳动资源、智能劳动资源三方面开展。

1. 手工劳动资源

（1）手工劳动资源的分类。卫生劳动资源是手工劳动的一种重要组成部分。它涵盖了学校内各个场所的清洁收纳、垃圾分类等劳动任务。卫生劳动能够促进学生身心全面健康成长，培养他们热爱学校、保护整洁环境的意识。这类劳动资源的特点在于注重肢体动作的高效率和整洁环境的维护。

种植养殖劳动资源是另一类手工劳动资源。学校可以根据季节特点选择适合的种植劳动任务，例如种植多年生植物、蔬菜、瓜果等，以及养殖一些小动物如鱼、鸟、兔子、小鸡等。通过参与种植养殖劳动，学生可以学习照顾植物和动物的知识与技能，培养他们的善良和爱心。对于有条件的学校，还可以考虑饲养一些经济类动物，如羊、猪、牛、马等，教授学生饲养技术，为他们未来的职业生涯奠定基础。

手工艺劳动资源是手工劳动的另一个重要方面。学校可以选择与当地特色工艺相关的手工艺劳动任务，如广绣、广彩等传统工艺，以及纸艺、竹工、土工、木工、金工、纺织、烹饪等。通过参与手工艺劳动，学生可以学习使用不同工具和材料进行制作，研究制造法和技术，并培养他们的创造力和实践能力。

（2）手工劳动资源开发主体。卫生劳动资源的开发主体包括课程专家、学校行政人员、教师、学生和家长等，教师和学生在其中扮演着核心角色。教师的参与对提高学生的劳动积极性起着重要影响，并可以在协助学生或承担学生无法完成的工作方面提供支持。例如，民国时期的燕子矶国民学校，实行师生共同劳动的理念，教师和学生一同参与学校的日常事务，如打扫卫生、泡茶等。

种植养殖劳动资源的开发主体主要是全校师生，以学生为主导，教师为辅助。具体的种植养殖活动类型和形式可由学生商议决定，教师则在场地选择、技术指导、经费安排等方面提供支持和协助。同时，学校的生物教师在这一过程中扮演着重要角色，除自己指导外也可以邀请农科院的专家提供相关技术指导。

手工艺劳动资源的开发主体包括全校师生以及社会上的优秀手工艺人。教师和学生共同参与手工艺劳动的开发和实施，根据学校和地方实际情况进行具体的手工艺劳动项目选择和协商。教师在这一过程中需要具备实践操作能力和经验，以满足专业要求。此外，学校还可以邀请美术专业教师、擅长手工艺的教师或民间手艺人来进行授课和指导，以提供更加丰富的手工艺劳动资源。

（3）手工劳动资源利用方式。在卫生劳动资源的利用方面，主要采用实践体验的方式，通过班级活动或小组活动进行。卫生劳动可以利用每天的劳动时间、放学时间、课间休息、每周的课外活动时间以及劳动周等。这样的安排无需专门开设单独的课程。另外，卫生劳动也可以作为校本课程的一部分，在每个年级都开设，并安排每周1到2个课时。学校可以根据自身特色和学生的特点来打造卫生劳动教育课程，以学校公共卫生和学生个人卫生为主要内容，并通过活动的形式进行教学。在活动开始前，需要进行适当的引导，而在活动结束时，则需要进行反思。在活动开始前，应该强调对简单体力劳动的重视，让学生认识到卫生劳动的意义和价值，并掌握卫生劳动实践操作的程序、规则，以及正确使用工具的方法和技巧。而在活动结束时，应该让学生总结交流，反思卫生劳动的收获和不足，体会环境整洁所带来的快乐，从而使学生在劳动中得到成长。

种植养殖劳动资源的利用主要以小组活动形式展开，以实践体验为基础。该类劳动可以在学校的第二课堂（兴趣小组）、节假日、常规活动时间或放学后进行。在开展种植养殖劳动前，需使学生充分了解劳动的具体内涵、意义和价值，以及注意劳动实践中的安全事项，并学习科学的种植养殖方法和技术。由于种植养殖劳动需要持续进行，当达到某个特定阶段（如期中或期末）时，应引导学生进行总结和交流，反思劳动过程中的经验和不足，深刻感受劳动所带来的生命愉悦感，以使学生能真切体会劳动的乐趣。

手工艺劳动资源的利用主要采用班级授课的形式，面向全体学生。在课堂上，教师会进行一定程度的理论讲解，并将其与实践操作相结合。课程结束时，教师会组织学生整理材料，有序收回，并展示评价学生的作品。学生们会进行经验总结和交流，以体验手工艺劳动所带来的成就感与幸福感。这种资源利用方式旨在提供丰富多样的手工艺劳动选择，通过理论教学与实践操作相结合的方式，培养学生的手工艺技能，并让他们体会到手工艺劳动的乐趣。

（4）手工劳动资源学段要求。

大一学段：

卫生劳动。在大一学段的卫生劳动中，学生应参与学校的卫生劳动，如清洁教室、图书馆、操场等。这有助于培养学生的卫生意识和团队合作精神。对于大一学生而言，卫生劳动的时间和任务可以适当减少，让他们逐渐适应手工劳动的过程。

种植养殖劳动。大一学生在种植养殖劳动中，可以参与一些简单的种植活动，如种植花卉、绿植或参与校园小菜园的管理。这样可以让学生体验种植的乐趣，同时培养他们的责任感和照顾植物的能力。

手工艺劳动。大一学生在手工艺劳动中，可以进行一些基础的手工制作，如纸艺、剪纸、折纸等。这有助于培养他们的动手能力、观察力和创造力。

大二学段：

卫生劳动。在大二学段，学生继续参与学校的卫生劳动，但可以逐渐增加任务的难度和工作量。同时，可以加强卫生劳动与安全教育的结合，让学生了解和掌握校园安全管理的知识和技能。

种植养殖劳动。大二学生在种植养殖劳动中，可以参与更多种类的种植和养殖活动。他们可以种植各种花卉、蔬菜或参与树木的养护。同时，可以加强与学科的结合，让学生了解植物生长的原理和相关科学知识。

手工艺劳动。在手工艺劳动中，大二学生可以进行一些更复杂的手工制作，如木工制作、陶艺、编织等。通过这些活动，学生可以提高自己的创新思维、实践能力和艺术表达能力。

大三学段：

卫生劳动。大三学生在卫生劳动中，可以承担更多的责任，参与学校卫生管理的规划和执行。他们可以带领低年级的学生参与卫生劳动，传授卫生知识和技巧，培养他们的卫生习惯和团队合作精神。

种植养殖劳动。大三学生在种植养殖劳动中，可以更加独立地计划和开展相关活动。他们可以参与学校的树木种植和养护工作，负责一些经济类牲畜的养殖，同时结合学科需要，开展必要的种植养殖活动。

手工艺劳动。大三学生在手工艺劳动中，可以选择更具挑战性和专业性的项目。他们可以参与建筑工作，维修家具和器具，还可以开展一些与自己专业相关的手工制作，如设计专业的模型制作、艺术专业的刺绣等。

大四学段：

卫生劳动。在大四学段，大学生可以担任卫生劳动的组织者和管理者。他们可以制定卫生劳动的计划和安排，指导和培训低年级学生参与卫生劳动。此外，他们还可以与学校合作，参与社区卫生活动和环境保护项目。

种植养殖劳动。大四学生可以在种植养殖劳动中发挥更大的自主性和创造性。他们可以规划自己的种植养殖项目，结合个人兴趣或学科需要，开展少量但有特色的种植养殖活动。这有助于他们在手工劳动中体现自己的专业知识和技能。

手工艺劳动。大四学生在手工艺劳动中可以进行更加个性化和专业化的项目。他们可以运用自己所学的知识和技能，规划并制作出独特的手工艺品或艺术品。同时，他们还可以将手工劳动与创业结合，开展小型手工制作和销售活动，锻炼自己的创业能力和商业意识。

2. 机器劳动资源

（1）机器劳动资源的分类。金属加工、机械设计和模型制造劳动。这类劳动主要涉及使用机器和装配台案进行金属加工、机械设计和模型制造。这些工作需要使用虎钳、车床、钻床、铣床、刨床等工具。通过这些工具，可以加工金属材料并制造出各种零部件、机械设备和模型。

木材加工劳动。这类劳动主要涉及对木头等材料进行加工。使用电锯、圆锯、木工车床等工具可以将木材切割成各种形状，以进一步加工。木材加工劳动在制作家具、建筑结构和艺术品等方面具有重要的应用。

电气安装和无线电技术劳动。这类劳动主要涉及电气安装和无线电技术方面的工作。通过使用电熔化炉、电焊烙铁、小型金属切削机床、机械细工锯、交流电动机、变流器、蓄电池充电设备等工具，可以进行电气设备的安装、电路的组装和无线电技术的应用。

（2）机器劳动资源开发主体。学校师生是机器劳动资源开发的重要主体。学生在劳动教育中发挥主体作用，可以担任兴趣小组的组长，参与机器劳动的学习和实践。教师则起到指导和辅导的角色，提供专业知识和技能的培训。除了学校师生，社会上的专业人士也是机器劳动资源开发的重要主体。可以邀请物理、化学等专业的教师，具有机器操作特长的教师，以及工厂和企业的专业技术人员来进行机器劳动方面的教学和指导。他们具备丰富的实践操作能力和经验，能够提供实用的知识和技巧。

（3）机器劳动资源利用方式。机器劳动资源的利用方式以兴趣小组为基本单位，并作为个人发展的可选课程。机器劳动课程旨在为部分学生提供实践操作机会。课程设置需要专业任课教师，专门的教室以及与劳动相关的机器设备和教材。其中，一些机器设备需购买，而其他机器设备和装置则由教师指导学生设计和制作。课程的教学过程需包含一定程度的理论讲解，注重实践操作。在操作过程中，应特别注意各种机器的安全事项以确保安全。此外，该课程的目标在于学生完成作品，并进行展览与评价，以促使学生进行经验总结和交流，进一步体验机器劳动所带来的真实感和成就感。

（4）机器劳动资源学段要求。在大一学段，学生应该建立对机械劳动的基本理解和技能。这包括了解机械工具和设备的基本原理、学习常见的机械操作技术，并能够应用这些知识和技能进行简单的机械加工和制造任务。大一学段的机械劳动资源可以包括金属加工、木材加工、简单机械设计和组装等方面的内容。学生需要通过实践活动，例如使用金属切割工具、钳工工具、木工工具等，来加深对机械劳动的理解和掌握基本技能。

在大二学段，学生应该进一步拓展机械劳动的领域和技能。他们可以学习更复杂的机械加工技术，如 CNC 加工、数控机床的操作和编程等。同时，他们还可以学习机械设计的基本原理和使用相关软件进行设计和模拟。此外，大二学段还可以引入一些与机械劳动相关的专业知识，如机械材料、力学原理等。学生需要通过实际的项目和实践经验，例如设计和制作简单的机械零件、组装机械系统等，来提高他们的技能和专业素养。

在大三学段，学生应该进一步深化机械劳动的理论和实践能力。他们可以学习更高级的机械加工和制造技术，如精密加工、装配技术等。同时，他们还可以学习机械系统的分析和优化方法，如工程力学、振动分析等。大三学段还可以引入一些与机械劳动相关的工程项目管理和实施方面的知识，例如项目计划、资源管理等。学生需要参与更复杂的机械项目，例如设计和制造具有一定功能的机械装置、参与机械系统的调试和优化等，以提高他们的实践技能和工程能力。

在大四学段，学生可以选择更加专业化的机械领域进行深入学习和研究，例如机械设计、制造工艺、自动化控制等。他们应该具备独立解决复杂机械问题的能力，并能够运用专业知识和技术进行创新和改进。大四学段的机械劳动资源要求包括：①专业知识和技能。学生应该对机械工程的核心知识有深入理解，并能够应用到实际问题中。他们应该掌握先进的机械设计和制造工艺，了解不同材料的特性和应用，熟悉计算机辅助设计和分析软件的使用。②创新能力。学生应该具备创新思维和解决问题的能力。他们可以通过参与科研项目、设计竞赛或实践项目等活动，提升自己的创新能力，并将其应用于机械劳动的实际场景中。③项目管理能力。学生应该具备项目管理和团队合作的能力。他们可以参与大型机械项目，学习项目计划、资源分配、进度控制等管理技巧，培养团队协作和沟通能力。④实践经验。学生应该积累丰富的实践经验，通过参与实习、实训和实际项目，加深对机械劳动的理解和应用能力。他们可以参与机械制造过程的各个环节，如设计、加工、装配、调试等，锻炼自己的实际操作和问题解决能力。

3. 智能劳动资源

（1）智能劳动资源的分类。智能化劳动对从业人员的要求越发偏向知识深度与广度的结合，涵盖了专业领域的技术熟练度以及必须具备的数字技能，如基础编程、网络安全管理等。此外，从业者还需要具备一定的分析能力、沟通技巧、数字信息应用等，这将帮助他们更有效、更敏捷地进行管理和领导工作。德国学校的教育改革就是一个具体例子，他们将云存储技术、大数据分析、数字生产工具（例如 3D 打印、激光切割机等）、机器人智能操作、智能家居、智能手机、智能手表、人工智能基础技术和原理以及数字化研究方法和计算机编程等纳入了教育内容。

根据中国的实际情况，智能劳动资源主要可以分为两个部分：一是由国家设立的信息技术课程，包括通用技术；二是依据信息技术而设立的各类智能劳动课程，包括但不限于 3D 打印课程、编程教育、机器人课程以及人工智能课程等。

（2）智能劳动资源开发主体。智能劳动资源开发的核心驱动力来自教育者、大学专家和社会专业人士的联动协作。只有他们紧密配合，才能够确保智能劳动资源的开发工作得以顺利进行。劳动教育教师在接受适当的学习和培训后，能够灵活运用各类成熟的软件工具进行教学。同时，这些教师还可以与各领域专业人士进行合作，共同构建适合于自身学校环境的智能劳动课程。在此过程中，劳动教育教师的专业培训显得至关重要，计算机专业的教师可以直接担任这一角色，来推动智能劳动资源的开发工作。

（3）智能劳动资源利用方式。智能劳动资源的运用，主要是以班级教学与小组活动的形式进行，同时采取理论知识与实践体验的联合方式。在智能劳动课程的实施过程中，应秉承理论学习与实践体验相结合的教学理念。为了达到这一目标，需配置专职教师、专业教科书、实验教室与设备，以及必要的耗材和工具。教学过程中，理论讲解与学生的实践操作同等重要，更进一步地，实践操作与实践应用的融合是至关重要的。以"无人驾驶"编程课为例，学生在系统学习理论课程后，将进行编程并实践训练无人车的"无人驾驶"。再以"机器人"编程课为例，学生在理论学习的基础上进行机器人拆装和编程，这将培养他们的动手能力，同时，学生还能在实践中了解"搬运机器人"的应用，如柔性生产线、仓储物流、无人超市等，从而扩大他们的知识领域。

（4）智能劳动资源学段要求。对于大学生来说，智能劳动资源的学习也需要按照逐步深化的原则，以适应他们不断提升的学习需求。

在大一学段，学生们的学习应以基础知识为主，例如编程语言的基础知识、基础数据结构和算法、基础硬件知识等。此外，也应该注重培养他们的逻辑思维能力，为后续的学习打下基础。

到了大二学段，可以逐步引入更复杂的课程内容，比如机器学习的基础知识、人工智能理论、图形化编程软件的使用等。此阶段的学习，应该着重培养学生的抽象思维能力和创新能力。

大三学段，学生应接触更高级的内容，比如深度学习自然语言处理、计算机视觉等。同时，也可以引入一些开源主板应用、高级编程语言如 Python、机器人搭建等实践操作。

至于大四学段，学生应已具备较强的理论知识和实践能力，可以尝试进行一些复杂的项目，如无人驾驶、智能决策系统等，这不仅有利于他们对理论知识的理解和运用，也能够提升他们的实践能力。

二、社会劳动教育资源的开发

（一）劳动实践基地劳动教育资源的开发利用

1. 劳动实践基地劳动教育资源开发主体

在高校环境中，劳动实践基地的劳动教育资源开发主要涉及多个主体的参与。首先，教育部门负责提供政策指导和制定教育标准。这包括确定劳动实践的目标，设计课程框架，制定评价标准等。其次，高校管理者如教务部门和学生事务部门则需要将这些标准转化为实践操作，如筛选适合的劳动实践基地，制定活动日程，组织实施等。他们还需要协调高校内部各方面的资源，包括人力资源和物质资源，以保证活动的顺利进行。再次，教师作为教学的主体，需要根据教育部门的要求和学生的需求，设计出富有创新性和实践性的劳动实践课程。他们的职责还包括指导学生进行实践活动，帮助学生反思和提炼实践经验。最后，学生是劳动实践的直接参与者和受益者。他们不仅需要积极参与实践活动，还需要将实践经验转化为个人能力的提升，如团队协作能力，解决问题的能力等。

2. 劳动实践基地劳动教育资源利用方式

对于劳动实践基地的劳动教育资源，其利用方式多种多样。可以通过实地参观和体验，让学生亲身参与到劳动中，从而理解劳动的价值和意义。比如，学生可以参与到基地的农作物种植、建筑工程等实际工作中，通过劳动来体验生活，提升自我。

基地的劳动教育资源也可以用于教学研究。教师可以根据实际情况，设计出各种基于劳动实践的课程和项目，比如研究农作物生长的科学原理，设计和建造一个小型的太阳能发电系统等。此外，劳动实践基地的教育资源还可以用于社区服务。高校可以通过组织志愿者活动，让学生利用基地的资源，为社区提供服务，如环境清理、社区建设等。这不仅可以帮助学生提升社会责任感，也能为他们提供更多的实践机会。同时，劳动实践基地的资源也可以用于高校的职业指导和就业服务。例如，基地可以与企业合作，为学生提供实习机会，让他们在实践中了解职业环境，提升职业技能。另外，基地的实践活动也可以作为学生求职简历的一部分，展示他们的实践经验和技能。

劳动实践基地的教育资源还可以用于学生的创新创业活动。例如，学生可以基于基地的资源，发起各种创新项目，如改进农作物种植的方法、设计更环保的建筑材料等。这样不仅能提升学生的创新能力，也有助于他们将所学知识转化为实际产品，推动社会的发展。

（二）乡土劳动教育资源的开发利用

乡土劳动教育资源以农村自然环境、社会环境和文化环境为载体，包含着丰富的实践性、生活性和地方性，能够帮助学生更好的理解生活、理解社会、理解自然。对于高校大学生来说，乡土劳动教育资源的开发和利用尤为重要。

1. 乡土劳动教育资源开发主体

高校是乡土劳动教育资源开发的主体。高校在整个教育资源开发过程中，起着主导和引领的作用。高校可以通过调研乡土资源，了解其特点、优势和可能的教育价值，然后通过教学设计、教育实践等方式，将这些资源转化为可供学生学习和实践的教育资源。同时，高校也可以通过与社区、企业、政府等合作，共同开发乡土劳动教育资源。

大学生也是乡土劳动教育资源开发的主体。他们不仅是教育资源的接受者，也可以成为教育资源的创造者。通过参与乡土劳动实践，他们可以深入了解乡土文化，提高劳动技能，同时也可以通过自己的观察和思考，发现和创新乡土劳动教育资源。

2. 乡土劳动教育资源利用方式

（1）课堂教学是乡土劳动教育资源的主要利用方式。教师可以将乡土劳动教育资源融入课程设计中，使课程内容更加贴近生活，更具有实践性和地方性。例如，可以设立农业科学、环境科学、社会学等与乡土劳动相关的课程，让学生在理论学习的同时，了解和体验乡土劳动。

（2）实践活动是乡土劳动教育资源的重要利用方式。学校可以组织学生参与到乡土劳动中，如农田耕作、手工艺制作、乡村建设等，通过实践，提高学生的劳动技能，培养他们的劳动精神和社会责任感。

（3）科研项目也是乡土劳动教育资源的有效利用方式。大学生可以以乡土劳动教育资源为研究对象，进行科研活动。例如，他们可以研究乡土劳动的历史变迁、劳动工艺的技术创新、乡村文化的保护和传承等问题。这既能够提高他们的科研能力，也能够使他们更深入地理解和尊重劳动。

（4）社区服务是乡土劳动教育资源的另一种利用方式。大学生可以参与到乡村社区的公益活动中，通过服务社区，实现自我价值。这不仅能够增强他们的社会责任感，也能够使他们更好地理解和体验乡土劳动的意义和价值。

（三）社区劳动教育资源的开发利用

社区劳动教育资源是指社区环境中存在的可以用于劳动教育的所有资源，包括社区环境、社区活动、社区成员等。对于高校大学生来说，社区劳动教育资源的开发和利用对于他们全面发展具有重要意义。

1. 社区劳动教育资源开发主体

教师是社区劳动教育资源开发的重要主体。他们可以通过深入社区，了解社区的实际情况，发现社区中的劳动教育资源。同时，他们还可以根据学生的实际情况，设计适合学生的劳动教育课程，引导学生参与社区劳动，提高学生的劳动技能和社会责任感。学生不仅是社区劳动教育资源的接受者，也是其开发者。他们可以通过参与社区劳动，深入了解社区文化，提高劳动技能，同时也可以通过自己的观察和思考，发现和创新社区劳动教育资源。社区工作人员对社区的实际情况有着深入的了解，他们可以提供社区劳动教育资源的信息，帮助学校和教师更好地了解和利用这些资源。同时，他们还可以参与到教育活动的组织和实施中，提供实际的帮助和支持。

2. 社区劳动教育资源利用方式

（1）课堂教学。教师可以将社区劳动教育资源融入课堂教学中，让学生在理论学习的同时，有机会实践和体验。

（2）实践活动。学校可以组织学生参与到社区服务中，如环境清洁、公共设施维修、社区活动组织等，使学生在实践中提高劳动技能和社会责任感。

（3）科研项目。大学生可以以社区为研究对象，进行科研活动。例如，他们可以研究社区的社会问题，探索解决问题的方法，这既能够提高他们的科研能力，也能够使他们更深入地理解和体验社区劳动。

（4）家庭劳动。家长可以引导学生参与到家庭劳动中，如做家务、照顾家人等，让学生在家庭中体验劳动的乐趣和价值。

第八章 新时代大学生劳动教育的创新探索

新时代大学生劳动教育的创新探索是为了适应时代的发展需求和培养具有创新能力的大学生，通过引入新的理念、方法和实践形式来推动劳动教育的发展。这种创新探索致力于打破传统教育模式的束缚，促进学生全面发展和实践能力的提升。

第一节 创新创业与新时代大学生劳动教育

一、大学生创新创业性劳动概述

（一）创新创业及大学生创新创业性劳动教育

1. 创新创业

创新创业是指在经济和社会中引入新的产品、服务、技术或商业模式，以创造价值和实现商业成功的过程。它在现代经济中扮演着重要的角色，推动着经济增长和社会进步。

创新是创业的基础，它涉及开发新的想法、方法、产品或服务。创新可以来自不同的领域，包括科学、技术、工程、设计等。创新可以改变现有的市场格局，打破传统的经营模式，为企业带来竞争优势。创新可以分为技术创新和非技术创新，技术创新主要涉及新的科技和工程发展，而非技术创新则侧重改进组织、管理和市场营销等方面。

创业是将创新转化为商业行动的过程。创业者是那些具有创新意识和冒险精神的人，他们愿意承担风险并追求商业机会。创业者通过创造新的企业、产品或服务来满足市场需求，并通过创新的商业模式获得收益。创业过程中需要克服各种挑战，包括市场竞争、融资问题、人才招聘等。

创新创业对经济和社会有着重要的影响。首先，它促进了经济增长。通过引入新的产品和服务，创新创业创造了就业机会，增加了市场活力，并推动了经济的发展。其次，创新创业改善了人们的生活。新的科技、产品和服务提供了更多便利和选择，满足了消费者的需求，推动了社会的进步。最后，创新创业还促进了社会变革和可持续发展。通过解决社会问题和推动可持续发展目标，创新创业可以在环境、能源、教育等领域产生积极的影响。

2. 大学生创新创业性劳动教育

大学生创新创业性劳动教育是高等学校中重要的劳动教育内容之一。它的目标是培养具备综合能力的创新创业型人才，能够将新知识、新技术、新工艺和新方法应用于实际生产实践，并产生经济效益和社会价值。教育的核心价值取向在于培养大学生的马克思主义劳动观、创新精神、创业意识和创造性劳动能力。

大学生创新创业性劳动教育的目的在于培养大学生适应并投身社会主义市场经济建设，培养他们在生产实践中发现问题和创造性解决问题的能力。通过参与创新创业性劳动，大学生能够亲身体验社会物质财富的创造过程，增强对产品质量的意识，并领悟到平凡劳动的伟大之处。此外，这种教育还旨在培养大学生的职业能力，为他们未来的职业生涯做好准备，帮助他们更好地实现社会价值和自我价值。

（二）创新创业与新时代大学生劳动教育的联系

创新创业与新时代大学生劳动教育存在紧密联系。随着经济社会的快速发展和科技的不断进步，创新和创业已成为新时代大学生就业和个人发展的重要方向。而劳动教育则为大学生提供了实践机会和培养创新创业素质的平台，促进其适应未来社会的能力。

1. 创新创业需要实践锻炼和实际操作

大学生劳动教育可以提供学生参与实际工作和生产的机会，通过实践来培养学生的动手能力、团队合作意识和解决问题的能力。这些能力是创新创业所必需的，因为创新和创业都需要将想法付诸实践，并通过实践来不断改进和调整。

2. 劳动教育可以培养大学生的创新思维和创造力

在劳动实践中，学生会面对各种问题和挑战，需要寻找创新的解决方案。这种实践锻炼有助于培养学生的观察力、分析能力和创造力，激发他们解决问题的积极性和创新意识。创新创业需要大胆尝试和不断探索，而劳动教育可以为学生提供锻炼的平台，使他们在实践中培养出勇于创新的思维模式。

3. 劳动教育还可以培养学生的团队合作和领导能力

创新创业往往需要团队合作来实现目标，而劳动教育可以通过小组合作的形式，让学生学会与他人协作、分工合作，培养他们的团队意识和沟通能力。同时，劳动教育也可以为学生提供一些领导机会，让他们学会组织、管理和激励团队，培养他们的领导能力。

4. 劳动教育还可以提供实践经验和资源支持，帮助学生进行创业实践

通过劳动教育，学生可以接触实际的工作环境和行业情况，积累实践经验，了解市场需求和创业机会。同时，学校可以为创业学生提供创业培训、创业基金等资源支持，帮助他们将创新创业理念转化为切实可行的商业计划，并提供创业导师和专业指导，帮助他们在创业过程中克服困难，提高成功的概率。

（三）大学生创新创业性劳动教育的必要性与紧迫性

1. 大学生创新创业性劳动教育的必要性

（1）经济社会发展的迫切需要。当前，经济社会发展的迫切需求之一是创新。创新被视为引领发展的主要动力，现今世界的强国无一不是创新强国和科技强国。国家间的竞争已不仅仅体现在经济层面，更体现在创新领域。正在到来的第四次工业革命以大数据和人工智能为核心，催生着创新型社会的形成。为了应对这一趋势，国家提出了建设创新型国家和通过创业带动就业的发展战略。而培养创新创业人才则成为社会转型升级的关键环节，创新创业性劳动教育成为培养这类人才的必经之路。大学生作为社会上最有活力、最具创造力的群体，应积极关注社会经济发展和民生需求，系统学习创新创业性劳动知识，树立正确的劳动价值观，培养良好的劳动品质。只有这样，他们才能走在创新创业的前沿，适应社会发展的需求。因此，重视创新创业性劳动教育对于大学生的个人发展以及国家整体发展都具有重要意义。

（2）高等教育发展的必然选择。为适应经济社会发展和高等教育自身发展的需求，大学生创新创业性劳动教育已成为劳动教育的重要内容和核心特征。2020年3月20日，中共中央、国务院《关于全面加强新时代大中小学劳动教育的意见》明确了创造性劳动的概念。高等教育的发展需要以学生为中心，提高学生的综合素养。为了达到这一目标，创新创业性劳动教育被提出并作为途径，引导学生进行创造性劳动，从而提升学生的社会责任感、创新

精神、创业意识和创新创业能力，以不断提高人才培养的质量。开展大学生创新创业性劳动教育也是落实教育部《大中小学劳动教育指导纲要（试行）》的有效途径之一。高等教育发展的目的之一是提高大学生为社会服务的能力，拓展他们的发展空间，激发他们的发展潜力。

（3）提高大学生综合素质的必然之举。为了培养大学生的身体、精神和灵魂，塑造其理想、信念和价值观，不仅需要内部教育，还需要外部教育。外部教育的重点是培养大学生的核心技能和劳动技能，使他们具备一定的专长，能够在社会中实现自我价值。创新创业性劳动教育是一项重要举措，其实施需要基于多学科交叉，同时兼具专业教育和通识教育的特点，并贯穿人才培养的全过程。高校通过创新创业性劳动教育为大学生提供展示自己的平台，使他们能够充分挖掘自身潜力，提高知识的实际运用能力和创新成果的转化能力，从而增强社会适应能力。这为大学生未来的就业和创业奠定了坚实的基础。创新创业性劳动教育既是专业教育的延伸，又是通识教育的拓展，具有重要的综合性和实践性。它能够培养学生的创新思维和实践能力，提高他们解决实际问题的能力和应对复杂情境的能力。因此，提高大学生综合素质的必然之举就是创新创业性劳动教育。这种教育方法不仅能够满足大学生的专业需求，还能够培养他们的创新能力和实践能力，为他们未来的职业发展和社会参与提供有力支持。

（4）促进大学生职业发展的重要举措。大学生职业发展的重要举措之一是实施创新创业性劳动教育。这项教育注重培养学生正确的职业观和劳动观，以及培养良好的劳动品质。通过此举措，学生可以形成合理的职业规划，以谋求自身的长远发展。此外，创新创业性劳动教育还为学生提供了了解社会发展新形势和新需求的机会。通过提前接触创新创业的过程和环境，学生能够及时认识到自身的不足，并有针对性地进行学习补充、技能增强和综合素质提升，从而增强就业信心，做好职前准备。同时，创新创业性劳动教育还有助于促使学生从被动就业转变为主动就业，并创造更多的就业机会，从而进一步缓解就业压力。

创新创业性劳动教育对大学生的职业发展起到积极的推动作用。经过创新创业性劳动教育的学生在职业规划方面具有更高的准确性和可行性，更加注重个人的长远发展，并具备较强的自我定位能力。同时，这项教育还能帮助学生了解社会就业形势和市场需求，从而及时调整自身的发展方向和学习内容，提高自身的竞争力。此外，创新创业性劳动教育还能培养学生的创新精神和创业能力。学生在创新创业性劳动实践中，通过面对实际问题和挑战，增强了解决问题的能力和培养了创新思维。这种实践性的教育能够培养学生的团队合作意识、沟通能力和领导能力，提高他们在创新创业领域的竞争力。

2. 大学生创新创业性劳动教育的紧迫性

（1）亟须大学生创新创业性劳动教育助力大学生挑起时代大梁。大学生创新创业性劳动教育在各个学段中具有一定的连续性，但也具备独特之处。其中，创新创业性劳动教育是大学劳动教育与中小学劳动教育的核心差异之一。从教育性质的角度来看，基础教育阶段更注重教育过程本身以及个体发展，而高等教育阶段则更加强调教育与社会之间的关系。大学生创新创业性劳动教育正是建立在这种关系基础上的，其目标在于提高大学生适应经济社会快速变化的能力，培养满足中国特色社会主义事业需求的创新创业型人才。从个体身心发展的角度来看，个体的生理和心理成熟需要一个循序渐进的过程。在基础教育阶段，学生的肢体发育、心智水平和知识储备尚未具备理解和从事以创新创业为主的生产性和服务性劳动的能力。而在高等教育阶段，大学生通过学习和锻炼逐步提高了自主活动能力和与外界沟通协调的合作能力，能够自主参与复杂的真实劳动。这种劳动是真实的，按照实际劳动情境进行考查和报酬。从大学生自身的角度来看，他们具备较强的奉献精神和服务意识，肩负着实现中华民族伟大复兴中国梦的新时代使命。因此，大学生创新创业性劳动教育迫切需要助力他们挑起时代的重任，为实现中华民族伟大复兴贡献青春和力量。

（2）亟须大学生创新创业性劳动教育助力大学生劳动素养的养成。当前，受到社会环境、成长经历和应试教育等多种因素的长期影响，大学生对于创新创业性劳动的认知存在不足之处。他们的劳动观念相对淡薄，尤其缺乏对于创新创业性劳动的意义和价值的充分了解。这种认知不足不仅影响了大学生对创新创业性劳动的态度，也对他们的创新能力培养和创业精神的培植形成了阻碍。在当前高等学校的人才培养体系中，大学生创新创业性劳动教育仍然是一个薄弱环节，许多大学生在毕业之前没有为参与社会生产劳动做好充分的思想、心理和技能准备。为了促进社会和个人的发展，亟须培养大学生具备较高的创新创业性劳动素养。

二、大学生创新创业性劳动教育实践

（一）大学生创新创业性劳动教育实践平台

1. 硬实践平台

硬实践平台是为大学生创新创业性劳动提供必要的空间、设施和信息资源的平台，包括模拟实践平台、专业实践平台、科研实践平台、竞赛平台和社会实践平台等。这些平台的定位准确、功能齐全，具有开放性和包容性，是大学生成功和高效进行创新创业性劳动的关键因素之一。

模拟实践平台通过线上讲堂、虚拟实验室和孵化基地等方式为学生提供学习服务平台，使他们能够在短时间内掌握创新创业性劳动相关的知识和技能。专业实践平台将创新创业性劳动与专业课程和实践相融合，起到衔接和融合的作用，使学生能够将创新创业性劳动与专业学习相结合。

高校以科研实践平台为基础，积极组织学生参与创新创业性劳动项目的申报和实施，将学生所学的知识和教师的科研成果融入项目中，促进学生创新创业能力的提升和教师科研成果的转化。竞赛平台的建设主要通过组织各级各类创新创业性劳动大赛，更高层次地提高学生的创新创业能力和实践能力。社会实践平台为学生提供学期见习、毕业实习和假期社会实践的机会，帮助他们及时获取社会需求的反馈。

硬实践平台的建设对于培养大学生的创新创业能力至关重要，它为学生提供了必要的支持和资源，使他们能够积极参与实践，锻炼创新思维，增强创业意识和创新能力。通过这些平台的有效运作，大学生能够更好地适应社会需求，并为社会创造更多的价值。

2. 软实践平台

软实践平台包括创新创业课程体系和创新创业文化建设，旨在宣传创新创业性劳动理念，建立系统的创新创业性劳动课程体系，使学生具备开展创新创业实践活动的理论和能力，并为他们提供浓厚的创新创业氛围。这是高校学生创新创业性劳动实践平台建设的重要组成部分。

根据国务院办公厅《关于深化高等学校创新创业教育改革的实施意见》（国办发〔2015〕36号），高校创新创业课程体系建设的指导思想和原则已明确，具体包括开设必修课和选修课，涵盖研究方法、学科前沿、创业基础、就业创业指导等方面，面向全体学生。建设逐级递进、有机衔接、科学合理的创新创业教育专门课程群，使课程内容分层次，课程设计与专业和项目实施相衔接。此外，高校还应加强创新创业文化建设的顶层设计，重点围绕精神、物质、制度、行为四个层次展开。这包括实施校训文化、大学文化、阵地文化、场所文化、活动文化五个方面的创新创业文化建设。需要在公共区域布置创新创业文化环境，营造浓厚的校园创新创业文化氛围，突出校园文化的主题，积极促进大学文化与创新创业文化的融合，全面优化校园文化环境，深化校园文化内涵。

软实践平台的建设对于培养学生的创新创业能力和意识非常重要。通过建立创新创业课程体系和创新创业文化，学生可以在理论和实践中全面发展，充分掌握创新创业所需的知识和技能，并在积极的创新创业氛围中实践和成长。这种软实践平台的建设为学生的创新创业之路奠定了坚实的基础。

（二）大学生创新创业性劳动教育的实践机制

1. 合作机制

为了促进大学生创新创业性劳动的质量提升，需要建立高校、政府和企业之间的合作机制，以有效整合和利用多方资源，并积极拓展社会资源和国外优质资源。在这一合作机制下，政府应建立专门的创新创业劳动教育指导服务机构，并提供信息资源共享和交流平台，加强对大学生的创新创业劳动教育指导服务。同时，政府还需引导高校和社会力量形成合力，共同努力。企业方面需要增强资源的开放性，积极为高校提供专业技术力量、创新创业劳动教育实践场所以及知识、技术成果转化平台等支持。高校则应不断整合各方资源，联合学校、政府、企业等多方社会力量和教育力量，积极进行创新创业劳动教学改革。此外，高校还应研究大学生创新创业劳动教育的发展路径和实践教学模式，为大学生创造更真实、有效的实践教学环境，提供更具有现实性的实践项目，从而提升大学生的创新创业性劳动技能水平。这些合作机制和措施的实施将有助于大学生创新创业劳动能力的培养和发展。

2. 管理机制

作为高校人才培养和管理的核心机构，高校需要秉承创新意识和创新创业技能相融合的动态管理理念，建立起层次分明、管理细致、责任明确的管理机制。其主要管理对象包括大学生、教师和实践平台等。

高校应该提升创新创业人才培养管理水平，逐步发展出以理论教学、科研训练和实践为导向的"三位一体"人才培养管理模式。特别需要重点关注实践环节的培养管理，并对创新创业活动中所呈现的思维理念创新和科学技术创新等进行集中管理和创新设计。对教师的管理应按照学校导师责任制和专业双导师制的相关规定进行。学校可以在与创新创业基地合作的企业内聘任具有高级职称或博士学位的工程技术人员和管理人员作为学校的兼职导师，他们负责在创新创业基地内对大学生进行指导和培养、举办讲座、指导大学生的实践活动和学位论文撰写等。

通过建立科学统筹的实践平台管理机制，高校可以将大学生创业团队的实践活动与创新实验和创业实践平台相衔接，使创新实验成为推动创新创业性劳动的发动机，从而充分发挥大学生的主动性和创造性。这种管理机制有助于促进创新创业人才的培养和发展。

3. 保障机制

为了确保大学生创新创业性劳动的顺利进行，需要建立一系列保障机制，包括制度保障、经费保障和组织保障等多个方面。

高校应该建立完善的大学生创新创业性劳动制度，研究制定相应的措施和详细规定，鼓励和扶持大学生参与创新创业实践。此外，建立和完善以培养创新和创业能力为主要目标的创新创业教育体系，确保学生的创新创业性劳动得以科学化、规范化和制度化。高校应通过多种途径促进创新创业性劳动的经费来源多样化，包括政府资助、社会捐赠和校企合作等。同时，高校应重视将科技成果转化为生产力和经济效益，增强自身的建设和发展能力。为此，可以设立专项经费来支持创新创业性劳动的开展。高校内部需要构建相应的大学生创新创业信息服务平台和指导服务中心。这样能够确保全校师生了解最新的创新创业扶持政策，并对学生的创新创业计划提供合理的建议。同时，还应关注学生的心理健康，为那些在创业过程中遇到困难和挫折的学生提供专业的指导和心理辅导。

（三）大学生创新创业性劳动教育的实践途径

1. 大学生自主的创新创业性劳动

（1）独立自主的创新创业性劳动。独立自主的创新创业性劳动是指大学生个体独立进行的创新创业实践活动。在当今的"互联网+"时代，各个产业之间实现了深度融合。不论是产业元素的融合还是产业结构的转型，都为大学生自主开展创新创业性劳动提供了重要的机遇。

政策对学生创新创业行为和结果产生一定影响。为了支持大学生的创新创业，国家制定了多项鼓励性政策和法规。大学生应善用这些政策，更好地进行创新创业性劳动；大学生需要综合分析自身情况和创新创业环境，结合个人兴趣和优势，明确初步的创新创业目标和方向；及时准确地认识并把握机遇是取得创新创业性劳动成功的关键；创新创业性劳动通常在一定的社会环境下进行，创新创业环境对大学生的创新创业性劳动具有重要影响；方案设计是创新创业性劳动的前奏，是从无到有的创意设计过程。良好的方案对于创新创业的成功至关重要；学生还应认真分析在创新创业性劳动中可能遇到的风险，并提前做好应对和化解风险的准备。大学生独立自主的创新创业性劳动图谱如图 8-1 所示。

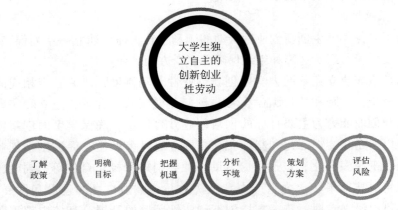

图 8-1　大学生独立自主的创新创业性劳动图谱

（2）团队协作的创新创业性劳动。团队协作的创新创业性劳动是指一群具备一定利益关系、能力互补、共同承担责任并为实现创新创业目标而努力的人所组成的工作团队进行的创新创业实践活动。这种团队的形成和发展涉及三个主要阶段，即团队组建、劳动实施和成果转化。

团队的规模、成员素质和结构是决定创新创业性劳动质量的关键因素。在组建创新创业团队时，组织者需要进行一系列非线性工作，包括明确目标、制定计划、招募成员、划分职责和构建制度。此过程中，必要的团队调整、市场调查、资金筹集和设备采购等事务可能需要被处理。随着劳动的进行，创新创业团队需要根据具体情况采取相应的措施，如资源扩展、技术升级、计划修改和成员更替等。一旦团队取得一定的劳动成果，就需要及时有效地进行成果转化。这意味着团队应当探索合适的机会和渠道，将成果转化为实际价值，例如商业化、推广或与其他利益相关方的合作。为了成功实现成果转化，团队成员需要具备市场洞察力、商业谈判技巧和项目管理能力，如图8-2。

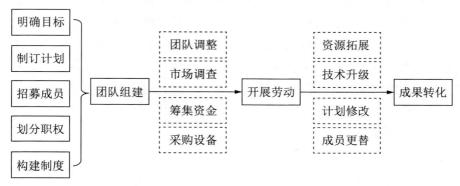

图8-2 团队协作的创新创业性劳动图谱

2. 依托学校资源的创新创业性劳动

（1）校内创新创业性劳动。校内创新创业性劳动是指大学生在教师的指导下，利用校园内的设施、场地和材料等资源，从事具有创新和创业特点的实践活动。这种实践方式包括课堂实践、校内竞赛以及校内实训等形式。大学生应主动参与学校组织的各种创新创业论坛和活动，以此为契机积极与知名企业家、创新创业教育研究领域的专家和学者进行互动和交流，从中扩展自己的视野和思维。此外，积极参与校内的创新创业社团，并充分利用学生社团和组织的资源，提升自身的管理、教育和服务能力，在各种活动中培养创新创业意识和实践能力。同时，将校内创新创业实训基地视为创新创业性劳动的试验场和实践平台，激发创业的渴望，增强创新创业能力，以此锻炼和提高观察力、思维力、创造力和实践操作能力。以上述方式进行校内创新创业性劳动，有助于大学生的全面发展和提高他们在创新创业领域的素养。

（2）联合创新创业性劳动。联合创新创业性劳动涵盖了校企联合、生企联合、多校联合和校地联合等多种形式。这些形式的合作能够整合共同的资源，提升大学生的市场意识，并培养他们在创业活动和互联网营销等多个方面的能力，从而弥补校内创新创业性劳动的不足。

面对有限的教育资源和不断增长的创新创业人才需求，学校需要寻求与外部企业的合作，建立起人才或资源的供求协作关系。通过与企业的合作，向大学生提供实训机会、创新创业指导培训、联合创新创业案例以及联合创新创业方法的参考等支持。此外，各高校可以结合自身优势，联合组织大学生参与创新创业性劳动，引导创新创业项目进行资源互补和交换，实现多方共赢的合作。当学生通过创新创业联合孵化，其创新创业项目在市场上相对成熟，并具有投资和发展空间时，可以以个人的身份与企业进行合作。通过与企业合作，学生可以借助企业提供的信息、设备和资金等资源，顺利完成创新创业性劳动的目标。同时，地方政府可以通过建立专门的校地合作创新创业性劳动服务平台，促进高等教育的内涵式发展。这种平台能够适应当前高等教育引领地方经济发展的现实需求。

第二节　新时代大学生劳动教育与学生核心素养培育

一、新时代大学生劳动教育与学生核心素养培育

（一）大学生核心素养的认识

大学生核心素养是指在大学期间培养和提升的一系列综合能力和素质，对于大学生的个人发展和社会适应具有重要意义。核心素养包括人文素养、科学素养、学习素养、健康素养、社会责任感和实践创新能力。

1. 人文素养是大学生核心素养的重要组成部分

人文素养包括学生在人文领域的知识、情感态度和价值取向。它涵盖了对人文知识的学习和理解，培养学生的人文情怀和审美情趣。人文素养使学生能够更好地理解和欣赏文化，拥有人文关怀和尊重他人的能力。在大学教育中，学生可以通过人文课程、文学艺术欣赏、社会实践等方式培养自己的人文素养。

2. 科学素养在大学生核心素养中也占据重要地位

科学素养是指学生在科学领域的知识、思维方式和行为表现。它包括对科学知识的学习和理解，培养学生的理性思维、批判质疑和勇于探究的能力。科学素养使学生能够理解科学的本质和方法，对科学问题进行分析和解决。在大学教育中，学生可以通过科学课程、实验实践、科研项目等方式培养自己的科学素养。

3. 学习素养是大学生核心素养的基础和关键

学习素养包括学习意识的形成、学习方法的选择和学习过程的评估调控。它涵盖了乐学善学、勤于反思和信息意识等方面。学习素养使学生具备主动学习的能力，能够不断提升自己的知识和技能。在大学教育中，学生可以通过培养学习兴趣、掌握科学有效的学习方法、加强自我评估和反思等方式培养学习素养。

4. 健康素养是大学生核心素养的重要内容

健康素养包括学生对自身的认知、身心健康的发展和对人生规划的能力。它涵盖了珍爱生命、健全人格和自我管理等方面。健康素养使学生能够全面关注自身身心健康，积极参与体育锻炼、保持良好的生活习惯，并制定合理的人生规划。在大学教育中，学生可以通过体育课程、健康教育、心理辅导等方式培养健康素养。

5. 社会责任感是大学生核心素养的重要体现

社会责任感包括学生在与社会、国家等关系中所形成的情感态度、价值取向和行为方式。它涵盖了社会责任、国家认同和国际理解等方面。社会责任感使学生能够关注社会问题，主动参与公益活动，承担起社会公民的责任和义务。在大学教育中，学生可以通过社会实践、志愿者服务、社团活动等方式培养社会责任感。

6. 实践创新能力也是大学生核心素养的重要组成部分

实践创新能力指学生在日常活动、问题解决和适应挑战等方面所形成的实践能力、创新意识和行为表现。它涵盖了劳动意识、问题解决和技术应用等方面。实践创新能力使学生能够将所学知识应用到实践中，具备解决问题和创新的能力。在大学教育中，学生可以通过实践课程、创新创业项目、科研实践等方式培养实践创新能力。

（二）大学生劳动教育对学生核心素养的塑造

大学生劳动教育作为大学教育的重要组成部分，对学生的全面发展和核心素养的培养起着至关重要的作用。通过参与劳动实践，学生能够锻炼身心，培养实践能力和创新思维，提高社会责任感和团队合作意识。

1. 培养实践能力和技能

劳动教育为大学生提供了实践锻炼的机会，使学生能够通过实际操作和解决实际工作中的问题，培养实践能力和技能。例如，在校园里的农田实践、科研实验、社会实践等活动中，学生需要亲自动手，进行耕种、实验操作、社区服务等。通过这些实践活动，学生可以掌握实际技能，如农业生产、实验仪器的使用和社会服务技巧，从而提高自身的实践能力。

2. 促进创新思维和创造力

劳动教育培养学生的创新思维和创造力，通过实际劳动实践激发学生的创新潜能。在劳动过程中，学生需要解决各种实际问题，如提高生产效率、改善产品质量等，这要求学生具备创新思维和创造力。例如，学生参与科研项目时，需要通过实验设计和数据分析提出创新的研究方案。通过这样的实践，学生可以培养批判性思维、创造性思维和问题解决能力，进而提高自己的创新能力。

3. 增强社会责任感和团队合作意识

劳动教育有助于培养学生的社会责任感和团队合作意识，使其成为具有社会责任感的公民。通过参与劳动实践，学生能够深入了解社会的需求和问题，并通过自己的努力来改善社会。例如，学生参与社区服务时，可以通过自己的力量为社区提供帮助，增强对社会的责任感。同时，在团队合作的过程中，学生需要与他人协作，共同完成任务，培养团队合作意识。劳动教育提供了一个合作与协作的平台，鼓励学生相互合作、交流和支持，培养学生的团队合作能力和沟通协调能力。通过与他人共同劳动，学生能够学会倾听他人的意见和建议，学会团结协作，培养自己的领导能力和团队精神。

4. 提升身心健康和自我管理能力

劳动教育不仅对学生的身体健康有益，同时也有助于学生培养自我管理能力。在劳动实践中，学生需要具备合理的时间管理、资源调配和任务安排能力。例如，学生在田间劳作、实验操作或社区服务中需要合理规划时间，合理分配精力和资源，提高自己的工作效率。此外，劳动也能够锻炼学生的体力和耐力，增强其身体素质，促进其身心健康。

5. 培养勤劳踏实和积极进取的品质

劳动教育有助于培养学生的勤劳踏实和积极进取的品质。通过劳动实践，学生能够体会劳动的价值和意义，懂得辛勤劳动的重要性。劳动教育能够激发学生的学习兴趣和动力，使其能够对学业和工作充满热情和积极性。劳动教育还能够培养学生的毅力和坚持不懈的精神，让他们能够克服困难和挫折，迎接各种挑战。

（三）劳动教育：培育学生核心素养的关键工程

1. 劳动教育的长期性与学生核心素养培育的持续性相契合

劳动教育是一个长期的过程，需要在学生的整个学习过程中贯穿始终。学生通过参与不同形式的劳动活动，逐渐形成劳动习惯和劳动意识。这种长期参与劳动的经历，可以培养学生持之以恒的毅力和坚韧性，使其能够在学习和生活中面对各种挑战和困难。

学生核心素养的培育也是一个持续的过程，需要通过不断的学习和实践来不断提升。劳动教育可以提供一个实践的平台，让学生将所学的知识和技能应用到实际劳动中去，从而加深对知识的理解和运用能力的培养。通过长期的劳动实践，学生可以逐渐形成自己的价值观和人生观，培养出健康的心态和积极的人生态度，这些都是核心素养的重要组成部分。

2. 劳动教育的多维性与学生发展核心素养内容的广泛性相契合

劳动教育是一种多维的教育形式，它可以涵盖多个学科领域和技能要求。通过不同类型的劳动活动，学生可以接触到不同的知识领域和技能要求，培养自己的多元智能和综合能力。例如，学生在农田劳动中可以学到地理、生物等科学知识；在手工制作中可以培养动手能力和创造力；在社区服务中可以提升沟通能力和社会责任感。

学生的核心素养内容也是多元化的，需要包括认知能力、创新能力、沟通能力、团队合作能力等多个方面。劳动教育的多维性与学生核心素养的广泛性相契合。劳动教育可以通过不同类型的劳动活动，涵盖学生核心素养的各个方面。例如，通过参与团队劳动，可以培养学生团队合作和协调能力；通过自主劳动，可以培养学生自主学习和解决问题的能力；通过创新性的劳动活动，可以培养学生创新思维和创造力。此外，劳动教育还可以引导学生关注社会问题和环境保护，培养学生的社会责任感和可持续发展意识。学生参与社区服务、环境保护等劳动活动，可以增强他们对社会问题的认识，培养他们积极参与社会实践的意识和能力，从而提升他们的公民素养和社会责任感。

3. 劳动教育的融通性与学生发展核心素养的整体性相契合

劳动教育具有融通性，它能够将各种学科知识和技能融合在实际劳动中，促进学科之间的交叉与整合。学生在劳动实践中，不仅可以运用已学的知识和技能，还可以学习新的知识和技能，提升自己的综合素养。例如，学生在农田劳动中，可以将生物学、化学、地理等多个学科的知识应用于实际，实现跨学科的学习和综合能力的培养。

学生核心素养的培育也需要具有整体性，即不仅注重学科知识的学习，还注重学生的综合能力和素质的培养。劳动教育提供了一个综合性的学习平台，学生在实际劳动中可以锻炼自己的动手能力、实践能力、创新能力、沟通能力等多个方面的素养。劳动教育可以促进学生全面发展，培养学生的综合素质，使他们具备面对未来挑战的能力和素养。

二、大学生劳动教育培养学生核心素养途径

(一) 人文素养培育

1. 文化传承

文化传承是培养大学生人文素养的重要途径之一。通过参与文化遗产保护和传统手工艺制作等活动，学生能够深入了解和感受传统文化的魅力，培养对文化遗产的关注和尊重。

参与文化遗产保护活动，如历史建筑修复、文物保护等，让学生亲身参与到保护文化遗产的过程中。通过实践，学生能够深入了解文化遗产的历史背景、价值和保护方法，增强对文化遗产的认同感和责任感；组织学生学习传统手工艺技能，如陶艺、木工、刺绣等，让他们亲手制作传统工艺品；在手工制作的过程中，学生能够感受传统工艺的独特魅力，体验传统工艺的精湛技艺和耐心，培养对传统文化的热爱和尊重；组织学生参观博物馆、文化展览、传统节日等活动，让他们深入了解不同地区和民族的文化特色；通过文化体验和交流，学生能够拓宽自己的视野，增强对多元文化的理解和包容，培养对文化多样性的尊重和欣赏；将文化传承与学科知识相结合，通过跨学科的方式培养学生的人文素养。例如，在文化遗产保护活动中，融入历史、艺术、社会学等学科的知识，让学生全面理解和掌握文化遗产的背景和意义，提高对文化遗产的认知水平。

2. 社区服务

组织学生到社区开展志愿服务活动，让他们与社区居民接触，了解社区文化、历史和发展，培养对社区的情感认同和社区责任感。

通过参与社区服务活动，学生能够与社区居民进行直接接触，了解他们的生活、需求和困难。这种接触可以帮助学生深入了解社区的文化、历史和

发展，增加对社区的认同感和归属感；在社区服务中，学生能够倾听社区居民的故事和心声，理解他们的需求和期望。通过提供帮助和支持，学生能够培养对他人的关怀和尊重，提高人文素养和社交能力；通过社区服务，学生能够亲身体验社区存在的问题和挑战，如环境保护、教育资源不足、老年人关爱等。这种经历能够激发学生对社会问题的关注和思考，培养社会责任感和意识到自己在社区中的角色和责任。

3. 文学艺术体验

组织学生参观文艺展览、艺术馆等场所，让他们接触不同形式的艺术作品，如绘画、雕塑、摄影等。通过观赏艺术作品，学生能够培养对艺术的鉴赏能力和理解能力，提高审美情趣和艺术品位；鼓励学生阅读经典文学作品，如小说、诗歌、戏剧等；通过阅读与解析文学作品，学生能够深入理解作品的内涵、艺术手法和时代背景，提升对文学的鉴赏力和理解力；组织学生观看戏剧演出、舞蹈表演等艺术表演活动；通过观看精彩的舞台演出，学生能够欣赏艺术表演的技巧、情感表达和创造力，提高对表演艺术的鉴赏能力和欣赏水平；鼓励学生参与艺术创作活动，如绘画、写作、音乐表演等；通过自己的创作实践，学生能够发掘自身的艺术潜力，培养创造力和表达能力，提升对艺术的理解和体验；通过参观国际艺术展览、文化交流活动等，让学生接触不同国家和地区的艺术作品，促进跨文化交流与理解。学生能够拓宽视野，感受不同文化背景下的艺术表达方式，培养对多元文化的尊重和欣赏。

（二）科学素养培育

1. 科学实验

科学实验在大学生的学习过程中扮演着重要的角色。它不仅是理论知识的应用，更是培养学生科学素养的关键环节。通过参与科学实验，学生能够亲身体验科学探究的过程，培养批判性思维、观察力、实验设计和数据分析等科学思维和实践能力。

科学实验培养了学生的批判性思维。在实验过程中，学生需要不断提出问题、进行假设、设计实验方案，通过对实验结果的观察和分析，得出结论并进行验证。这样的思维过程能够培养学生的批判性思维能力，使他们学会质疑、思考和评估科学问题。科学实验促进了学生的观察力和实验设计能力的发展。在实验中，学生需要仔细观察现象、收集数据、记录实验过程和结果，通过观察和实验设计，学生能够培养准确观察、系统化数据收集和实验操作的能力，提高实验的准确性和可靠性。科学实验还培养了学生的数据分析能力。学生在实验中需要对收集到的数据进行整理、分析和解释，从中提取有意义的信息并得出结论，通过数据分析，学生能够培养统计思维、图表解读和科学推理能力，加深对科学原理的理解。科学实验还培养了学生的团队合作和沟通能力。在实验中，学生通常需要与实验组成员进行合作，共同制定实验方案、分工合作、交流和讨论结果，这种团队合作能够培养学生的合作精神、沟通能力和团队合作技能，增强他们的实践创新能力和团队合作意识。

2. 技术应用

组织学生参与科技创新项目，让他们运用所学知识解决实际问题，培养创新意识和技术应用能力，提升科学素养。

参与科技创新项目可以激发学生的创新意识和创造力。在项目中，学生需要面对现实问题，积极提出创新的解决方案，并尝试将所学的知识和技术应用到实际中。这种实践过程培养了学生的实践创新意识，使他们能够主动思考和探索问题，培养创新思维和创新能力；参与科技创新项目让学生能够将所学的技术知识应用于实际问题的解决中。他们需要通过研究、设计、制作、测试等环节，运用自己的技术知识解决问题。这种实践能够增强学生的实践能力，提高技术应用的熟练程度，培养他们在实际工作中运用技术的能力；科技创新项目通常涉及多学科的知识和技术，要求学生在团队合作中跨学科地综合应用。学生需要与其他成员合作，共同解决问题，各自发挥所长，协调沟通。通过这种跨学科的合作与交流，学生能够培养综合应用不同学科知识的能力，提高解决问题的综合能力。

3. 学科交叉

组织跨学科的劳动实践活动，让学生在实际操作中综合运用不同学科的知识，培养学科交叉思维和综合应用能力，提升科学素养。

跨学科的劳动实践活动要求学生能够综合运用不同学科的知识和技能，解决复杂的问题。例如，在环境保护项目中，学生需要结合生态学、化学、地理等多个学科的知识来评估环境影响，制定环保方案，实施监测与管理等。这种实践过程可以培养学生综合解决问题的能力，加深对学科之间关系的理解；跨学科的劳动实践活动使学生能够从不同学科的角度去看待问题，拓宽他们的学科视野。例如，在社区规划与设计项目中，学生需要综合运用城市规划、建筑设计、社会学等方面的知识，考虑社会、环境、经济等多个因素。这样的实践活动可以帮助学生理解学科之间的相互关系，培养跨学科的思维能力；跨学科的劳动实践活动要求学生能够将所学的知识和技能在实际操作中综合应用。通过跨学科的合作与交流，学生能够了解不同学科的方法和理论，学会将它们运用到具体问题的解决中。这种实践过程可以提升学生的综合应用能力，培养他们在实际工作中的技能和灵活性。跨学科的劳动实践活动需要学生在团队合作中与来自不同学科背景的同学合作。这种合作可以培养学生的跨学科合作与沟通能力，帮助他们理解和尊重其他学科的观点和方法，通过与他人的合作，学生能够从其他学科中汲取知识和经验，提高解决问题的综合能力，进而实现学生科学素养的整体提升。

（三）学习素养培育

1. 反思评估

在劳动实践过程中，引导学生反思自己的学习和工作表现。通过反思，学生可以发现自己的不足之处，并总结经验教训，为今后的学习和工作提供指导。培养学生的自我评估和反思能力有助于他们不断提高自己，加深对自己学习能力和表现的认知，促进学习素养的提升。

2. 学习方法指导

劳动教育可以为学生提供学习方法的指导。教师和辅导员可以向学生介绍不同的学习方法，并根据学生的个体差异和学科特点，指导他们选择适合自己的学习方法。科学有效的学习方法能够提高学习效率，帮助学生更好地获取和整理知识，提升学习素养。

3. 学习兴趣培养

劳动实践可以为学生提供展示自己兴趣和特长的机会。在劳动实践中，引导学生选择他们感兴趣的项目和领域进行深入学习，激发他们的学习动力和热情。当学生对学习内容产生兴趣和热爱时，他们会更加主动地参与学习活动，持续地进行自主学习，提高学习素养。

4. 自主学习能力培养

劳动教育可以培养学生的自主学习能力。通过设立学习任务和目标，让学生自主规划学习内容和学习过程，并在实践中实施和评估自己的学习计划。自主学习能力包括自我管理、自我激励、自主评价等方面，培养这些能力有助于学生在学习中更加主动和独立，提升学习素养。

（四）健康素养培育

1. 身体锻炼

劳动实践包含体力劳动或体育活动，通过锻炼身体，增强学生的体质和健康意识。体育运动可以促进血液循环、增强心肺功能，提高学生的身体素质。通过定期的体育活动，学生能够培养良好的生活习惯和健康意识，形成坚持锻炼的习惯，提升健康水平。

2. 心理辅导

为学生提供心理辅导和支持，帮助他们认识自己的情绪和心理状态。通过心理辅导，学生可以学会应对压力和情绪管理的方法，增强心理韧性和抗压能力，提升心理健康水平。心理辅导还可以帮助学生更好地了解自己，培养积极的心态和健康的心理素养。

3. 健康教育

在劳动教育中加强健康知识的传授，让学生了解健康的重要性和保持健康的方法。健康教育可以包括饮食营养、生活习惯、疾病预防等方面的知识，使学生掌握正确的健康知识和健康行为。通过健康教育，学生能够培养自我管理和健康意识，学会维持自己的身体和心理健康。

（五）社会责任感培育

1. 社会实践

组织学生参与社会实践活动，让他们亲身体验社会问题和困难。通过与弱势群体的接触和参与社区发展的实践，学生能够更好地理解社会问题的复杂性和紧迫性，激发他们对社会问题的关注和理解，培养社会责任感。

2. 社会参与

鼓励学生参与社会公益活动、志愿服务等。通过积极参与社会活动，学生能够主动承担社会责任，为社会作出贡献。这种参与能够让学生亲身体会自己的行动对他人和社会的积极影响，提高他们的社会责任感和社会意识。

3. 集体合作

在劳动教育中加强学生的集体合作意识，培养团队合作和社会合作的能力。通过集体劳动、合作项目等活动，学生能够体会到集体合作的重要性和效果，学会与他人合作、分享资源、共同解决问题。这样的经验可以培养学生的团队意识和社会责任感，让他们意识到一个人的行动对集体和社会的影响。

（六）实践创新能力培育

1. 创新项目

组织学生参与创新项目或创业实践，提供创新的平台和资源。这种实践能够激发学生的创新思维和创造力，培养他们在实践中提出新颖观点、解决问题的能力。通过参与创新项目，学生可以锻炼自己的实践创新能力，培养他们勇于尝试、寻找创新机会和解决方案的能力。

2. 问题解决

在劳动实践中引导学生面对实际问题，培养他们解决问题的能力和方法。学生需要分析问题、提出解决方案，并在实践中验证和改进。通过培养学生的问题解决能力，他们能够主动思考、运用知识和技能解决实际问题，培养实践创新能力。

3. 跨学科合作

鼓励学生进行跨学科的合作与交流。在劳动教育中，可以组织学生跨学科团队合作解决实际问题。跨学科合作能够帮助学生理解和尊重其他学科的观点和方法，并在团队合作中共同解决问题。这种合作能够培养学生的综合应用能力和实践创新能力，提高他们在实际工作中的适应性和创新能力。

第三节　产教融合赋能新时代大学生劳动教育

一、产教融合对新时代大学生劳动教育的促进价值

（一）产教融合的概念

产教融合是指产业界与教育界之间的紧密合作与融合，旨在实现知识与实践的有机结合，为学生提供全面、实践性强的教育环境和机会。在新时代，产教融合对于培养高素质、适应社会需求的大学生具有重要的促进作用。

1. 产教融合可以提升大学生的实践能力

传统的教育往往偏重理论知识的传授，学生缺乏实际操作经验。而通过与企业合作，学生可以亲身参与实际项目，接触真实的工作环境和流程，从而培养实际操作能力和解决问题的能力。实践能力的提升不仅有助于学生更好地应对工作中的挑战，也有利于他们更好地适应社会的发展和变化。

2. 产教融合能够促使大学生将所学的理论知识与实际应用相结合

通过与企业的合作，学生可以将课堂上学到的知识应用到实际项目中，了解知识的实际运用和局限性，增强专业素养和实际操作能力。这有助于学生更好地理解和掌握所学知识的实际意义，培养解决实际问题的能力。

3. 产教融合可以提升大学生的就业竞争力

随着社会的发展，人才市场对于综合能力和实践经验的要求越来越高。通过与企业的深度合作，学生能够了解行业的需求和就业市场的动态，对未来的职业发展有更清晰的规划。与企业的合作还可以提供实习和就业机会，为学生提供更多的就业选择和发展平台，提升他们的就业竞争力。

4. 产教融合能够加强大学生的社会责任感

通过与企业合作，学生能够更多地接触社会实际，了解社会问题和发展需求。参与社会公益活动、社会创新项目等，可以培养学生的社会参与意识和社会责任感，使他们成为具有社会责任感和使命感的全面发展的人才。

（二）产教融合在新时代大学生劳动教育中的价值

1. 提升劳动教育的实效性

产教融合在实际的工作环境中让学生直接体验和参与劳动，为他们提供了一种独特的学习机会，使他们能够更深入地理解和领会劳动的价值和意义。这种形式的劳动教育，是理论与实践相结合的教育，是书本知识与实际操作相结合的教育，是让学生在实践中学习，通过学习进一步提升实践能力。

这种教育模式极大地提升了劳动教育的实效性。因为，学生可以在实践中看到自己的劳动成果，这种直观的反馈能够鼓励他们更积极地投入劳动中，激发他们的劳动热情。他们可以通过劳动，掌握新的技能，解决实际问题，提高个人能力，这对他们的个人成长和发展有着深远的影响。此外，产教融合也使得劳动教育更加具有现实意义。大学生在实际的工作环境中，可以亲身体验劳动的艰辛，也可以感受到劳动成果带来的喜悦。这种体验可以帮助他们建立正确的劳动观，理解劳动的尊严和价值，进一步增强他们的社会责任感和使命感。因此，产教融合在新时代大学生劳动教育中起到了重要的推动作用，它让劳动教育从抽象的理论讲授转变为具体的实践操作，从而极大地提升了劳动教育的实效性。

2. 强化劳动观念的教育

现代社会中，由于种种原因，一些大学生对劳动可能存在一些误解或偏见，比如认为劳动是低下的，是不值得尊重的。这种错误的观念会对他们的个人成长和社会发展产生不利影响。然而，产教融合通过让大学生直接参与实际的生产劳动，为他们提供了一个真实地、生动地、全面地了解劳动的平台，从而有效地纠正了这些误解和偏见。

在实际的劳动过程中，大学生可以亲身感受劳动的艰辛，理解每一份劳动成果的背后都是辛勤的汗水和不懈的努力。他们会发现，劳动并不低下，反而是充满尊严的，因为它创造了社会的财富，推动了社会的进步。他们会明白，无论是体力劳动还是脑力劳动，无论是技术工作还是管理工作，都是值得尊重的。这样，他们就能够树立起正确的劳动观，将劳动视为一种价值追求，一种生活态度，一种人生哲学。

产教融合还让大学生在实践中体会到，劳动不仅可以创造物质财富，还可以提升个人的素质，锻炼个人的能力，满足个人的需求。他们会发现，劳动可以使人变得更加自立自强，更加积极向上，更加富有创新精神。这样，他们就能够更加积极地投入劳动，更加热爱劳动，更加尊重劳动。因此，产教融合在强化劳动观念的教育中起到了重要的推动作用，它通过让大学生直接参与实际的生产劳动，纠正了他们对劳动的误解和偏见，使他们树立起正确的劳动观，从而提升了劳动教育的实效性，为社会的和谐发展作出了积极的贡献。

3. 培养创新能力和解决问题的能力

产教融合为大学生提供了一个非常好的平台，使他们能够在实际的工作环境中，亲自参与到需要思考和创新的劳动中。在这个过程中，他们不仅要完成一些基本的体力劳动，还需要解决一些实际的问题，找到更好的解决方案，甚至创新工作方法或者产品。这种劳动方式对于他们的个人发展和未来的职业发展都非常有益。

他们需要在实践中运用所学的理论知识，这种转化过程就是一种创新。他们需要将抽象的理论知识转化为具体的实践操作，将书本上的知识应用到实际的工作中，这就需要他们有一定的创新思维，能够灵活地运用知识，解决实际问题。此外，他们在解决问题的过程中，需要发挥自己的创新能力。因为每个问题都有其特殊性，需要他们根据实际情况，创新性地提出解决方案。这就需要他们有较强的问题分析能力和解决问题的能力。他们在劳动过程中，可能会遇到一些未知的问题，或者是一些新的挑战，这就需要他们有创新的勇气，去尝试新的方法，去突破自己的限制，去创造新的可能。因此，产教融合在新时代大学生劳动教育中的重要价值之一，就是通过实际的劳动，锻炼大学生的创新能力和解决问题的能力。这对于他们的个人发展，对于他们未来在职场上的表现，甚至对于他们对社会的贡献，都有着非常重要的影响。

4. 促进人格的全面发展

产教融合的劳动教育，提供了一个宝贵的机会，使大学生能够在劳动中全面发展自己的体力、智力和意志力，从而达到人格的全面发展。劳动是一种全面的活动，它不仅需要大学生去付出体力，更需要他们运用智力去思考问题，找出解决方案，同时也需要他们有坚定的意志力去面对劳动中的困难和挑战。

劳动中的体力活动，可以帮助大学生锻炼身体，提高他们的身体素质。而身体素质的提高，不仅可以让他们更好地适应社会生活，更有利于他们在未来的职业生涯中发展。一个健康的身体是承载所有技能和知识的基础，因此体力劳动在人格发展中具有基础性的作用；劳动过程中需要解决的问题和挑战，需要大学生去思考和创新。这种对智力的锻炼，可以提高他们的思维能力，让他们学会独立思考，学会创新，这对他们的个人成长和职业发展都具有重要的推动作用；面对劳动中的困难和挑战，大学生需要用坚定的意志力去克服。这种对意志力的锻炼，可以使他们形成坚韧不拔的品格，学会在困难面前不屈服，这对于他们的人格发展具有重要的推动作用。因此，产教融合的劳动教育，通过锻炼大学生的体力、智力和意志力，有力地推动了他们人格的全面发展。这不仅对他们个人的成长和发展具有重要影响，对于社会的和谐发展也具有积极的推动作用。

5. 推动社会主义核心价值观的传承

产教融合的劳动教育是新时代推动社会主义核心价值观传承的重要途径。在这个过程中，大学生可以通过亲身参与劳动，深刻理解"劳动最光荣"这一重要的价值观。

劳动是社会的基石，是社会发展进步的根本动力。每一项劳动都在为社会的发展作出贡献，无论是精神上的还是物质上的。因此，"劳动最光荣"是社会主义核心价值观的重要内容。通过产教融合的劳动教育，大学生有机会亲身体验劳动的辛苦和乐趣，理解劳动的价值和尊严，深刻感受到劳动为社会发展所作出的贡献，从而更深入地接受和理解这一价值观。同时，产教融合的劳动教育也能让大学生体验到团队合作的力量，理解团结协作的重要性，这是社会主义核心价值观中提倡的集体主义精神。在劳动过程中，大学生需要与他人协作，共同解决问题，这种经验使他们认识到，只有大家团结一致，协力合作，才能更好地完成劳动，实现社会的发展。此外，产教融合的劳动教育还能培养大学生的社会责任感。劳动是一种服务社会的行为，通过劳动，大学生可以直接为社会作出贡献。这种经历能让他们理解，每个人都应该为社会的发展尽一份力，这是社会主义核心价值观中提倡的社会责任感。因此，产教融合的劳动教育在推动社会主义核心价值观的传承中起到了重要作用。它通过让大学生亲身参与劳动，让他们深刻理解"劳动最光荣"这一价值观，培养他们的集体主义精神和社会责任感，从而推动了社会主义核心价值观的传承。

二、产教融合融入新时代大学生劳动教育的策略

（一）理论教学与实践操作的融合

将理论教学与实践操作融合，可以使学生更加深入理解学术理论，并在实践中不断检验和修正理论。这种教育模式可以帮助学生扎实理论基础，同时培养他们的实践能力和创新精神。学生通过在实际情境中应用理论知识，可以更加深入理解这些理论。通过实验、参与实习项目等方式，学生可以直接接触实际的工作环境，对理论有更直观的认识。这不仅可以使学生更好地理解和掌握专业知识，也可以提高他们的社会适应能力。在这种环境中，学生可以了解实际的工作情况，了解职业的实际需求，对所学知识进行实际应用，提高自己的实践能力。理论教学与实践操作的融合，有助于培养学生的创新精神和实践能力，这是新时代大学生劳动教育的重要目标。通过实践操作，学生可以将理论知识运用到实际中，提高他们的创新能力和问题解决能力。同时，通过实际操作，学生可以感受到劳动的价值和意义，培养他们的劳动观念和习惯，从而更好地适应社会的需求。

（二）校企合作

校企合作可以让学生在接触和了解现实的产业环境的同时，更好地理解和掌握劳动技能。一方面，通过校企合作，学校可以将最新的产业发展动态和需求引入教学过程中，使教学内容和方式更加贴近实际，增强教学的针对性和实效性。企业可以提供最新的产业信息，参与课程设计和教学过程，帮助学生了解和掌握最新的技术和技能，提高学生的就业竞争力。同时，企业也可以为学生提供实习机会，让学生在实践中了解产业环境，体验劳动过程，

提高劳动技能。此外，校企合作也有利于大学教育与社会经济的对接，推动产业发展和人才培养的同步进行。大学可以根据企业的需求，调整教育内容和方式，提高人才培养的质量和效率。企业可以通过与大学的合作，了解和引进最新的科研成果，提高产业技术水平，推动产业的发展和创新。

(三) 课程设置与劳动素质教育的融合

在新时代大学生劳动教育中，课程设置应当注重与实际产业的紧密联系。当前的社会经济环境中，各行各业都在不断地发展、变化，新的产业、新的职业在不断地涌现，对人才的需求也在不断地变化。因此，大学在进行课程设置时，应当充分考虑这些变化，设置与实际产业紧密相关的课程，例如创新创业课程、职业技能课程等。这样不仅可以帮助学生了解和掌握最新的产业知识和技能，提高他们的就业竞争力，还可以使他们在学习专业知识的同时，提升劳动素质，培养良好的劳动习惯和精神。

创新创业课程可以帮助学生理解创新和创业的重要性，培养他们的创新思维和创业能力。在这个过程中，学生可以学习如何将创新的思维应用到实际工作中，如何将一个创新的想法转化为一个可行的商业模式，如何在竞争激烈的市场中立足。

职业技能课程则可以帮助学生掌握具体的职业技能，为他们的未来职业生涯做好准备。这些课程应当包括基础的职业技能，如电脑操作、文档处理等，也应当包括特定产业的专业技能，如编程、设计、营销等。这些课程可以帮助学生了解和熟悉职业的实际需求，提高他们的实践能力和工作效率。同时，课程设置也应当注重劳动素质的教育。劳动素质包括对劳动的热爱、尊重和熟练掌握劳动技能。在这个过程中，学生可以通过实际的劳动实践，体验劳动的价值和意义，培养自己的责任感、团队合作精神、解决问题的能力等。

参考文献

［1］余金保主编：《新时代大学生劳动教育教程》，北京理工大学出版社 2022 年版。

［2］曹丽萍：《新时代大学生劳动教育研究》，北京工业大学出版社 2021 年版。

［3］施盛威、张毅驰主编：《新时代大学生劳动教育实践指导》，苏州大学出版社 2021
年版。

［4］卢胜利、刘瑜、杨孝峰主编：《新时代大学生劳动教育》，高等教育出版社 2022 年版。

［5］李卫芳、谭伟主编：《新时代大学生劳动教育》，西北工业大学出版社 2021 年版。

［6］汪杰锋、王一雯、郭晓雅："新时代高校劳动教育课程实施的问题与消解"，载《齐
鲁师范学院学报》2023 年第 2 期。

［7］杨琪琪、蔡文伯："我国大学生劳动教育演变与制度重构"，载《高校辅导员学刊》
2023 年第 2 期。

［8］郭金梅："劳动实践对促进大学生劳动教育的重要性探讨"，载《公关世界》2023 年
第 6 期。

［9］龚运："劳模精神对新时代大学生劳动教育的价值引领研究"，载《科技风》2023 年
第 7 期。

［10］唐雁、韩猛、魏寒冰："新时代高校劳动教育实践路径研究"，载《现代商贸工业》
2023 年第 7 期。

［11］郑晓纯："新时代大学生'劳德·劳技'校企协同育人路径"，载《中外企业文化》
2023 年第 2 期。

［12］卢玉亮、曹宁："新时代高校劳动教育实效性评价的遵循、原则与路径"，载《中国
轻工教育》2023 年第 1 期。

［13］庞珍、李丽："新时代大学生劳动教育的多元价值和实践路径"，载《吕梁学院学
报》2023 年第 1 期。

［14］王东盈、伍梓瑜："新时代大学生劳动教育的问题及其路径研究"，载《公关世界》
2023 年第 2 期。

［15］蒋瑛英："劳模精神融入新时代大学生奋斗观教育路径研究"，载《卫生职业教育》
2023 年第 2 期。

［16］张志元、亓雅楠："劳模精神融入高校劳动教育的路径探析"，载《山东工会论坛》2023 年第 1 期。

［17］王伟江："高校劳动教育课程建设的价值、困境与路径研究"，载《林区教学》2023 年第 1 期。

［18］刘国权："新时代大学生劳动教育基本问题再诠"，载《聊城大学学报（社会科学版）》2023 年第 1 期。

［19］黄洁："疏离与回归：新时代高校劳动教育的现状审视及路径选择"，载《北京工业职业技术学院学报》2023 年第 1 期。

［20］徐炜、陈嘉琪："新时代劳动教育的特点与评价方法"，载《现代商贸工业》2023 年第 2 期。

［21］常秋艳："新时代大学生劳动教育的路径优化研究"，载《张家口职业技术学院学报》2022 年第 4 期。

［22］刘丙雯："新时代高校劳动教育的价值及实践理路研究"，载《湖南邮电职业技术学院学报》2022 年第 4 期。

［23］李灿、王栋："建构大学生劳动教育体系的探索和实践"，载《中国高等教育》2022 年第 23 期。

［24］林佳青："基于第三课堂背景下的新时代大学生劳动教育实践"，载《佳木斯职业学院学报》2022 年第 12 期。

［25］朱翠兰、孙秋野："新时代大学生劳动精神培育：价值内核和实践路径"，载《教育理论与实践》2022 年第 33 期。

［26］高飞、沈晓婷："新时代大学生劳动教育体系构建研究"，载《湖北开放职业学院学报》2022 年第 17 期。

［27］杨超："新时代大学生劳动教育路径探析"，载《科技风》2022 年第 23 期。

［28］朱培瑜："高校劳动教育的时代价值和实践路径探究"，载《济南职业学院学报》2022 年第 4 期。

［29］林姣姣："新时代劳动文化融入高校劳动教育的价值和实现路径"，载《济南职业学院学报》2022 年第 4 期。

［30］王作辉、邢坤："新时代高校劳动教育意义及路径实施"，载《中国多媒体与网络教学学报（上旬刊）》2022 年第 8 期。

［31］夏艺珊、陈桂云："新时代大学生劳动教育体系的构建"，载《河南农业》2022 年第 21 期。

［32］王阳洋、朱华炳、李小蕴："新时代大学生劳动教育的实践与探索"，载《高教论坛》2022 年第 7 期。

［33］孙逸菲、赵东玉："新时代加强大学生劳动教育的价值意义及实现路径研究"，载

《山东工会论坛》2022年第4期。

[34] 许晖：“新时代大学生劳动教育的思想溯源、意义特征及思考”，载《机械职业教育》2022年第7期。

[35] 李慧琼：“大学生'工匠'精神和劳模精神培养研究”，载《公关世界》2022年第12期。

[36] 卢健：“强化新时代大学生劳动教育的路径研究”，载《公关世界》2022年第12期。

[37] 覃静雅：“新时代大学生劳动价值认同的培育”，载《江苏工程职业技术学院学报》2022年第2期。

[38] 李微：“新时代劳模精神在高校劳动教育中的价值与实现”，载《江苏建筑职业技术学院学报》2022年第2期。

[39] 王中对：“新时代大学生劳动教育的困境与路径”，载《高教探索》2022年第3期。

[40] 洪菁：“以劳模工作室为依托的大学生劳动教育探析”，载《湖北开放职业学院学报》2022年第10期。

[41] 朱华炳、沈鹏、李小蕴：“以实训基地为依托开展劳动教育的探索”，载《中国大学教学》2022年第5期。

[42] 刘媛、李辉容：“工匠精神：新时代高校大学生劳动教育的价值指向”，载《锦州医科大学学报（社会科学版）》2022年第1期。

[43] 张丽仙：“工匠精神视域下新时代高职院校劳动教育研究”，载《中国多媒体与网络教学学报（中旬刊）》2021年第10期。

[44] 兰海涛、王琼：“新时代大学生劳动教育的创新路径研究”，载《中国高等教育》2021年第13期。

[45] 董凤、雷晓兵：“'劳模精神'融入大学生劳动教育的价值与路径”，载《宿州教育学院学报》2021年第1期。

[46] 李子莹：“新时代大学生劳动教育提升路径研究”，浙江大学2022年硕士学位论文。

[47] 何佳雯：“新时代大学生劳动教育实现路径研究”，重庆交通大学2022年硕士学位论文。

[48] 毕晓艳：“新时代大学生劳模精神培育路径优化研究”，东北师范大学2022年硕士学位论文。

[49] 黄彩虹：“新时代大学生吃苦耐劳精神培育研究”，东北师范大学2022年硕士学位论文。

[50] 王宇：“习近平劳动教育观引领高校劳动教育实施的对策”，辽宁中医药大学2022年硕士学位论文。